탈현대와 유교

탈현대와 유교

최석만 · 최영진 · 이영찬 · 홍승표 · 이상린 · 신종화 · 권상우
오세근 · 정재걸 · 이현지 · 이태훈

전남대학교출판부

머리말

20여년 전부터 탈현대론이 유행하고 있다. 유럽에서 시작된 탈현대 논의는 80년대 말부터 우리 사회에서 논의되어 사회과학계의 주요 담론으로 자리 잡았다. 탈현대론이란 계몽주의 이래의 서구 사상이 이성적 주체를 절대화하여 세계를 지배해왔다고 보고 이에 대한 비판이 주를 이루는 논의들을 말한다.

탈현대론의 세세한 논의에 대한 판단을 떠나 지식사회학적으로 볼 때 탈현대론의 등장은 근대 이후 서구 문명에 대하여 서구인들이 스스로 불신의 눈으로 보기 시작하였다는 것을 뜻한다.

서구의 탈현대론을 이어받은 우리 사회에서 탈현대론의 의의는 양면적이다. 한편으로는 또 하나의 서구 이론이 우리의 지성계를 휩쓸어 내재적인 사회 탐구 노력을 소멸시키고 있다는 것이다. 60년대부터 서구의 이론들이 소개되고 사라지곤 하였던 과정을 다시 한 번 반복함으로써 우리 사회에 대한 지식의 축적을 무산시키고 있다.

그러나 탈현대론은 과거의 서구 이론 소개와 다른 점이 있다. 과거의 서구 이론의 소개가 서구를 모델로 하여 사회를 설명하는 것들이었다면 탈현대론은 서구의 해체와 질곡을 이야기하고 있기 때문이다. 그것도 현대 문명을 태동시킨 근대 문명에서부터 말이다.

서구적 해체를 이어받아 우리 사회의 해체를 이야기할 수도 있다. 그리고 이것도 상당한 설득력을 가질 수 있다. 왜냐면 지난 백년간 우리는 서구의 이성 중심의 사고, 이에 기초한 정치 제도, 경제 제도,

교육 제도, 법률 제도를 광범위하게 수립해왔기 때문이다. 그러나 이런 식의 논리 전개는 현실이라는 벽에 곧바로 부딪친다. 즉 한국은 서구처럼 이성 중심의 독선적 역사관을 가진 적이 없으며 현재 별로 해체적이지 않기 때문이다. 한국은 개인과 가족과 국가가 여전히 유기적으로 결합되어 에너지가 넘쳐나고 있다. 경제적 성장과 정치적 민주화를 달성한 후 그 힘이 사회 곳곳, 여성, 장애인, 소수자, 사회복지, 그리고 영화, 예술, 문화, 한류 등으로 퍼져나가고 있는 것이 지금의 한국이다.

탈현대론 논의의 긍정적 측면은 서구 중심의 역사관, 문명관, 유토피아관을 벗어나게 하는 데 있다. 지금의 세계화 시대는 서구 문명과 함께 이슬람 문명, 인도 문명, 동아시아 문명 등이 인류 공동의 풍요로운 삶을 모색해야 할 때이다.

이 책의 주제는 서구의 탈현대론과 동아시아의 유교적 사회론을 21세기 세계화의 시대라는 큰 흐름에서 조망한 것이다. 탈현대론, 유교, 세계화가 이 책의 키워드이다. 서구 문명의 첨단에서 출현한 탈현대론이라는 이론과 오래 된 동아시아의 사회관을 21세기 현재에서 조우시키고 세계라는 넓은 지평을 지향하는 것이다.

이 책에 소개된 논문들은 동양사회사상학회가 기획하여 대부분 『동양사회사상』에 발표되었던 것들이다. 먼저 최석만은 유교적 세계관이 가家이며 이것이 편협한 가족이기주의를 넘어 어떻게 세계적으로 보편적인 사회 인식 원리가 될 수 있는가를 설명한다. 최영진은 중용이라는 개념이 갖는 탈중심주의, 균형성, 무고착성, 주체성을 설명함으로써 현대적 다원주의 사회에 중용의 개념이 유용하게 쓰일 수 있음을 말하고 있다. 이영찬은 '사회적 행위'라는 개념에 대하여 서양의 논의의 역사를 살펴보고 동양적 의미를 생성해내고 있으며 홍승표는 유교의 인간주의가 오늘날 어떻게 유용할 수 있는가를 설명하고 있다. 이상린은 수양론이 오늘날 사회 이론에서 필요한 이유를 설명하고 있다. 신종화는 탈현대론에 대한 깊이 있는 설명과 함께 탈현대론과 유교적 도덕을 연결 지으려 하고 있다. 권상우는 전근대, 근대, 탈근대의 과정을 천명에서 개인 주체로, 획일성에서 차이성으로, 다시 소통 이성으로의 변화로 보고 이 과정에서 오늘날 유교가 기여할 수 있는 바를 설명한다.

오세근은 탈근대론이 차이와 해체의 의미를 드러내는 데 성과를 거두었지만 인류 문명의 새로운 전망을 제시하지 못하였다고 보고 유교의 학문론이 '해체와 차이'의 언어에서 '관계와 행위'로 나아가게 할 수 있다고 한다. 정재걸은 교육 이념으로서의 인(仁)이 동양과 서양, 고대와 현대 모두에 보편적임을 말한다.

마지막으로 이현지는 현대 사회의 남녀관계관이 불평등과 갈등에 기반하고 있으며 동양의 음양론적 관계관은 남녀 간 완전한 평등과 조화를 전제하며 통일체적이고 대대적이라고 설명한다.

필자들에 따라 주제가 다르기는 하지만 모두 다 탈현대, 유교, 그리고 세계화라는 지평 위에서 쓴 것들이다. 이런 지평이 앞으로 구체화되어 우리 사회의 현재, 그리고 미래를 더 잘 설명할 수 있는 우리 글들이 쏟아지기를 바란다.

2007년 2월

소슬재掃瑟齋에서

저자들을 대표하여 최석만 씀

목 차

탈현대 시대의 보편적 세계인식 원리로서의 동양의 가家

최석만 · 이태훈

이 글은 동양의 전통 유교의 세계관이 어떻게 오늘날의 세계 인류 문명에 기여할 수 있는가를 기술한 것이다. 그러기 위해 먼저 현재 우리 한국인의 실제 삶 속에 가족주의가 얼마나 그리고 어떻게 남아 있는가 사회 관계에 어떻게 작용하고 있는가를 살핀다. 그 다음에는 고대 그리스 시대부터 오늘날까지 서양의 사회 구성에 있어서 가족이 어떻게 취급되었으며 어떻게 이어지고 있는가를 살핀다. 마지막으로 가족주의를 모델로 하는 동양적 세계관이 어떻게 세계주의와 연결될 수 있는지를 설명한다.

한국은 가족문화가 가장 잘 발달한 나라다. 유교의 오랜 영향으로 가족은 삶의 중심이고 목표였으며 사회도덕과 사회질서의 모델이었다. 한중일 삼국 가운데 유독 동양적 가족이 가장 많이 남아 있고 가족에서 연원된 '우리' 의식은 일상 언어와 사고방식에 광범위하게 존재하고 있다. '우리' 의식은 한국인의 존재의 집이다. 친애를 바탕으로 형성된 '우리'는 생각보다는 복잡한 구조로 이루어져 있고 또한 개방적이다. 가족적 관계에서 연원이 된 친애성과 복잡성, 개방성이 한국 문화의 특징이라고 할 수 있다.

동양에서 가족이 사회 구성의 출발이었다면, 서양의 가족관은 그리스의 플라톤과 아리스토텔레스부터 항상 사회관의 하부 개념이었다. 서양에서는 이상사회를 구성하기 위해 가족을 이런 식, 저런 식으로 설계(design)해 왔다. 이런 생각이 현실적으로 추진된 것은 사회주의국가에서이다. 서구 사상가 가운데서는 유일하게 헤겔이 가족의 중요성과 인륜성을 언급하였지만 동양에서처럼 사회적 도덕의 차원으로 승격시키지는 못했다. 서양과 달리 동양에서 가족은 사회와 국가와 세계와 만물로 뻗어나가는 모체였다. 친애적 가족에서 출발하였기 때문에 동양의 '가家'의 세계는 도덕과 감성과 이성의 복합체이다.

동양의 인간에 대한 이해와 도덕적 지향은 한마디로 '인륜적 세계주의'라고 할 수 있다. 자신과 가족을 위하는 인간의 사私적 욕망이 인간 사회의 풍요의 원천이기는 하지만 더 넓은 공公의 세계로 끊임없이 확장할 것을 권한다. 가족적 친애가 원천이기 때문에 동양의 세계는 인간적이되 억압적이지 않으며 지향하되 이념적이지 않으며 낳고 낳는 생생生生의 세계이다.

Ⅰ. 동양의 가家

최근에 이르러 동양사상으로부터 사회학적 설명의 단초를 찾는 작업이 이루어졌고 성과가 있었다. 이러한 작업은 한국 사회를 보다 더 적확하게 설명하는 데 도움이 되었다. 예를 들어 최봉영은 중세 유럽, 근대 유럽, 이슬람 문화, 인도 문명과 비교하여 동북아 문명이 통체－부분자적 세계관임을 제시하였고(최봉영, 2006), 이영찬은 유교의 세계관, 유교적 질서, 유교적 합리성, 방법론, 인성론, 그리고 현대사회 문제들에 대해 논하여 새로운 사회학의 틀을 마련하였다(이영찬, 2001). 홍승표는 인간과 사회와 세계를 하나의 통일체로 보는 '깨달음'이 현대사회의 문제를 파악하는 데 여전히 유용함을 보여주었다(홍승표, 2002).

이러한 바탕에서 이 글은 동양적 세계인식의 특징이 가家임을 말하고자 한다. 가족家族이 일반적으로 부모와 자녀로 이루어진 좁은 범위의 혈연공동체라면 가 家는 훨씬 다양하게 쓰여진다. 가족을 넘어 더 넓은 혈연들, 즉 일가一家, 친가親家, 외가外家, 처가妻家 등으로 쓰이기도 하고, 혈연이 아닌 직업집단들, 소설가, 예술가, 또는 사상가, 유가, 법가, 불가 등에 쓰이기도 한다. 서양의 State도 동양에서는 고대부터 국가國家라고 하여 가家와 연관 지었으며 더 나아가 천하일가天下一家에서는 천하의 모든 사람이 한 가족이라는 의미로 쓰인다. 동양에서는 혈연적 가족의 외연을 천하로까지 확대시켰으며 천하가 하나가 된다는 것은 가족처럼 된다는 것을 뜻하였다. 가족의 외연이 '가家'이고 가의 핵심이 '가족家族'이다.

이 글에서는 부모 자녀의 혈연 공동체를 뜻할 때는 '가족', 그리고 천하일가처럼 혈연을 넘어 외연적으로 확대될 때는 '가'를 쓰기로 한다. 이처럼 세상을 향해 열려 있는 동양의 가家가 동북아 문명에 국한되지 않고 인류의 보편적인 인식의 틀로 발전할 수 있음을 보여 주고자 한다.

원시유교 이래로 지금까지 동양에서는 가족을 삶의 핵심적 단위 또는 장場으로, 그리고 가족에서 우러나오는 인륜을 사회도덕의 근본으로 상정하였다. 동양에서는 고대부터 현재까지 가족이 철학적 사고와 정치적 질서, 사회적 질서, 내세관에 이르기까지 가장 중요한 출발점이었지만, 서양에서는 가족이 철학적으로나 사회사상 속에서 정당한 대상으로서 다루어진 경우가 놀라울 정도로 적다. 고대 그리스 시대에 플라톤과 아리스토텔레스가 가족을 언급하기는 하였으나 동양과 아주 다른 각도, 즉 이상 사회를 만들려면 가족을 어떤 형태로 바꿀 것인가 하는 것이었고, 근대 이후로는 헤겔이 유일하게 가족과 가족에서 형성된 인륜을 시민사회로 나아가는 전단계로 언급하였을 뿐이다. 서양철학의 긴 역사와 다양성, 그리고 치열함에 비추어 가족이 이처럼 가벼이 취급된 것은 어쩌면 놀라운 일이다.

동양에서는 가족에서 출발하여 외적으로 치국과 평천하의 사회질서로 나아가고 다시 내적으로는 수신, 정심, 성의, 치지, 격물의 인식론으로 나아갔다. 서양에서는 신을 대상으로 사고하여 구원과 존재의 개념들을 발전시켰고 근대에 이르러서는 개인이 사고의 중심이 되어 이성, 자유, 평등, 분배, 사회계약 등 다양한 개념들을 발전시켰다.

20세기에 이르러 서양의 개인주의 철학과 세계관이 동양에 도입되면서 정치, 경제, 교육, 법률 등의 사회제도의 원리로 자리 잡았지만 동양인, 특히 한국인의 사고구조는 여전히 '가족적'이다. 그동안 가족주의는 사회발전에 장애가 되는 전통이라고 치부되기 일쑤였지만[1] 한국인의 사유방식과 언어는 여전히 가족주의적이다.

최근에 우리의 문화산업이 활발해지고 외국으로 흘러나가 한류韓流 선풍을 일으키고 있는 지금, 도대체 서양적이지 않은, 한국만이 가지고 있는 문화가 무엇이고 이것이 왜 외국인들에게 호의적으로 받아들여지는가를 살펴보는 것도 흥미 있는 작업이다[2].

한중일 동양 3국 가운데 동양문화의 원형이 가장 많이 남아 있는 나라는 한국이다. 중국은 60년간의 사회주의로의 변화로 인해 전통이 물적 심적으로 거의 다 와해되었다. 1970년을 전후한 비림비공批林批孔의 문화혁명 기간에 홍의병들이 임표의 수정주의와 공자로 대변되는 전통주의를 치열하게 비판하고 제거하였다. 공자와 유교에 대한 공개적 언급이 허용된 것도 1990년대에 이르러서이다. 그러나 최근에 중국은 세계 각국에 150개의 이르는 중국문화관을 세워 중국을 알리고 중국어를 보급하고 있는데 이름이 공자학당孔子學堂이다. 격세지감을 느끼게 하는 일이다. 프랑스가 자국 문화를 세계에 알리고 프랑스어를 보급하기 위해 Allaince Francais를 세우고 독일이 Goethe Institute를 세운 것과 같은 목적이다.

일본은 1856년의 메이지유신 이래 전력을 다해 서구화로 치달았고 일본인의 일상의 상당 부분을 이제 서구적 개인주의가 대체하고 있는 것처럼 보인다.

---

1) 유교윤리에 대한 비판은 도처에 많지만 최근 연구로는 이문호, "'비사회인': 충효가 남긴 근대적 한국인"이 있다. 이문호는 충효와 가족주의가 비사회적인 인간을 양산해 왔다고 비판하고 있는데 이것은 유교의 가족이 세계를 향해 열려 있는 존재라는 것을 인식하지 못한 것이다.

2) 최석만, "한류의 보편성과 특수성," 동양사회사상학회 주최 국제학술대회 동아시아 전통 문화와 한류, 2007년 1월 8-9일, 전남대학교 518연구소.

한국은 조선 500년을 관통했던 유교 관습과 언어가 곳곳에 남아 있고 한국인의 사유방식의 근간을 이루고 있다. 한국의 유교 문화는 어떻게 세계 보편문화로 발돋움할 수 있을까? 여기서 보편문화라는 말은 세계유일이라는 의미가 아니라, 기독교문화, 서구 근대문화, 이슬람문화, 인도문명처럼 세계 누구나 받아들일 수 있는 보편적 요소를 지닌 문화라는 의미이다. 사실 유교문화는 지금까지 동북아만의 문화로 인식되어 왔고 동북아에서도 세계적인 차원으로 유교문화를 격상시키려는 시도가 별로 없었다고 할 수 있다.

동북아문화의 중심이 되었던 유교문화는 가족을 근간으로 하는 문화이다. 그 보편성을 평가하기 위하여 고대에서부터 현대에 이르기까지 동서양의 가족에 대한 관념의 차이를 살펴볼 것이다. 그 다음에는 우리나라에서 가족주의가 현문화 속에 어떻게 폭넓게 존재하고 있는가를 살펴본다. 보편문화가 되기 위해서는 우리 속에 이미 보편적으로 존재하고 보편적 유용성이 인정되어야 하기 때문이다.

보편문화를 향한 시도로서 수신–제가–치국–평천하로 이어지는 자아 확대과정에 공사公私 개념을 도입하여 사적인 개인 욕망 추구에서부터 천하 만물의 공에 이르기까지 다양한 삶을 포괄하며 현대적 해석을 시도하였다.

Ⅱ. 동서양 가족관의 차이

인간이 언어를 통해 사고한다는 것은 널리 알려진 사실이다. 그래서 분석철학자들은 언어를 '존재의 집'이라고 하였다. 언어가 오랜 기간 진화되어 왔듯이 개념도 사회에서 진화되어온 역사의 산물이다. 그런 까닭에 동양의 가족家族과 서양의 family도 의미와 외연이 다르다.

1. 그리스시대

플라톤이 가족에 대해 언급한 것은 그의 『국가론』 중 이상사회(utopia)에 대한 부분에서이다. 즉 이상사회에서는 누가 통치자가 되어야 하고 정치는 어떻게 해야 하며 경제와 교육은 어떠해야 하며 가족은 어떠해야 하는가를 논한 것으로, 가족의 현실태를 논한 것이 아니라 이상태를 논한 것이며 동양처럼 자연 상태의 가족이 모델이 된 것은 아니다.

플라톤의 이상사회를 지배하는 '수호자'(guardian) 집단은 재산과 가족을 공유한다. 그들은 우량한 남녀를 되도록 많이 짝 지워 주고 열등한 남녀는 되도록 적게 맺어 준다(플라톤, 2001: 318). 우량한 남녀에서 태어난 아이들은 유모에게 맡겨 돌보게 하고 열등한 남녀의 자녀는 알려지지 않은 곳으로 치워 버린다(플라톤, 2001: 320). 여자는 20세에 국가를 위해 아이를 갖기 시작하여 40세까지 계속하고 남자는 25세에서 시작해서 55세에 끝난다(플라톤, 2001: 320). 태어난 아이들은 일부러 부모가 누구인지 모르게 한다.[3] 수호자는 여자와 아이들을 공유하며 사유재산을 가지지 않는데 그 이유는 사적 소유욕을

3) "성혼한 그날부터 따져서 그때 혼사를 치른 신랑은 기후 7개월에서 10개월 사이에 태어난 남자아이들은 그의 자식들이라 칭하고 여자아이들은 딸들이라 하고 그들은 그를 아버지라 하고 그는 그들의 아이들을 손자들이라 하고 또한 그들은 늙은 세대를 조부 및 조모로 부를 것이다. 그들의 아비와 어미가 상봉해서 잉태한 모든 것들은 서로 형제자매라 하되 이들은 내가 말한 바와 같이 통혼이 금지될 것이다"(플라톤, 2001: 322).

없애고 '공공정신'(public spirit)을 기르기 위함이다.[4)]

아리스토텔레스는 우정에 대하여 긴 지면을 할애하여 종류, 상호성, 공동체와의 관계, 난점, 내적 본성, 필요성 등을 자세히 설명하고 있다. 가족애는 그 중 일부분이다[5)]. 즉 아리스토텔레스에 있어서 중요한 것은 사회적인 차원에서의 우정이다(아리스토텔레스, 2005: 333-336). 그러나 현실론자인 그는 플라톤과 달리 부모는 자녀가 다른 자기이기 때문에 사랑하며 자식들은 부모의 소생이므로 부모를 사랑하며 형제들은 같은 부모에게서 태어났으므로 서로 사랑한다고 하였다(아리스토텔레스, 2005: 336). 만약 아이들이 모든 어른들에게 '아빠', '엄마'라고 부른다면 아무도 애들을 보살펴주지 않을 것이며 모든 여자가 모든 사람의 부인이라면 누가 집을 돌볼 것인가? 이러한 현실인식에서 아리스토텔레스는 사유재산을 인정하며 소유 집단으로서 가족을 인정한다.

---

4) "부인들과 아이들을 공유한다는 것이 국가에 있어 최대의 선의 원천이라는 것이 명백하겠지?……수호자들은 집이나 토지나 또는 기타 재산을 갖지 않기로 되어 있지.……이는 우리가 그들로 하여금 수호자로서의 진정한 성격을 갖추게 하기 위해서이다.……재산의 공유 그리고 가족의 공유는……그들로 하여금 더욱 진정하게 수호자로 만든다. 그들은 내 것과 네 것을 가리지 않으므로 국가를 분열시키지 않는다.……마음이 하나고……하나의 공통된 목적을 지향하므로 다 같은 즐거움과 아픔을 느낄 것이다.……그리고 이들은 자기 것이라고 할 수 있는 것은 몸밖에 없으므로 소송이나 불평 같은 것이 그들 사이에 있을 수 없다. 금전 또는 아이들 또는 친족관계에서 생기는 분쟁에서 그들은 벗어날 것이다"(플라톤, 2001: 329-330).

5) 우정이란 그리스어로 filia이며 영어로는 friendship으로 번역되는 개념인데 번역자인 최명관은 '우애'로 번역하고 있다(아리스토텔레스, 2005: 305). 그러나 우애는 동양 문화권에서는 "형제간에 우애가 있다"처럼 형제 관계에도 쓰는 말이다. 그래서 필자는 아리스토텔레스의 원래의 의미, 가족이 아닌 타인과의 일반적인 애정이라는 뜻을 살려 '우정'이라고 쓴다.

그러나 아리스토텔레스 역시 플라톤적인 유기체적 전체론(organism), 즉 전체는 부분에 우선한다는 시각에서 가족을 본다. 인간 역사에서 가족이 제일 먼저 출현하고 이어 촌락공동체가 나타나고 맨 마지막으로 국가가 출현하였지만, 국가는 법에 기초해 정의를 실현하는 가장 완성된 제도이므로 가장 우선적이다. 법이 없다면 인간은 동물과 별로 다르지 않을 것이다. 법을 실현하는 국가는 인간 집단의 최고 형태이다(Russell, 1984: 186).

전체적으로 아리스토텔레스는 경험적이며 온당하다. 그러나 플라톤의 이상주의에 정반대된다는 의미의 경험주의자는 아니다. 플라톤적인 전체주의와 이상주의가 여전히 저류에 흐르고 있어 가족의 현실성을 인정하면서도 법과 국가에 더 큰 무게를 두고 있고 국가를 위해 결혼 연령과 형태를 개선해야 한다고 제안한다. 그리고 인간이 덕성에 있어서 차이가 있다고 믿었던 아리스토텔레스는 여자와 아이들과 노예는 남자와 어른과 주인에게 복종해야 하며 주인이 자기를 사랑하는 것보다 더 사랑해야 한다고 믿었다.

그리스·로마를 이은 중세에는 기독교가 국교가 되었고 신학이 발전하였다. 그러나 가족에 대한 언급은 거의 없다. 모든 인간은 신의 피조물이라는 점에서 동등하므로 인간의 집단이나 관계는 큰 의미가 없다. 신을 믿고 구원을 받는 것이 목적이다. 일상적인 기도와 참회는 당연한 의무였고, 탄생, 결혼, 죽음, 약속, 자애, 기부, 결투, 작위, 전쟁 등 삶의 곳곳에 항상 신의 뜻이 덧붙여졌다. 신의 추종자들의 총화인 교회는 본질적으로 영적인 존재이고, 세상을 관리하는 국가는 교회에 의해 정당성을 부여받았다.

2. 헤겔의 가족과 인륜

서양철학에서 가족이 큰 의미를 부여받게 된 것은 헤겔에 와서이다. 헤겔은 인간이 가족에서 습득한 인륜성과 시민사회에서 형성된 공공성이 국가라는 절대이성에서 융합되고 최고의 형태로 발양된다고 하였다. 국가는 인륜성과 공공성과 절대선의 구현체이다. 헤겔 논의의 핵심은 가족이나 시민사회가 아니라 국가라는 전체성에 있다. 가족은 시민사회와 국가를 포함한 모든 인간 집단과 제도에 필요한 예절과 윤리의 산실이며, 이것이 있음으로써 인간은 '만인의 만인에 대한 투쟁'으로 나아가지 않게 된다. 헤겔은 계몽주의자들의 계약국가론을 비판하면서 시민사회가 원활히 작동하는 것도 가족에서 길러진 인륜, 양보와 존경과 포용과 사랑이 작동하기 때문이라고 하였다.

헤겔이 말하는 인륜(sittlichkeit)이란 '관습 내지 풍습적 정신'이라는 의미의 합성어로서, 가족이라는 원초적 관계에서 형성된다. 그 내용은 사랑, 양보, 배려, 헌신, 상호성, 이타주의이다. 인륜성 위에 그리스·로마문명에서 체현된 시민 사회적 개인적 인격성이 전체 세계사 차원에서 수렴된 것이 근대 유럽에서 구현되고 있는 국가이다. 그러나 가족, 시민사회, 국가는 세 가지 다른 영역으로서 하나에서 다른 것으로 환원되지 않으며 발전의 단계를 말하는 것도 아니다.

헤겔의 sittlichkeit를 인륜으로 번역하였지만 동양의 인륜과는 차이가 있다. 헤겔적 의미에 더하여 동양에서는 성선性善을 상정한다. 동양에서 인륜은 즉자적 현실태를 넘어 인간 본연의 착함이라는 의미가 부여되어, 인륜을 행하는 것은 인간 본성에 합치되는 행동이 된다. 헤겔의 인륜은 동양에서는 인의예지라는 보다 정교한 개념으로 분화 발전하였으며, 관계성에서 생겨나는 것들이 인간 본연의 품성이라고까지 격상되었다.

헤겔이 살았던 19세기는 이미 동양과의 무역이 대단히 활발해진 시대이다. 동양의 문물이 비단(silk)을 통해 서구에 전해진 것은 로마 시대부터이거니와 근대에 이르러 도자기와 회화가 전해지면서 서구인들은 동양에 대해 이국적 동경을 하게 되었고, 프랑스의 문호 빅토르 위고는 자기 방을 붉은 일본 벽지로 도배하기도 하였다. 마르코 폴로의 『동방견문록』을 효시로 해서 여행가들이 쓴 동양에 대한 이야기가 늘어나면서 동양에 대한 이해는 깊이를 더하였다. 막스 베버의 『중국의 종교』(Religion of China)가 순전히 여행가들의 이야기에 의존하였음에도 동양의 현실을 적확하게 통찰하였다는 것은 놀라운 사실이다. 베버보다 시대적으로 앞선 헤겔의 경우에는, 아리스토텔레스 이후 남아 있는 동양에 대한 일면적 이해와, 거기에 더하여 동방 무역의 부산물로 들어온 동양 사회에 대한 가십 기사 등이 동양에 대한 그의 지식의 전부였다. 그러나 그가 보여 준 인류 보편의 역사에 대한 열정은 지금도 동양이 배워야 할 점이다. 사실 19세기만 해도 동양은 서양에 대해 무지하였으며 지금도 동양은 동서양을 아우르는 보편사에 대해서는 관심이 부족하다.

동양 가족에 대한 폄하적 의견은 서양에서 오래전부터 있어 왔다. 알렉산더 대왕의 스승이었던 아리스토텔레스는 동양은 신민이 왕 개인을 위해 존재하는 전체주의 사회이고 그리스와 같은 서양은 시민사회라고 구별하였었다. 헤겔도 180년 전에 이미 동양의 왕국이

가부장적인 전체성에서 출발하여 개체적 인격의 권리가 무시되는 문명이라고 하였다.[6)]

아리스토텔레스, 헤겔, 그리고 현대 서양의 연구자들이 동양 사회, 특히 가족제도에 부정적인 것에는 여러 가지 원인이 있다. 일차적으로는 동양 사회에 대한 깊이 있는 정보가 부족하기 때문이고, 이차적으로는 서양적 관점을 견지함으로써 동양의 보편성을 못 보기 때문이다. 동양의 왕과 황제는 백성의 어버이로서의 '권위와 의무'를 지닌 존재였으며 한 집안의 가부장 역시 가부장의 '권위와 의무'를 동시에 지닌 존재였다는 점을 잊기 쉽다.

중동의 술탄(Sultan)과 러시아의 짜르(Tzar)도 이 점에서 어느 정도 비슷하다. 통치에 있어서의 천명天命의 개념은 중동이나 러시아의 민중봉기, 농민반란을 이해하는 중요한 요소이다. 1917년의 러시아 혁명 이후 러시아에서는 혁명의 원조로서 17세기의 스텐카 라찐(Stenka Razin)의 반란과 18세기의 푸가초프(Pugachov)의 농민 반란을 우상화하였지만, 일반 러시아인들에게 19세기부터 지금에 이르도록 더 사랑을 받는 것은 로마노프 왕조를 세운 이반 뇌제(Ivan The Terrible)의 후계를 둘러싼 음모와 민중의 천명의식이 다차원적 코러

---

6) "이 첫 번째 왕국은 가부장적인 자연적 전체성으로부터 출발하여 아직도 그 자체로서 분화되지 않은 실체적 세계관을 지닌 것이어서 이 경우에는 현세의 통치도 신정체제이고 지배자도 또한 고승이거나 신이며……이 호화롭고 장대한 전체 속에서 개체적 인격은 아무런 권리도 없는 무법상태로 사라져버리고 외적인 자연은 직접 신성시되거나 혹은 신의 장식물이 되면서 현실의 역사는 곧 시를 나타내는 것이 된다.……따라서 동양국가가 오직 생동할 수 있는 것은 그의 이러한 국가 자체 내에 항구적인 것이라곤 아무 것도 없고 또 확고한 것은 모두가 화석화되어 외부를 향하여 쏠리는 가운데 그의 운동은 자연력과도 같은 광란과 황폐를 일삼는 데 있을 뿐이다"(헤겔, 1989: 523).

스를 이루는 보리스 고두노프(Boris Godunov) 가극이다. 러시아인에게 있어 짜르는 단순한 통치자가 아니라 하느님의 천명을 받은 지상의 통치자이다. 이러한 배경이 있기 때문에 심오한 비극성이 구현될 수 있는 것이다. 그러나 중동이나 러시아 모두 동양처럼 천명 개념을 체계화하거나 민民을 천명과 연결시키고 민民이 통치의 목적이 되는 민본주의民本主義를 체계적으로 발전시키지는 못했다[7].

서양에 알려진 동양 일면적이었던 것은 의도된 것이라기보다는 우연적인 것이며, 지혜에 대한 인간의 무한한 욕구에 비해 인간 지식의 미미함을 보여 주는 또 하나의 예일 뿐이다. 동양인들의 서양에 대한 지식 욕구가 오늘날까지도 관념적이고 본질적이라면 서양인들의 동양에 대한 지식욕은 예전부터 호기심과 실용성이 주를 이루었다.

헤겔의 동양관을 비판할 필요는 없다. 오히려 부족한 정보를 가지고도 세계 보편사를 구성하려고 한 노력을 높이 평가해야 할 것이며, 헤겔이 이해하지 못했던 동양의 보편사를 이제라도 구성해 보아야 할 것이다.

3. 서구의 가족 없는 이상사회

20세기에 와서 사회주의국가들은 가족을 적대시하고 가족애를 최소화하려고 했었다. 그 연원은 멀리 플라톤에서 시작된다. 가족을 마치 기계를 다루듯 설계하고 제작하며 사회 모든 제도도 마찬가지로

---

7) 최석만, "유교의 국가론: 현대 국가론 및 동양적 전제국가론의 비교 고찰." 『사회와 문화』, 2000년 4월. 11집 참조.

설계하려고 하는 플라톤의 사회공학적(social engineering) 사고는 16세기에 와서 토마스 모어의 『유토피아』(1516)로 다시 그려졌다. 사회공학적 사고는 계몽주의의 바탕이 되었다. 재산의 공동소유, 종교의 자유, 교육의 보편화, 공평한 노동과 같은 이상적 모습의 뒷면에, '모든 시민은 2년 동안 같은 종류의 옷 한 벌만 입고 지낸다', '모든 집은 똑같게 짓고 추첨으로 배정한다', '죄수를 노예로 삼아 가혹한 중노동을 시킨다', '한 가정은 어른 열 명 이상 열여섯 명 이하로 규정한다'와 같은 압제적 규율이 존재하는 이유도 그것이 사회라는 목적을 두고 가족을 포함한 모든 제도를 공학적으로 건설하려고 하기 때문이다.

이성적 유토피아에 대한 회의가 소설의 형태로 다시 나타난 것은 20세기에 와서 알더스 헉슬리의 『멋진 신세계』(The Brave New World, 1932)와 조지 오웰의 『1984』(1948)에서이다.

『멋진 신세계』는 인간의 쾌락을 위하여 과학이 인간의 출생에서부터 사망, 그리고 모든 사회제도를 구성하고 있는 모습을 조롱하고 있으며 마지막 부분에서 주인공이 인디언들의 미개하고 원시적인 삶을 보면서 이상한 동경을 느끼는 것으로 끝난다. 이성적 유토피아에 의한 극단적 사회 구성과 철저한 혐오는 오웰의 『1984』이다. 오웰의 세계는 사회적 긴장을 자아내기 위하여 끊임없이 전쟁을 치루는 세 개의 초국가들로 구성되어 있으며, 남녀 간의 사랑도 허용되지 않는다. 비밀리에 사랑의 행각을 벌이던 주인공은 결국 발각되어 어디론가 끌려간다. 한참만에야 풀려난 주인공은 텔레비전에 비춰진 최고지도자 대형(Big Brother)의 모습을 보고는 참회의 눈물을 흘린다.

고도의 이성적 사회를 끌고 가는 것은 증오, 두려움과 같은 야만적 감정이었던 것이다.

두 소설에서 공통적으로 나타나는 것은 이성적 유토피아에 대한 두려움과 혐오, 그리고 탈출구의 부재이다. 이성이 지배하는 서구 사회에서 이성을 혐오하면서도 대안이 없다.

탈현대이론(Postmodernism)이 갖고 있는 문제점도 이런 데 있다. 이성을 철저히 비판하고 해체하면서도 대안이 없고, 결국은 이성에 의한 자기 파괴적 논리를 이어갈 뿐이다. 이런 논리를 지탱해 나가고 있는 것은 오웰류의 혐오, 충동 같은 야만적 감정이다. 긍정적 감정이 아니라 부정적 감정이 지배하는 것은 감정을 불신하는 서구의 오랜 전통의 무의식적 결과이다. 그런 의미에서 탈현대이론은 서구 지성사가 스스로 잉태했던 것이었다.

사회철학자 칼 포퍼(Karl Popper)는 『개방사회와 적들』(Open Society and Its Enemy, 1945)에서 마르크스의 사회공학적 사고의 시발로서 플라톤을 지목하고 그의 관념론을 맹렬히 비판하였었다. 오늘날에도 서구와 우리 사회에서, 사회주의까지는 아니더라도, 사회공학적 사고가 많다. 인간의 역사 속에서 수천 년 동안의 시행착오를 거쳐 발전해 온 사회제도들을 하루아침에 이리저리 뜯어고치자고 하는 사람들을 많이 볼 수 있다. 정치를, 경제를, 교육제도를, 언론을, 가족을, 문화를 이렇게 저렇게 고쳐야 한다는 사람들로 넘쳐난다. 그러나 필자의 의견은, 대부분의 제도들은 고쳐야 한다고 주장하는 사람보다 더 많은 생각과 시행착오를 거쳐 생겨났다는 것이다.

사회주의를 비판한 하이에크(Hayek)는 『굴종으로의 길』(The Road

to Serfdom, 1944)에서 관념적이고 유토피아적인 사고, 설계주의(constructivism)를 비판하고 그런 사회는 인간이 스스로 만든 감옥이라고 하였다. 인간 제도와 사회는 오랜 기간 많은 인간의 욕망과 능력과 지식이 합쳐져 진화(evolutionism)해 온 결과라는 것이다. 생태계가 기나긴 세월에 무수히 많은 동식물의 자기 생존 욕구를 최적화한 것이듯이 시장이나 가족, 정치, 경제, 종교, 문화, 어느 것 하나 한 인간의 의지와 비전에 의거해 순식간에 만들어질 수는 없다.

그러나 하이에크도 동양의 눈에서 보자면 서양인이라는 태생적 한계를 가진 이성주의자이다. 동양이 중시하는 감성과 도덕성을 논의에 포함시키지 않고 있다. 이 점은 1980년대 이후 등장한 공동체주의(Communitariansim)에서도 마찬가지로 발견되는 한계이다. 개인과 이성으로 이루어진 공동체는 사회주의의 또 하나의 변형이거나 감정과 도덕이 공유되지 않는 '감옥'과 같은 것이다. 서구 이론의 태생적 한계는 감정과 도덕도 그 필요성을 이성으로 증명하여야 한다는 것이다.

계몽주의적 국가관을 현대정치학에 재현시킨 것이 바로 다원주의 이론(Pluralism)이다. 여기서의 핵심은 이익집단이다. 개인은 이익집단을 통해서 집단적으로 자기이익을 실현한다. 정부는 중립적인 존재로서 중재 역할을 한다. 그런데 이익집단이 극한투쟁으로 나아가지 않을까 하는 의문이 생긴다. 이에 대해 다원주의는 게임의 법칙(rule of game), 즉 평화로운 방법으로 분쟁을 조정해야 한다는 것에 민주적 합의를 했기 때문에 파괴적인 극한투쟁은 일어나지 않는다고 한다. 그럴 듯하지만 문제가 해소된 것이 아니다. 국가가 계약의 산물이라면 개인은 국가에 가입하고 탈퇴하는 것이 가능하여야 하고 계약을 철회할 수도 있어야 하며 자기 이익집단의 요구가 전혀 실현되지 않을 때에도 계약파기를 선언할 수 있어야 할 것이다. 나아가 국가가 개인에게 희생을 요구할 때, 전쟁에 나아가게 할 때, 내가 동의하지 않았던 법으로 나를 범죄자를 만들고 고통을 줄 때, 국가는 무슨 말로 개인을 설득할 수 있을까?

계약 국가관을 벗어나 보면 현실은 전혀 다르다. 많은 사람들이 자선을 베풀고, 남을 위해 봉사하고, 기꺼이 세금을 내며, 전쟁에 나가고, 법에 복종한다. 사회와 국가를 내 존재의 일부분으로 여긴다. 이것은 어디서 연유된 것일까? 이것은 가정에서 길러진 애정과 헌신이 연장된 것이다. 이런 의미에서 헤겔이 인륜성의 보편과 가족의 중요성을 지적한 것은 옳다.

칸트의 도덕, 정언명령의 요지는 내가 하기 싫은 것을 남에게 요구하지 말라는 것이다. 이것을 조금 더 보편적으로 말하면 제1 정언명령, 즉 "너의 의지의 준칙이 보편적 입법의 원리로 타당하도록 하라"가 된다. 무조건적 명령의 형태라는 뜻의 정언명령은 절대적이고 보편적인 도덕법칙을 지향하지만, 형식적 요건을 제시하긴 했어도 구체적 도덕규범을 내세운 것이 빈약하므로 칸트는 도덕적 형식주의자이다. 기실 논리와 윤리는 전혀 다른 차원에서 유래된 것—즉 하나는 이성 다른 하나는 도덕성—이므로 인간존재의 도덕적 본성을 전제하지 않으면, 또는 가족에서 도덕적 지향이 길러지는 것을 인간존재의 현실태로 인정하지 않으면, 논리는 윤리와 영원히 만날 수 없다. 칸트가 제시했던 것, 즉 인간은 누구나 목적적 존재로 평등하게 존

엄하다는 언명이나, 도덕은 상대적이고 주관적이어선 안 되고 절대적이고 보편적이어야 한다는 것도 논리의 영역을 벗어난 주장일 뿐이다.

이성처럼 감성과 도덕성도 인간에게 있어 근원적인 것이다. 이성은 논리적 추리력을 말하기 때문에 내용이 명백하여 논의의 여지가 별로 없으나—물론 칸트나 헤겔처럼 이성을 인간 역사의 구현체라고 믿는 경우는 복잡해지지만— 감성과 도덕성은 내용에 대해 합의하기가 어렵다는 문제가 있다. 거기에 대한 동양의 답은 이렇다.

"가족을 보면 된다."

이성은 홀로 존재할 수 있는 것이지만 감성과 도덕성은 관계에서 비롯된다. 관계를 제거한 '원초적 개인'을 상정하기 때문에 서양철학에서는 이성밖에 사유할 수 없다. 동양에서는 인간존재를 관계로 파악하기 때문에 감성과 도덕성을 똑같이 논의의 출발점으로 할 수 있다. 헤겔처럼 가족을 인정하면 감성과 도덕성은 즉자적으로 파악된다.

Ⅲ. 문화현상으로서의 가족주의

인간에게 가족은 태생적 집단이다. 인간은 가족에 의해 양육되며 가족의 눈으로 사물을 보고 인식하고 판단하는 법을 배운다. 동서양의 고대신화에서도 가족은 천지의 시작과 함께 최고의 신으로부터 지금까지 '낳고 낳는' 과정을 말하며 자기 존재의 재생산을 넘어 유대를 유지하고 갈등했다가도 다시 화합하는 과정의 연속으로 그려진다. 그러므로 신화와 설화, 전설에서 가족은 항상 이야기를 이루는 핵심적 요소이며 인물의 관계와 정서의 바탕을 이루고 있다. 누구는 누구의 아버지거나 어머니, 아들이거나 딸 또는 형제, 부부 등으로 관계 지어진다. 세계는 신들의 가족세계로 대변되며, 때로 관계없는 다른 신의 무리가 설정되는 경우, 즉 같은 가족에서 연유되지 않은 경우 이들은 영원히 화해할 수 없는 적대적 관계가 된다. 가족적 뿌리를 같이하지 않는 신은 화해가 영원히 불가능한 관계이다. 선과 악, 전쟁과 평화처럼 대립되는 관계의 신은 대개 가족적 뿌리가 다른 신이다.

이러한 설정은 세계 어느 문화에서나 비슷하게 나타나는데, 우리나라에서도 가족적 관계가 신화와 설화, 무속, 굿의 중심이 된다(김대숙, 1999). 이야기 속의 갈등과 화해, 만남, 이별, 결혼, 유지遺志, 다음 세상의 기약 등도 가족 모티브를 변화시킨 것이다.

조선 500년 동안 유교적 가족주의는 국가의 뿌리이자 구체적 통치이념이었다.[8] 그만큼 우리 사회에서 가족과 인륜의 뿌리는 깊다.

---

8) 이태조가 즉위하면서 내린 교서는 인륜, 수령의 의무, 忠臣孝子 권장, 鰥寡孤獨의 구휼 등으로 시작한다(『朝鮮王朝實錄』, 太祖 1年 7月28日 丁未).

"中外의 大小臣僚와 閑良·耆老·軍民들에게 교지를 내리었다. 왕은 이르노라.……

— 冠婚喪祭는 나라의 큰 법이니, 예조에 부탁하여 經典을 세밀히 구명하고 古今을 참작하여 일정한 법령으로 정하여 인륜을 후하게 하고 풍속을 바로잡을 것이다.

— 수령은 백성에게 가까운 직책이니 중시하지 않을 수 없다. 그것을 都評議使司와 臺諫·六曹로 하여금 각기 아는 사람을 천거하게 하여, 공평하고 청렴하고 재간이 있는 사람을 얻어 이 임무를 맡겨서 만 30개월이 되어, 치적이 현저하게 나타난 사람은 발탁 등용시키고, 천거된 사람이 적임자가 아니면 천거한 사람(擧主)에게 죄가 미치게 할 것이다.

— 忠臣·孝子·義夫·節婦는 풍속에 관계되니 권장해야 될 것이다. 所在官司로 하여금 순방하여 위에 아뢰게 하여 우대해서 발탁 등용하고, 門閭를

가족은 신화를 넘어 한국인의 일상을 지배하는 원리이다. 최근 가족이 변하고 있기는 하지만(김승권 · 장경섭 · 이현송 · 정기선 · 조애조 · 송연주, 2000) 한국은 여전히 서구에 비해 전통적 가족구조가 많이 남아 있다(김근홍, 1998).

우리나라에 서양 학문이 수입되어 자리 잡은 1960년대부터, 더 멀리는 100년 전 개화기 때부터 전통 가족이 비판되었고 개인주의 모델이 대안으로 제시되어 왔다. 이제 와서 개인주의를 가지고 한국 가족을 비판하는 것은 새로운 것이 아니지만 지금까지도 계속된다는 것(이동원 · 김현주 · 최선희 · 함인희 · 김선영, 2002; 여성한국사회연구회, 1995)이 놀라울 따름이다.

요즘 복지 문제가 사회문제로 대두하면서 복지 차원에서 가족 문제가 다루어지는 것을 보노라면 마치 가족을 분해하여 개인과 국가로 환원시키려는 것처럼 느껴진다. 가족을 분해함으로써 개인은 자유를 얻고 국가는 부양의 의무를 짊어지게 된다(서수경, 2004: 4). 과연 그런 세상이 가능할까? 서구를 제대로 관찰한 이라면 그것이 이미 불가능하다는 것을 부정할 수 없다.

학계의 가족에 대한 논의가 간과하고 있는 사실은, 오랜 비판에도 불구하고 가족이 한국인의 물리적, 정신적 삶의 중심으로 남아 있으며 여전히 '세상을 보는 눈'이며 '세계를 향한 창'으로서 우리는 여전히 그 창을 통해 세계를 보고 있다는 점이다.

세워 旌表하게 할 것이다.

— 환과고독은 王政으로서 먼저 할 바이니 마땅히 불쌍히 여겨 구휼해야 될 것이다. 소재관사에서는 굶주리고 곤궁한 사람을 진휼하고 부역을 면제해 줄 것이다.……"

1. '우리' 문화

2002년 월드컵이 서울에서 열렸을 때, 붉은 악마의 길거리 응원은 세계인과 한국인 모두를 놀라게 하였다. Red Devils라고 쓴 붉은 티셔츠를 똑같이 입은 수백만 명이 길거리에 모여 대형 전광판을 보며 '대~한민국, 짜자자 짝짜~'를 외치는 인류 초유의 현상이 세계로 전달되었다. 그 전에는 국민들이 축구에 관심이 없어 경기장이 썰렁하였던 것을 상기하면 길거리 응원은 '축구 열기' 그 이상의 무엇이 있음을 알 수 있다. 과도한 열기는 차가운 이성의 눈으로 보자면 오히려 '섬뜩한' 것이었다. 만약 한국이 일본과 심각한 문제가 생겼을 때 전쟁을 부추기는 길거리 행진이 이렇게 일어난다면……, 만약 우리 가운데의 회색분자를 색출해 내는 열기가 이렇게 타오른다면……, 그때는 어떠한 이성적 대안도 받아들여지지 않을 것이다.

그것은 감정의 폭발이었다. 전 국민의 의식 속에 잠재해 있던 감정이 폭발한 것이다. 그러나 그 감정은 사랑, 미움, 증오, 슬픔, 분노와 같은 우리가 일상적으로 아는 그런 감정이 아니었다. 그것은 '우리'라는 감정의 폭발이었다. 그렇기 때문에 그것은 계기가 주어지면 또 다시 폭발할 그런 것이다.

놀라운 사실은 '네티즌'이라 불리는 신세대, 우리 사회의 성장의 결실, 풍요를 만끽하고 민주 세상에서 국경 없는 인터넷을 즐기며 해외 어학연수를 다니는 세대에게 이처럼 강한 민족주의가 잠재해 있었다는 것이다. 그 원인을 추론해 보면 우리 사회의 민족주의는 세계 제일의 동질성을 바탕으로 그 위에 지난 한 세기 힘들었던 고난의 역사, 거기다 지금도 중국과 일본 사이에 끼여 미래가 불투명한 삶을 살아가고 있는 현실이 가미된 결과이다. 그런 맥락에서 한때 우리 사회를 풍미하였던 반미주의도 불확실한 생존에 대한 반동의 하나의 예일 뿐 미국을 반대한다는 의미는 아니다. 그리고 내적으로 효, 가족 등의 유교윤리가 현재의 대학생들에게 생각보다 강하게 남아 있기도 하다(최정혜, 1997).

우리 사회에서의 민족주의는 민족보다 더 깊은 연원, 존재의 뿌리의식으로부터 기원하며 가족주의적 존재론이 확대된 것으로서, 민족내의 이질성들, 계급, 계층, 연령, 성, 직업, 종교 등을 쉽사리 뛰어넘는다. 가족 내의 연령, 성별, 서열의 차이 등이 쉽사리 '우리 가족'으로 쉽사리 묶이는 것과 같다. 이런 의미에서 한국의 민족주의는 특이하다.

20세기 전반기에 민족주의는 세계를 휩쓸었다. 이때는 서구 열강이 전 세계를 식민지화하던 때이고 또 열강간의 갈등이 최고조에 달했던 때이기도 하다. 이러한 상황에서 식민지의 국민들은 생존을 위하여 민족주의를 찾게 되었다. 우리의 경우도 일제강점기에 대항적 민족주의가 가장 활발하였다.

2차대전이 끝나고 식민지 국가들이 독립을 쟁취하면서 민족주의는 세계적으로 점점 쇠퇴하였다. 민족주의가 갖는 폐쇄성과 보수성 때문이다. 세계가 안정되고 번영을 누리게 되면서 민족주의는 개인의 삶을 풍요롭게 하는 것이 아니라 개인을 구속하는 것이 되었고, 국제간 이민이 늘어나면서 민족이 필연적인 귀속이 아니라 개인이 어느 정도 선택할 수 있는 것이 되었다.

그러함에도 한국에서는 민족주의가 국가가 위기를 맞을 때마다 모든 것을 잠재우는 강력한 힘으로 작용하였다. 40년에 걸친 기나긴 반독재민주화투쟁 또한 민족주의적 요소가 강하다.9) 민족(nation)은 정치적 공동체라고 정의되기도 하고 일민족 일국가를 달성하기 위한 도구라고도 정의되기도 하지만, 혈연적 공동체의 확대 또는 도구를 넘어선 원초적인 동질성을 느끼는 공동체라고 정의되기도 한다.10)

한국은 두말할 필요도 없이 후자, 혈연적 공동체이다. 민족주의는 20세기에 우리나라에서 독재세력, 민주화세력, 여당, 야당, 좌파, 우파 모두의 지상명제였다. 1990년대부터 일기 시작한 친북한주의도 한민족이라는 혈연주의에 기인한 바가 크다.

한국은 족보, 종친회 등이 세계적으로 잘 유지되고 있는 나라이다. 혈연에 의거하고 있기 때문에 우리나라의 민족의식은 운명이라는 의식을 수반하고, 따라서 국가가 위기에 부딪쳤을 때 해이해지기보다는 오히려 더 강화된다. IMF사태 같은 국가적 위기나 2002 월드컵 같은 국가적 행사에 잘 드러난다. 이런 이유로 가족에서 유래된 '우리' 의식이 단체, 회사, 사회, 국가까지 별 무리 없이 곧잘 확장된다.

외국인들은 한국 사람들이 '우리'라는 말을 너무 자주 쓰는 데 놀

9) "본질적인 차원에서 평가하자면 한국의 민주화 운동은 민족국가와 국민국가의 완성을 궁극적 과제로 삼고 이를 위한 당면의 과제로서 권위주의 정권의 타도를 목표로 한 것으로 보인다. 왜냐하면 한국 근대국가의 이중 모순을 온존, 강화시키는 주체가 바로 권위주의 정권이라는 인식 때문이다"(하상복, 2005: 196).

10) Walker Connor는 이렇게 말한다: "동일한 혈통적 기원을 갖는다고 느끼는 사람들의 집합체로서 혈통적 유대에 근거해 구성원의 충성심을 강제할 수 있는 가장 큰 규모의 집단이다. 따라서 민족은 최고도로 확장된 가족 공동체이다" (하상복, 2005: 197).

란다(제프리 존스, 2000). 그러나 막상 우리는 우리가 그렇게 자주 쓰는지 잘 모른다. 내가 속해 있는 집단, 내가 멤버로서 참여하고 있는 집단이라는 중립적 의미의 우리(we)를 넘어 '우리'는 가족적 애정과 연대를 수반하는 정서적 언어이다. 형님, 동생, 언니, 오빠, 아저씨, 아주머니, 할아버지, 할머니와 같은 가족의 호칭이 타인에게 쉽사리 쓰이는 것을 보아도 알 수 있듯이 한국인의 의식 속에는 나를 중심으로 '우리'라고 할 수 있는 가족과 유사한 집단, 그리고 나에게 우리가 아닌 집단, 두 집단이 있을 뿐이다. 안으로는 가족적 친밀성이, 밖으로는 적대성이 잠재해 있다. 이런 이유에서 한국인들은 서구인들과 같은 중립적 관계에 익숙하지 못하다.

2. '우리'의 사회적 확대

'우리'는 이성간의 사랑에도 확대된다. 여자가 남자를 오빠라고 부르는 경우를 다른 나라에서는 볼 수 없다. 가족적 동질성이 이미 가미된 것이다. 그래서 한국에서의 남녀의 사랑은 서양인의 개인간 사랑에다 가족적 사랑이 더해져 이해와 인내와 포용의 폭이 더 크다. 때로는 우리나라의 드라마나 영화에서 연인들이 서양인들이 보기에는 단번에 파국을 가져올 험한 말을 하는 것도 가족적 관용을 전제한 행동들이다. 한국인들이 부부간에 애정 표현이 적고 때로 험한 말을 하기도 하는 것도 가족 간의 유대가 그만큼 강한 데서 생겨난 행동들이다. 관용의 폭도 넓고 유대의 영원한 단절은 없다는 것을 서로 알기 때문이다.

남녀의 순수한 사랑, 플라토닉 러브도 한국과 서양이 다르다. 서양에서는 그런 식의 사랑이 대중문화나 또는 소설에서 사라진 지 오래되었다. 앙드레 지드의 『좁은 문』이나 괴테의 『젊은 베르테르의 슬픔』에 보이는 것들인데, 존재론적으로 일방적인 몰입에 가깝다. 이에 비해 우리 사회에서는 이성간의 열렬한 사랑에 가족적 순수함과 푸근함, 포용이 가미된다. 서양이 주로 헌신의 측면이라면 한국에서는 새롭고 더 넓은 세계로 같이 나아가는 것이며, 서양이 사랑을 통해 둘만의 세계를 창조하는 닫힌 것이라면 한국의 사랑은 가족애로, 다시 더 큰 세상으로 나아가는 열린 것이다.

친구와 동료의 관계도 일단 '우리'라는 것이 확인되면 너무나 솔직하게 자기 이야기, 사정, 단점을 털어놓는다(제프리 존스, 2000). 이것은 한국에 살고 있는 외국인들이 자주 지적하는 말이다. 이런 식의 가족적 관계의 형성은 우리 사회의 거의 모든 집단에서 나타나는데 회사도 가족적 우리 의식을 얼마나 잘 형성했는가에 따라 능률이 오르고 위기대처 능력이 늘어나며 직장만족도도 높아진다. 우리는 서양에서는 가족이 기업에서 완전히 사라진 것으로 알지만 실제로는 중요한 요소이다. 이탈리아는 가족 중심의 기업문화가 성장의 원동력이고(Yanagisako, 2002) 스페인 기업의 65%는 가족회사이다(KOTRA, 2006). 즉 가족은 인류 보편적으로 가장 쉽게 관계를 형성하고 몰입시키는 메커니즘으로 남아있다.

간간이 가족친화적 기업문화가 생산성을 높인다는 사실이 새삼스레 알려지고 있지만(강혜련, 1999; 문화일보, 2006.3.27. 1면), 기업을 운영하고 있는 사람이나 조직을 맡고 있는 사람에게 이것은 길러진 제2의 본능처럼 너무 당연한 것이다. 최근에 현대자동차와 기아자동차가 도입한 멘터(mentor) 제도는 입사한 지 여러 해가 된 선임 사원이 신입사원 한 사람을 맡아 작업에서부터 회사 내 처신에 이르기까지 지도하는 제도인데, 이런 제도는 한국 사회에서는 성공을 보장받은 것이나 다름없다. 왜냐하면 곧바로 끈끈하고 특수한 인간관계가 맺어질 것이기 때문이다. 그렇게 되면 게으름을 피울 수도 다른 직장으로 옮길 수도 없고, 그 대신 직장에 대해 안정감을 갖게 되고 자신의 업무능력에 대해 자연스런 평가와 지적을 받게 되며 불만과 요구를 들어주는 공식적, 비공식적 통로들을 개발하게 되기 때문이다.

계약적 환경에 한국인들은 익숙하지 못하다. 월급은 적더라도 같이 일하고 헤쳐 나가고 성취하고 믿고 따르고 하는 그런 분위기 속에서 자기 존재의 의미를 확인한다.

이런 현상은 사회단체에서도 똑같이 존재한다. 1980년대 이후 양산된 사회운동단체들도 비슷하다. 개혁을 꿈꾸고 과격하고 인간관계보다는 이념을 강조되고 심한 개인주의가 나타날 수도 있는 것이 사회운동단체지만, 장기적인 성공은 결국 가족적 '우리' 관계를 얼마나 잘 형성하였는가에 달려있다. 물론 여기서 '우리'라는 것이 동등한 관계만 뜻하는 것은 아니고 가족처럼 아버지, 자녀, 형, 동생과 같은 상하관계도 포함하는데, 구성원들이 가족적 역할 모델에 정위치할수록 조직의 총체적 힘은 강해진다. 아버지 역할도 아니고 자녀 역할도 아니며 형 동생 역할도 아닌 어정쩡한 사람들이 많은 단체는 쉽사리 와해되며 신입회원도 왔다가 곧 실망하고 돌아서기 마련이다.

이런 현상은 학자들의 학회, 종교단체, 교회, 절, 예술인단체, 정당, 정치인들의 모임, 관료사회, 사교모임에도 존재한다. 한국인들은 사람을 만나서 통성명을 하고는 조금 친해지면 나이를 묻는데, 그것은 나이를 알아야 가족적 상하관계로 곧 치환하고 그래야 편하게 느끼기 때문이다. 우리의 눈으로 보자면 서양인들이 몇 년을 알고 지내면서도 서로 나이도 모르고 알려고 하지도 않는 것이 놀랍다.

우리 사회에서는 학연, 혈연, 지연의 연고주의를 비판하는 사람들이 많고 학계에서는 거의 정론이다시피 하지만 필자의 생각은 다르다. 연고집단의 부작용, 즉 역기능을 나열하지만 순기능은 보지 못하고 있다. 뒬껭이 『자살론』에서 밝혔듯이 사회적 연대가 높은 집단일수록 자살률이 낮다. 사회적 연대는 자살을 막아줄 뿐 아니라 개인의 성취동기를 높여 주고 집단과 사회에 헌신하게 한다. 서구적 사고에 젖어 있는 사람들은 개인-사회의 이분법에 빠져 인간 활동이 개인 스스로를 위하거나 아니면 사회를 위한 것이어야 한다고 생각한다.

미셸 바렛이라는 여성학자는 "가족은 혼자 주스를 전부 빨아 마시고 다른 제도의 성장 발육을 가로막고 기형화시킨다"(정자환, 1995: 349)고 터무니없는 비난을 늘어놓기도 하는 데 헤겔의 지적, 즉 가족에서 습득한 인륜성이 시민사회를 원활하게 움직이는 예절, 양보, 사랑, 관용의 정신의 모체라고 한 말을 상기할 필요가 있다.

한동안 우리 사회에 회자되었던 시민사회론의 문제점도 여기에 있다. 정확하게 말하면 시민사회론이 근거로 삼고 있는 개인주의 세계관에서는 시민사회론이 존재할 여지가 없다. 왜냐하면 개인이라는 사적 존재는 "공공성의 결여태"(와쓰지 데쓰로, 1993: 289)라고 규정할 수밖에 없고 그 이상의 확장은 논리적으로 불가능하기 때문이다. 시민사회론은 개인주의의 사생아, 향수어린 이름은 있지만 아무도 돌보지 않고 돌볼 수도 없는 그런 존재다.

사회를 건강하게 하고 사람을 '시민답게' 만드는 것은 시민사회적 의식과 같은 일반인들이 이해하기에 추상적이고 멀고 실천하기 어려운 의식이 아니라 가족, 연고집단 같은 구체적인 사회집단들이다. 연고집단은 사회 속에서 '우리' 네트워크를 만들어간다. 그것이 시민사회론자들이 바라는 만큼 범사회적이고 몰개인적인 것은 아니지만 개인의 벽을 넘어 사회적 규범과 행동을 내면화하고 지시한다는 점에서 결국 친사회적이다.

우리 사회가 연고주의를 비난해 온 지가 수십 년이 되지만 아직도 연고집단이 성행하는 이유도 '우리'라는 것이 한국인이 나를 넘어 사회로, 세계로, 우주로, 만물로 나아가는 틀이기 때문이다. 학연, 혈연, 지연의 연고집단뿐 아니라 우리나라 사람들은 누구를 만나건, 어떤 집단에 속하건 '우리'를 만드는 것이 일상화되어 있다. 그것은 우리 문화의 특징이며, 한국적 인간관계의 본질이며 한국인의 존재론이다. 교육 정도가 높고 사회적 지위가 높은 사람이 더 많은 동질적 연결망을 가지고 있다는 사실(김안나, 2003: 91-92)은 연결망을 이룰 수 있는 자원을 더 많이 가지고 있기 때문이다.

사회문제를 해결하는 방식도 한국의 바탕 문화에 영향을 많이 받는다. 한때 "우리나라에는 헌법 위에 떼법이 있다"는 말이 있을 정도로 집단갈등이 있을 때면 초법적 요구를 하고 어린 아이처럼 떼를 쓰는 경우가 있다. 결과를 보면, 떼를 쓰는 것은 대개 안 쓰는 것보다 얻는 것이 많다. 떼가 통용되는 곳은 가족이다. 가족적 상황이기 때문에 떼가 통한다.

최근의 노동운동에 대한 기사를 보면 '극한 대립,' '극적 타결'이라는 말을 흔히 볼 수 있다. 일단 정상적인 '우리'가 깨지고 나면 노동자들은 '우리'를 깼다는 자괴감에, 사용자들은 배신감 때문에 서로 극한 대립으로 치닫는다. 몇 년 전 인천방송처럼 직장폐쇄까지 가는 경우도 있지만 그런 경우는 드물고, 우기고 떼쓰고 고함지르면서 '우리' 집단에 대한 파괴력을 과시하다가 언젠가는 그래도 '우리' 집단을 파괴할 수는 없다는 공감대에 이르게 되고 그 순간 '극적 타결'이 이루어진다. 외국인에게는 상당히 답답하고 이상하게 보일(제프리 존스, 2000) 이런 식의 막판 극적타결이 계속되는 것은 가족에서 연원된 '우리'라는 느슨하면서도 상당히 견고한 울타리가 있기 때문이다.

'우리' 의식은 양가적兩價的이다. 사회 과정을 부드럽게 하고 친밀성을 높이고 전인격적인 만남을 가능케 하고 위기를 헤쳐 나가는 힘을 발휘한다. 다른 면으로는 업무적 관계에 인간적 관계가 끼어들고 독립성이 강한 사람을 외톨이로 만들며 통일과 순응을 요구하는 집단주의를 만들어 낸다.

'우리' 의식에 대한 한국인의 평가는 모순적이다. 한국적 집단주의에서 삶의 목표를 찾고 삶의 즐거움을 느끼면서도 서구적 개인주의를 사회문제 해결에 활용해야 한다고 생각하는 사람이 많다. 교육을 많이 받은 사람일수록 이런 경향이 강하다.

'우리' 식으로 행동하면서도 '우리' 의식을 부정함으로써 한국인은 정체성의 혼란을 겪고 있다. 가족주의와 유교식으로 행동하면서도 공개적으로는 이를 비판한다. 그만큼 한국인의 행동과 사고는 복잡하다. 어떤 때는 동양식, 또 어떤 때는 서구식을 따른다. 이런 양면성은 한국이 세계문화를 흡수하는 과정에서 나타난 현상이며 한국의 역동성을 자아내는 요소라고 볼 수도 있다.

3. '우리' 관계의 복잡성

'우리' 관계는 복잡하다. 동질적이고 단순하고 정적인 것만이 아니다. '우리' 관계가 가족에 머물러 있지 않고 전사회적으로 확산되므로 하나의 이성적 원리보다 훨씬 더 복잡하다.

첫째로, 한국 사회의 인간관계는 복선적이다. 직장에서 상급자와 하급자의 관계는 업무상의 상하관계일 뿐 아니라 형 아우의 관계를 잠정적으로 가정하기 때문에 공식적 관계 외에 비공식적 권위와 의무, 책임이 있다. 윗사람도 권위만 있는 것이 아니라 보살펴 줄 의무가 있기 때문에 복잡하다. 그리고 이것은 매 관계마다 달라서 복잡하고 복선이 많이 깔려 있다. 유능한 상사, 무능한 상사만 있는 것이 아니라 좋은 형, 나쁜 형이 함께 작용한다. 유능하면서 좋은 형, 유능하지만 나쁜 형, 무능하지만 좋은 형, 무능하면서 나쁘기까지한 형, 이런 식으로 상사를 나누는 모습을 흔히 볼 수 있다.

직위와 연령이 맞지 않으면 서로 너무 불편해 하거나, 나이가 적은 사람이 자기보다 높은 자리로 발령을 받으면 견디지 못하고 결국 그만 두는 것도 한국적 특징이다. 신입사원의 연령제한을 엄격히 지키는 것도 이런 이유에서이다.

이런 식의 끈끈하면서도 복선적 인간관계는 소설(신상성, 1988; 최선희, 1996: 27), 대중문화, 드라마나 영화에 자연스레 나타나는데 이것이 한류의 근원인지도 모른다. 이것은 서양의 영화와 비교해 보면 금방 알 수 있다. 서양의 관계는 모르는 남남 관계, 연인관계, 직장 동료관계, 비즈니스관계, 가족관계, 친구관계—우리에 비해서는 친밀도가 매우 떨어지는 것이지만— 중 하나이다. 그래서 서양인의 관계는 단순명료하다.

독일과 한국의 동화를 비교한 김정철의 연구(김정철, 2005)에도 독일 동화에 나타난 가족은 핵가족이고 아이가 자라서 연인을 만나 행복한 새 가정을 꾸민다는 줄거리가 대부분이다. 미녀와 야수, 신데델라, 인어공주, 백조의 호수(원제목은 여섯 마리의 백조) 등 우리가 알고 있는 많은 서양 동화들도 이러한 줄거리의 변형이다. 여기서 잠재적으로 가정되는 것은 아이가 자라면서 옛 가정을 부정하고 자기의 새 가정을 만든다는 점이다. 이에 비해 한국 동화는 할머니, 할아버지, 엄마, 아빠, 아이의 여러 세대가 공존하는 이야기가 많으며 가족이 부정되거나 해체되는 법이 없다.

다세대가 한 지붕 아래 살다보면 인간관계가 복잡하고 문제가 많다. 수학적으로 가능한 조합만큼의 모든 관계가 존재하는데, 시어머니와 며느리처럼 문제가 자주 일어나는 관계도 있으며 할아버지와 손자처럼 특히 애정 어린 관계도 있다. 그러나 복잡한 가족구조는 복잡한 인간관계를 만들어 내고 많은 이야기를 만들어 낸다. 한국의 드라마가 그냥 가정 이야기인데도 불구하고 오래오래 끌어가는 이유는 가족구조가 복잡하고 관계가 다양하기 때문이다. 그 복잡성 속에는 사랑과 믿음과 끈끈함만 있는 것이 아니라 배신과 따돌림이 같은 정도로 존재하며 사소한 것으로도 심한 갈등이 유발되기도 한다. 이런 것들이 한류의 매력인지도 모른다.

지난 10년간에 이혼율이 급격히 높아지고 출산율이 세계 최저를 기록함으로써 한국 가족은 많은 변화를 겪고 있다. 다세대가족도 드물어지고 가족문화도 부부 중심으로 바뀌고 있다. 한국의 가족은 다른 나라에 비해 전체적으로 여전히 보수적이지만 변화의 소용돌이에 휩싸여 있다(은기수, 2004). 은기수의 조사에 의하면, 우리나라의 부모는 일본, 미국, 스웨덴, 브라질의 부모에 비해 부모의 희생보다 부모 자신의 삶을 강조하기도 한다(은기수, 2004: 171). 이런 조사 결과는 혼란스러우며 해석을 넘어 해명을 필요로 하는데, 왜냐하면 한국 부모의 실제 사는 모습이 그렇지 않기 때문이다. '기러기 아빠'라는 세계 유일의, 어쩌면 인류 초유의 현상을 어떻게 설명할 것인가?

이것은 둘째로 '우리' 문화의 부산물인 동조화(synchronization)로서 부분적으로 설명이 가능하다. 즉 한국이라는 우리, 거기에서 형성된 여론, 선도적 여론에 맞추어 자신의 견해를 변화시켜나가는 현상이다.

'우리'의 소속이 학연이나 혈연이나 지연, 또는 이런저런 객관적 요건으로 결정되는 것이 아니고 가변적일 때, 즉 나의 조그마한 변화나 나의 생각 여하에 따라서 나의 '우리' 집단이 달라질 수 있을 때 사람들은 금방 사회적으로 우세한 집단, 또는 앞으로 그렇게 되리라고 믿는 집단을 선택하게 된다. 이런 현상은 큰돈이 들지 않는 외면적 치장, 명품, 그리고 여론에서 두드러지게 나타난다. 몇 년 전에는 대학생들이 갑자기 머리를 노랗게 물들이고 다니더니 이제는 아무도 하지 않는다. 언젠가는 여학생들이 군인 워커 같은 것을 신고 다니더니 지금은 아무도 그러지 않는다. 넥타이가 넓어졌다 좁아졌다, 신사복 단추 구멍이 두 개에서 세 개가 되었다가 다시 두 개로, 갑자기 모든 사람들이 무스탕을 입고 다니더니 어느 날 갑자기 아무도 입지 않는다.

이런 현상은 부동산, 증권, 조기 유학, 장애인, 여성, 환경, 결혼관, 이혼관, 자녀관, 장묘의식 등에서 나타났다. 몇 년 전에 매장이 자연을 훼손한다면서 화장을 장려하니까 어느새 60%를 차지하고 납골당이 여기 저기 세워졌다. 도대체 세계에서 매장 문화가 불과 10여년 사이에 이렇게 바뀐 나라가 있을까? 이제는 화장도 안 좋고 수목장이 좋다고 하니 어디까지 바뀔지 두고 볼 일이다.

동조화 현상에서 학계도 예외 지역은 아니었다. 오히려 학계는 내면적으로는 이런 유의 파도타기가 더 심했다고도 할 수 있다. 자연과학에서도 생명공학, IT, 나노 등이 선도 테마로 부상되면 전국의 모든 학과들이 모두 이에 몰두하다가 유행이 바뀌면 어느 날 갑자기 아무도 연구하지 않는다. 인문사회과학처럼 현실에서의 증명이 어려운 분야에서는 이런저런 이론들이 2~3년을 주기로 소개되고 그때마다 모든 학자들이 그 주제에 매달려 목소리를 내려고 애를 쓴다. 지난 30년간 우리 사회를 스쳐간 이론 중 굵직한 것만 세어도 열 개가 넘는다. 거기다 애니메이션, 지역개발, 동아시아 허브, 지방분권, 문화도시, 인권, 과거사 청산 등의 테마가 뜨면 모든 학자들이 거기에 맞추려 애를 쓴다. 이런 것이 깊이 있는 학문을 만들어 내지 못하는 요인인 것은 사실이다.

앞에서, 우리나라 부모들이 일본, 미국, 스웨덴, 브라질의 부모에 비해 부모의 희생보다 부모 자신의 삶을 강조하였다고 한 것도 설문 당시의 우리 사회의 주류 여론, 또는 선도 여론에 자기를 동일시한 것이라고 생각된다.

셋째로 한국 사회는 매우 경쟁적이다. 입시 지옥이 있는 이유도 한국인들이 서로 비교하고 경쟁하기 때문이다. 남과 자기를 비교하는 이유는 의외로 단순하다. '우리'이기 때문이다. 서구인들이 남과 비교하지 않고 자기만의 삶을 살아간다면 한국인들은 남과 비교하며 경쟁한다. 동조화(synchronization) 과정만 있다면 죽은 사회가 될 것이지만 동조하면서도 한편으로는 경쟁한다. '우리' 의식은 내적으로는 동질성을 추구하지만 집단 내에서는 강한 경쟁을 유발하기 때문에 정치적 권력, 경제적 부, 사회적 위세를 차지하는 다툼이 치열하다. 방글라데시 같은 가난한 나라의 사람들이 오히려 느긋하고 행복한 반면 그들보다 잘 사는 한국 사람들이 항상 쫓기며 불행하다고 느끼는 이유도 근본적으로는 이것이다. 교육제도가 문제인 것이 아니다. 비교하고 심하게 경쟁하기 때문이다.

권력, 재산, 교육에 대한 경쟁은 그 자체가 목적이라기보다는 그것을 획득함으로써 얻어지는 '사회적 인정', 즉 우리 집단에서의 인정이 더 큰 목적이다. 그런 연유로 교육은 그 자체가 목적이 아니라 교육을 통해 개인의 수월성을 입증하는 것이 목적이다. 일류학교로 학생이 몰리는 이유도 교육 내용이 좋아서라기보다는 수월성을 입증할 수 있기 때문이다. 줄리아드와 같은 세계적인 음악학교에 한국

학생이 가서 공부하는 이유도 꼭 음악이 좋아서라기보다는 수월성을 입증하고 사회적으로 인정받기 위해서이다. 강남은 일류 주거지이기 때문에 삶의 편리함과 상관없이 사람이 몰린다.

최근 이태리의 비단 산업을 연구한 야나기사코는 가족기업에서 가족원들 간의 배신(betrayal) 또한 성장의 동인이 된다고 하였다(Yanagisako, 2002: 114-116). 배신은 가족기업을 분열시키지만 다시 성장시키는 강렬한 동기가 된다. 사실 가족이라는 큰 울타리 안에서 사랑과 함께 있는 것이 미움이며, 화목과 함께 있는 것이 불화이며, 협력과 상존하는 것이 경쟁이다. 이런 감정들은 가족이 아닌 사람에게보다 훨씬 강렬하다. 예를 들어 가족으로부터의 멸시나 배신은 보통 사람으로부터의 그것과 달리 격렬한 반응을 불러일으킨다. 그 반응 가운데 하나가 성취욕이다.

'애증의 관계', '미운 정 고운 정'이라는 말들이 있듯이, 현실에서의 가족주의는 도덕주의로만 나타나지 않고 복잡한 형태로 나타나며 가족주의를 역동적이게 하고 있다.

한국과 서구를 벗어나 제3세계의 가족관을 단편적이나마 영화에 나타난 것을 보면 역시 인간관계가 단순하다. 일본과 중국의 영화를 보아도 인간관계가 비교적 단순하다. 중국의 경우 사회관계에서 '의리'라는 상당히 추상적인 특수관계가 존재하지만 믿음과 은원이라는 비교적 단순한 모티브로 구성되어 있다. 일본은 상급자와 하급자 관계가 오야붕-꼬붕이라는 관계라고 널리 알려졌지만 한국처럼 가족이 이전된 관계라기보다는 조직을 위한 지배-복종의 관계라고 생각된다. 한중일 삼국 가운데 한국이 가족 문제에 있어서 가장 전통적, 즉 유교적이라는 것은 가족법에서도 그대로 나타난다(최달곤, 1988). 중국은 방계가 같이 사는 방계가족으로 알려져 있지만 현실에서의 비율은 높지 않고 가구당 가족원수는 한국과 비슷하다. 금전 문제에 있어서도 중국과 일본은 부자간, 부부간에도 상당히 독립적인 형태가 많은데 이는 가족이라는 공동체에 대한 공유와 헌신의 강도가 한국보다 낮다는 뜻이고, 따라서 한국은 가족원끼리의 상호작용의 밀도가 더 높다고 할 수 있다.

임진왜란 이후 일본을 다녀온 조선통신사의 기록 중에 일본 병사가 왜 용감한가에 대해 쓴 글이 있는데, 용감하게 돌격하지 않으면 곧바로 처형하기 때문이라고 하였다. 실제로 대중문화를 통해 보이는 일본인의 상하관계는 상당히 무자비하고 폭력적이며 한국인의 입장에서 보자면 관심과 애정이 결여된 것이다. 비슷한 가부장제이지만 일본에서는 중요한 결정일수록 남편이 주도권을 행사하는 데 비해 한국에서는 부부간의 충돌을 완화시키기 위해 주도권을 아내에게 넘기는 경향(23.0%)이 일본(16.4%)보다 높다(한국여성개발원, 1992)는 사실도 이런 현상의 연장이다.

일본인에게 있어 직장은 또 하나의 자기헌신의 장소이다. 그러나 한국인에게 직장은 또 하나의 가족관계를 만들어가는 장소이다(론반 오이엔, 2005). 일본의 전국시대를 그린 소설 『대망』에 나타난 영주들의 가족관계를 보면 천하통일이라는 '대망' 앞에 결혼과 가족도 하나의 수단으로 이용될 뿐이다. 물론 이것은 생존의 기로에서 투쟁을 벌여야 하는 상황을 전제한 것으로서 일반 백성들의 가족하고는 다르겠지만 부자, 부부, 장인-사위 관계에서도 배신이 두드러지게 많이 나타나고 있다. 처절함과 고독함의 파노라마라는 점에서 『대망』은 도원결의의 의리 위에 전개되는 『삼국지』와 다르다.

일본 역시 동양 문화권인 만치 서양에 비하자면 가족주의가 강하다. '아메'라고 하는 단어가 있는데, 이것은 엄마의 품안에 있는 느낌, 즉 엄마에게 의존하고 사랑받고자 하는 욕구를 말한다(히사시 히라야마, 2002: 10-11). 일본에서는 "이런 의존적이며 응석부리는 관계가 성인기까지 연장되며, 가족 안에서만 아니라 가족 외의 관계—선생과 학생, 혹은 상관과 부하의 관계에서까지도 허용되고 존재한다"고 한다(히사시 히라야마, 2002: 11). 일본은 한국에 비해 혈연주의가 약한 대신 개방적이며, 가족보다는 가업이 중심이 되는 문화이다. 일본의 부부는 한국의 부부에 비해 가족지향의식이 약하며(김은미, 1996: 12) 개인주의에 더 근접해 있다(홍상욱, 1991: 174-175). 급속히 진전된 개인주의로 인해 일본인들은 현재지향적 성향이 강하고 한국은 일본에 비해 과거와 미래지향이 더 강한 것(홍상욱, 1990a: 86)도 이런 이유에서이다.[11]

한때 사회주의가 횡행할 때는 가족을 인간불평등을 재생산하는 원천으로 치부하여 가족을 억압하고 부모-자녀 관계를 최소화하려

---

11) "일본 네티즌들이 말하는 '한국 드라마의 법칙'을 보면 첫째가 교통사고, 불치병, 기억상실이 너무 많다는 것이고, 둘째가 가족, 친구, 친척들이 모두 사이가 좋다는 것이다. 우리 드라마에는 종종 단란한 가족이나 일가친척과의 단합된 모습이 나오곤 한다. 이에 일본 네티즌들은, '집에서 친척들과 다 함께 살고 있는 장면이 많이 나온다', '친구나 친척과도 매일같이 저녁을 먹는다'라며 의아한 반응을 보였다. abotenten은 다 큰 딸이 엄마와 사이좋게 목욕을 하는 모습, 동성친구끼리 어깨동무를 하거나 손을 잡는 모습이 이상하다고 했고, 한 네티즌은 한국이 정이 많고 스킨십이 자연스러운 나라이기 때문에 그런 것 같다는 의견을 내기도 했다"(2006. 4. 9. Daum 뉴스).

고 하였었다. 심지어 부부관계도 동지의 연장이어야 한다고 믿었었다. 이것은 플라톤이 이상사회 건설을 위한 도구로서 최소한의 가족의 형태를 제안한 사고방식에서부터 먼 연원을 찾아볼 수 있지만 또 하나, 사회주의가 계몽주의의 한 분파로서 결국 강한 개인주의에 뿌리를 두고 있다는 점을 보여 주는 사례이다. 마르크스가 지향했던 공산주의(communism), 인류 역사의 초기 단계에 존재했던 지연 및 혈연공동체(commune)에 대한 향수, "능력만큼 일하고 필요한 만큼 갖는" 그런 사회는 현실에서 도달할 수 없거나, 아니면 개인의 이기심을 억누른 개인들의 약속에 의해서 도달해야 하는 괴이한 사회이다. 여하튼 가족에 관한 사회주의의 관점은 마르크스나 레닌의 저작에서 '성', '가족'에 대한 언급을 찾아보면 금방 알 수 있다. 그러함에도 북한의 가족법에 한국 고유의 전통적 요소가 여러 가지 점에서 남아 있고(정광수, 2004: 137-162) 전통적 가家 의식이 남한보다 더 강하다(김혜영, 2000). 1990년에는 유교적 방향으로 크게 선회한 가족법을 제정하였다고 한다(도홍열, 1999: 96).

1970년대 우리나라에 소개되었던 프랑스의 미학자 바슐라르(Gaston Bachelard, 1884-1962)는 인간 사유와 상상의 뿌리를 아름다운 문체로 형상화하였었다. 그는 물, 불, 공기, 흙의 4원소가 인간 상상의 뿌리이며 은유의 모태라고 한다.[12] 이것은 마치 동양의 오행五行처럼 인

---

12) "... 은유로부터 추상개념이 나온다. 은유가 문화를 만들어 내고 문화가 은유를 규정한다. 그런데 '뿌리 은유'란 은유들 중 뿌리가 되는 것, 추상개념들이 나오게 된 최초의 은유를 말한다. 즉 바슐라르의 물, 불, 공기, 흙의 4원소 이미지는 인간의 뿌리은유이다. 바슐라르는 이 물, 불, 공기, 흙의 뿌리은유를 통해 인간과 자연을 이해하고자 한다. 물, 불, 공기, 흙의 4원소, 즉 바탕물질의 힘과 운동은 내적 자기 갱신(육화)을 거쳐 구체적인 물질의 형태(형상)를

간의 지혜가 분화되기 이전 인류가 세계를 인식하고 질서를 파악하는 원소이다.

인간이 불가해한 자연을 이해하고 질서를 파악하고 미적 아름다움을 감상하는 원초적 요소로서 바슐라르의 4원소론이 의미 있을 수는 있으나 그의 의도처럼 자연이 아닌 인간을 이해하는 원소로까지 쓰이기에는 미흡하다.

동양의 눈으로 볼 때 기이한 것은, 바슐라르를 포함하여 서구 문명에서는 왜 인간의 전형 내지 4원소론 유사한 형태의 사유가 존재하지 않는가하는 점이다. 왜냐면 인간 세계는 자연의 세계로 환원되지 않기 때문이다.

동양에서 오행이 자연의 질서를 설명하는 것이라면 오륜은 인간 사회의 질서를 설명하는 것이다. 가끔 오행이 인간 세계로 넘쳐 설명되기도 하였으나 윤리적 명제는 오륜이었다. 바슐라르 식으로 보자면, 오륜은 인간 관계의 원소이다. 그것은 현실이면서 동시에 상상의 원소다. 동양에서 오륜에 포함된 관계, 즉 부자, 군신, 부부, 붕우, 장유는 인간 관계 은유의 원소들이다.

진위나 가부를 떠나, 이런 것이 있기 때문에 유교문명에서의 인간의 군상은 다양하다. 현실과 만나면서 은유는 더 다양한 인물들을 만들어 낸다. 예를 들자면 아버지의 자리에 있으면서 아버지다운 사람, 아버지답지 않은 사람, 둘 간의 사회적 충돌, 내면적 고뇌, 시간

산출한다. 형상의 단계에서 우리는 상상을 통해 다시 바탕으로 돌아갈 수 있는데 여기서 '상상'이란 바로 형상을 넘어 질료의 힘을 느끼는 단계인 것이다...." "르네상스 오컬트(occult)와 바슐라르(Bachelard)," 네이버 지식iN, http://kin.naver.com/open100/...

의 흐름에 따른 변화 등 다양한 사건들이 추출된다. 한발 더 나아가자면, 아버지로서의 역할은 잘 하면서 남편으로서의 역할은 잘 하지 못하는 사람, 좋은 남편이지만 국가를 속이고 뇌물을 받는 사람, 친구 간에 의리는 있으면서 위아래 사람을 함부로 대하는 사람 등 그 조합은 헤아릴 수 없이 많다.

오륜이라는 인간 관계 원형 내지 원소에서 파생되어 나타나는 다양한 인간형 그리고 변화에 대한 묘사, 이것이 한국의 드라마를 재미있게 하며 드라마 한류를 만들어내는지 모른다.

이에 비해 서양의 영화와 드라마에 등장한 인물들은 한결같이 단조롭다. 결국은 개인으로 환원된 아버지, 개인으로 환원된 어머니, 개인으로 환원된 연인들, 친구들, 상사들, 그리고 단체들, 국가들, 이런 것이다. 개인이라는 전형 하나 뿐이다. 드라마가 재미있으려면 다양한 전형(prototype), 전형으로부터의 이탈, 갈등이 있어야 한다.

전체적으로 볼 때, 가족에서 우러난 '우리' 의식은 생각보다 복잡하다는 것을 이해해야 한다. 동질적이고 정적이기만 한 것이 아니라 말 그대로 '드라마틱'한 인간 드라마의 배양지이다.

4. 한국 가족의 개방성

언젠가 싱가포르의 이광요 수상은 유교문화를 옹호하면서 기독교는 개인의 믿음의 문제이므로 순식간에 사라질 수 있지만 유교는 인간간의 관계에 대한 문제이므로 자기 마음대로 바꿀 수 없으며 따라서 앞으로도 천 년은 더 지속될 거라는 요지의 말을 한 적이 있다. 기독교 역시 지난 2천 년 간 인간간의 행위양식을 다양하게 발전시켜 왔다. 현재 무신론자가 인구의 90%를 차지하면서도 기독교적인 행사가 지속되고 있다. 유아 세례를 받는 것이나 교회에서 결혼 하는 것, 크리스마스에 흥청거리고 쇼핑하고 행사에 참여한다. 그러나 역시 기독교는 본질적으로 신과 인간의 관계에 대한 믿음이고 유교는 인간과 인간의 관계에 대한 믿음이라는 점에서 다르다.

앞서, 동양의 가족은 항상 우주적 가家를 전제한다고 했는데 동양의 가족은 그래서 다른 가족에게 폐쇄적이거나 적대적인 집단이 아니다. 나의 가족은 금방 다른 가족, 사회, 국가로 확장된다. 출신지역이 다르고 인종이 다르고 종교가 다르더라도 서로 간에 가족적 유대감이 확인되면 우리는 즉시 마음을 연다.

이런 예는 많다. 우리나라에서 종교분쟁이 별로 없는 것도 이런 이유이고, 1980년대와 90년대 우리 사회의 커다란 문제로 지적되었던 지역감정이 어느새 사라진 것도 이런 이유다. 그리고 우리 사회에서 사회적 혼란기에 서구와 같은 약탈(looting)과 방화가 없고 월드컵 같은 행사에 훌리건(hooligan)이 등장하지 않는 것도 그런 이유에서다. 한국에서는 오히려 관중들이 스타디움과 길거리를 깨끗이 청소하여 세계인들이 놀랐었다.

한국에 와 있는 외국인에 대해서도 우리는 처음에는 남으로 느껴 냉정하다가 가족적 유대의식이 발로되면 솔직하게 자신을 연다. 우리나라에 와 있는 외국인 노동자들이 다른 어느 나라에서도 볼 수 없는 따뜻한 대접을 받는 것도 이런 이유에서다.[13] 대부분의 나라에

---

13) 외국인 노동자를 그저 '외국의 노동자'로 취급하는 것은 우리 정서에 맞지 않다. 한국인은 남에 대해 관심이 많고 이것저것 알고 싶어 한다. 이런 필자의 주장을 뒷받침할 과학적 연구는 아직 별로 없지만 필요하다고 본다. 외국인

서 외국인 노동자는 '외국'에서 온 '노동자'일 뿐이다. 이들 중 일부는 체류기간을 넘겨 불법체류자가 되어 쫓기기도 하고 혹은 영주권을 얻어 그 사회에 눌러 살게 되는데, 대개 일정 지역에 집중적으로 살면서 수가 많아지면 점차 반사회적 성향을 보이면서 골치 아픈 집단이 되어간다. 작년에 프랑스에서, 그리고 재작년에 영국에서 일어난 인종소요사태가 바로 그런 예이다. 반면에 한국에서 이런 일이 일어날 개연성은 적다. 그 이유는 물론 우리의 '열린 가족주의' 때문이다. 논의의 연장선상에서, 최근에 신혼부부의 20%를 차지한다는 외국인 신부가 우리에게 영원히 '외국인'으로 남을 개연성도 적다. 열린 가족주의 때문이다.

1996년에 미국 프로풋볼 스타 하인스 워드와 그 어머니가 언론의 주목을 받으면서 우리 사회의 혼혈아가 문제가 되었다..[14] 결론적으

노동자들이 한국에서 차별을 받는다고 하지만, 그것은 법이 뒤쳐져서 생긴 차별이지 신분적 · 인간적 차별은 아니다. 2006년 3월 케이블TV, Art Channel에서 "외국인 노동자 40만 시대: 나는 다시 한국에 가고 싶다"를 방영하였는데, 한국에 와서 외국인 노동자로 일하다가 고국으로 돌아간 사람들의 이야기다. 얼마나 대표성이 있는가는 알 수 없지만 이 프로의 외국인 노동자들은 대부분 한국 사람들이 따뜻하게 대해 주었다고 하며 한국을 그리워하고 있었다. 이 사람들을 고용했던 사장님들도 대부분 친형처럼 그들을 돌보아 주었다. 이런 현상은 사실 우리가 주변에서 많이 보는, 별로 놀라운 일도 아니다.

14) 언론에 보도된 하인스 워드의 어머니 김영희 씨의 자식 키우는 방법은 이렇다. "인생에는 언제나 오르막과 내리막이 있는 법이니 올라갈 때 조심해야죠", "언제나 겸손하라", "키우긴 뭘 키워. 애들이 부모 마음대로 되는가. 다 제가 알아서 컸지", "사실 그 애가 다 해 나간 거지, 내가 하는 게 있나. 집도 그렇고 차도 그렇고 생활 꾸려나가는 것도 그렇고……", "때리기도 하고 엄하게 길렀다", "어려서부터 혼날 짓을 별로 하지 않았지만 그래도 일부러 엄하게 대했다. 그래야 세상 무서운 줄 알고 겸손해질 것 아니냐", "용돈으로 일주일에 점심 값 20달러만 줬다. 해 달라는 대로 다 해 주면 나중에 아이가 부모 말을 제대로 안 듣지 않느냐"(중앙일보 2006. 2. 9). 김씨는 한국의 어머

로 이번 일을 계기로 우리 사회의 혼혈인 문제는 쉽게 해결될 것으로 보인다. '우리 문제'라는 국민적 공감대가 형성되었기 때문이다. 1990년대에 우리 사회에 장애인 문제가 '우리 문제'로 부각되면서 사회적 차별이 없어지고 사회적 보호 장치가 얼마나 빨리 정착되었는가를 보면 잘 알 수 있다. 여성 문제의 해소 과정도 이와 유사하다. 1990년대부터 여성학자들의 과격한 요구가 이어졌지만 별다른 저항 없이 제도화된 것도 비슷한 맥락이다.

그러나 사실 '우리'와 '남'의 구분점, 분수령(threshold)이 어디인가는 명확하지 않다. 그것은 매 이슈의 정서적 요소, 상황적 요인, 역사, 차이의 정도 등이 작용하는 복합적인 것이다.

가족의 특징은 시간적으로 개인보다 훨씬 오래 가는 존재라는 것이다. 가족중심사회에의 시간관은 개인중심사회보다 더 길다. 삶의 시간은 개체의 죽음의 시간을 넘어 먼 후대까지 연장된다. 부의 축적, 계획, 사회적 의무와 처신에 있어서 가족주의 사회는 훨씬 장기적이다. 그 예가 부모의 자녀에 대한 헌신이다. 부모가 생각하는 행복은 자신의 행복, 자녀의 행복, 현재의 행복, 먼 미래의 행복이 더해진 것이다 이런 면에서 한국 사회는 서구의 합리적 선택이론(Rational Choice Theory)의 즉자적 보상 욕구를 뛰어넘어 장기적인 사회 안정성을 갖는다.

니들에게 "매를 들고 강하게 키우라"고 당부하기도 했다(세계일보, 2. 12.). 김씨의 이런 자녀 교육 태도는 어디서 나온 것일까? 그것은 '자식은 이렇게 키우는 것이 마땅하다'는 신념일 것이다. 자녀 교육의 天理에 대한 동양적 믿음이다. 자녀 교육이 사적인 행위가 아니라 공적인 행위라는 생각에서 우러나오는 당당함이 있다.

가족이 갖는 긴 시간성 문화는 사회, 국가 등 보다 거대한 제도들에 대해서도 긴 역사적 관점에 의거한 정체성과 의무를 갖게 한다.

최근에 한국 사회의 가족에 대해 해체를 우려하는 목소리가 많다. 그런 징표도 많이 나타나고 있다. 그러나 '가족적 문화'와 '우리' 의식은 사회관계의 핵심으로 상당 기간 더 남아있을 것이라고 보는 것이 타당할 것이다. 뒬껭 식의 표현을 빌리자면, 사회적 사실(social fact)은 개인의 변화나 의지와는 별도로 오랫동안 지속된다. '우리'로 보는 습관, 호칭들, 사회관계의 가족적 양식 등은 가족이 해체되더라도 따르지 않을 수 없는 상호작용방식이다. 그런 의미에서 한국의 가족은 다른 나라의 가족에 비해 여전히 '상대적 우위'를 지니고 있다.

Ⅳ. 동양적 '가家'의 현대적 구성

동양사상은 다루는 범위가 수신에서부터 평천하까지 다양하고 현대 사상과 달리 이성, 감성, 도덕성이 분리되지 않은 개념들이어서 현대의 사회과학과는 학문적 소통이 잘 되지 않는다. 또한 우주의 근원을 도덕으로 보고 인간의 본성을 성선으로 보는 사고는 동양적 존재론인 동시에 도덕적 지향이기도 하다는 이중성을 갖기 때문에, 존재와 당위를 구분하고 이성과 감성과 도덕성을 구분하는 서구적 사고에서는 이해하기가 난해하다.

동양에서 도덕을 강조하였던 것은 두말할 필요도 없이 실재로서의 인간이 도덕적이지 않기 때문이며 오륜을 강조한 것도 오륜이 잘 지켜지지 않기 때문이다. 그것은 모든 관념이 갖는 현실에서의 역설이다(최석만 외, 2006: 358-363). 현실에서의 인간이 이러하므로 인간

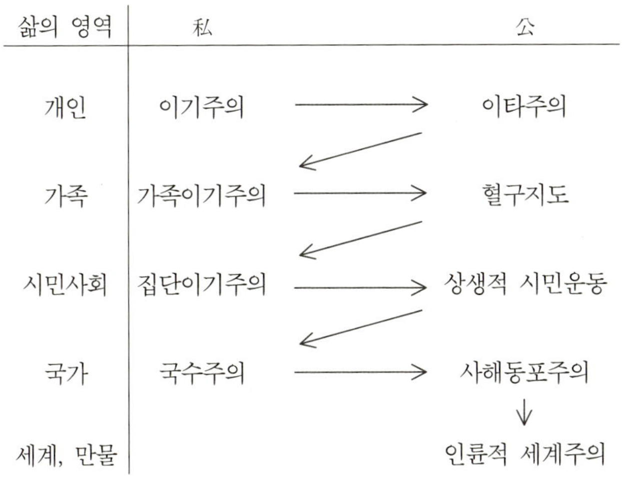

〈그림 1〉 공사公私의 확대 과정

현실태에 대한 사실적 인식이 있게 된다. 도덕적 지향과 현실태적 이해, 이 두 가지 차원을 중심으로 동양에서의 인간 이해를 살펴보면 <그림 1>과 같다.

여기에는 두 개의 차원이 있는데 첫째는 인간 삶의 영역을 개인, 가족, 국가, 천하로 구분하는 것이다. 대개의 인간의 관심은 먼저 자신에게 쏠려 있고 그다음에 가족으로, 그리고 다시 확대되어 국가와 천하로 희석되며 번져 가는 것이다. 기실 모든 사람이 천하를 걱정하며 산다는 것은 바랄 수 없는 일이다. 대부분 사람들은 자기를 먼저 생각하는 것이 현실태이다. 그러한 현실을 그대로 인정함과 동시에 동양사상에서는 더 큰 곳으로, 즉 가족, 국가, 천하 만물로 나아가도록 가르치고 있다. 그리고 격물, 치지, 성의, 정심, 수신, 제가, 치국, 평천하는 서로 연결되어 있으며 서로를 위하여 존재하

는 것이다.[15)]

둘째로 각각의 삶의 영역에서의 공사의 구분이다. 서구 근대에서 비롯된 공사의 구분은 공을 개인 밖의 공적 영역의 생활, 사를 순전히 개인적 영역이라고 규정하지만 원래 동양에서는 이러한 공간적 분류가 아니라 개인적 영역의 활동, 예를 들어 부자간의 효, 부부간의 공경, 친구간의 우애 등도 공이라고 보았다. 그 이유는 이것이 인간의 성선과 천리에 합당한 것이라고 보았기 때문이다. 오륜이 대표적인 예이다. 오늘날의 서구적 관점에서 보자면 오륜은 개인이 알아서 지키거나 할 뿐 사회가 강요할 수는 없는 사적인 윤리가 되겠고, 개인 관계를 넘어선 시민적 참여와 의무를 공적인 윤리라고 할 것이다. 동양에서는 그것이 개인간의 관계이건 사회적인 관계이건 간에 천리에 위배되는 사적 인욕人慾의 세계만을 사라고 규정한다(최석만, 2002 참조)

'공'이란 천리지공天理之公이고 '사'란 인욕지사人欲之私이다. 천리

15) 주자는 '대학을 읽은 법'(讀大學法)을 말하면서, 『논어』와 『맹자』는 한 가지 일을 들어 한 가지 도리씩을 말하는 데 비해 『大學』은 다 합해서 말하는 統說로서 말하고자 하는 몸체의 큰 줄기를 다 갖추고 있다(體統都具)고 하였다. 또 말하기를, 천하가 평안한 것은 먼저 모름지기 나라를 다스리기 때문이요 나라가 다스려지는 것은 먼저 모름지기 집안을 고르게 하기 때문이요 집안이 고른 것은 먼저 모름지기 몸을 닦기 때문이요 몸이 닦이는 것은 먼저 모름지기 마음을 바르게 하기 때문이요 마음이 바른 것은 먼저 모름지기 뜻이 성의롭기 때문이요 뜻이 성의로운 것은 먼저 모름지기 알음에 이르기 때문이요 알음이 지극한 것은 먼저 모름지기 物에 나아가 때문이라고 하였다. 또한 物에 나아가는 이유는 알음에 이르기 위함이요 알음에 이르는 것은 뜻을 성의롭게 하기 위함이요 뜻을 성의롭게 하는 것은 마음을 바르게 하기 위함이요 마음을 바르게 하는 것은 몸을 닦기 위함이요 몸을 닦는 것은 집안을 고르게 하기 위함이요 집안을 고르게 하는 것은 나라를 다스리기 위함이요 나라를 다스리는 것은 천하를 평안히 하기 위함이다(『大學』, 「讀大學法」).

지공은 천하에만 관여되는 것이 아니다. 개인적으로 천지의 마음을 갖는 것, 가족에서의 효, 친구간의 친애, 국가에의 충성 등이 모두 동등한 공이다. 서구에서 개인과 가족을 사(private), 사회를 공(public)으로 구분하는 것과 다른 방식이다.

공사公私는 상대적이다. 삶의 차원에 따라 사가 되기도 하고 공이 되기도 한다. 설사 자기만을 위해서 산다고 해도 공이 될 수 있다. 무인도에 표류한 로빈슨 크루소가 자기만을 위해서 사는 것은 천하에 떳떳한 일이다. 그러나 식인종들에게 잡아먹힐 뻔했던 프라이데이를 구해 주고 같이 살게 된 이후에도 자기만을 위해 산다면 사라고 할 수 있다. 이제는 둘이서 서로 우애하며 삶을 공유하는 것이 공이다.

세상에 내 가족밖에 없다면 우리 가족을 위해서 사는 것이 공이다. 나의 부모에게 효도하는 것이 공이다. 그러나 다른 가족과 같이 살면서 남의 부모를 홀대하면 그것은 사가 된다. 가족적 친애를 나누어야 공이다. 시민사회, 국가, 세계만물도 마찬가지다. 그러나 아무리 많은 사람들과 어울려 살더라도 자기가 해야 하는 일들이 있다. 식사하고 일하고 잠자고 하는 것들이다. 그런 것은 반드시 필요한 일이고 누가 대신 해 줄 수 없다. 가족도 스스로를 위해야 하며 국가도 다른 국가의 도움 없이 스스로 헤쳐 나가야 한다. 이런 영역은 개인에서부터 세계에 이르기까지 떳떳한 일이며 공이다.

인간의 삶의 중심이 자기이고 욕구가 주된 동인임은 두말할 필요가 없다. 그러나 자기를 넘어 남을 위한 행동을 할 때 이를 이타주의라고 한다. 이타주의는 남에 대한 애정, 사랑, 배려, 헌신, 인내 등이다. 세계의 종교에서 말하는 기본적인 덕목들인 인仁, 사랑, 자비가 이타주의의 표본이다. 이타주의는 어려서 가족에서 자연스럽게 길러진다. 헤겔이 말하는 자연태로서의 인륜이 바로 이것이다. 동양사상의 특징은 이타주의가 자칫 빠지기 쉬운 몰아주의沒我主義에 빠지지 않는다는 것이다. 유가가 양자의 위아론과 묵자의 겸애설을 부정해 왔듯이, 위 표에서 말하는 이타주의는 자기를 중심으로 남에 대한 사랑을 베푸는 것이지 자기와 남을 동등하게 놓는 겸애주의도 아니며 자기를 부정하는 이타주의도 아니다.

가족 내에서라면 내 가족원을 위하는 것이 공이지만, 한 차원 높이 올라가면 자기 가족만을 위하는 것은 공이 아니라 사가 된다. 가족이기주의가 되는 것이다. 가족이 다른 가족으로 나아가 자기 가족처럼 생각하는 것이 『대학』에서 말하는 혈구지도絜矩之道이다.[16] 여기서 주의해야 할 점은 개인 차원과 마찬가지로 자기 가족을 중심으로 한 채로 다른 가족을 생각하는 것이다. 이것이 유가가 자기 부모를 저버리고 남의 부모를 봉양하는 것을 반대한 이유이다. 요즘에 가족은 폄하하면서 사회봉사를 강조하는 풍조가 있는데 이것은 자

16) 『大學』, 「治國平天下」, "所謂平天下, 在治其國者, 上老老, 而民興孝, 上長長, 而民興弟, 上恤孤, 而民不倍. 是以君子, 有絜矩之道也." 주자의 해석에 따르면, 老老는 늙은이를 나의 늙은이로(老吾老) 대접하는 것이고 長長은 어른을 나의 어른으로 대접하는 것이다. 남을 내 가족처럼 대하는 것이 혈구지도다. 혈은 헤아린다는 말이고 구는 잣대, 법도를 뜻하니 혈구는 남을 내 가족처럼 대하는 바른 법도이다. 혈구지도는 또한 "所惡於上, 毋以使下, 所惡於下, 毋以事上, 所惡於前, 毋以先後, 所惡於後, 毋以從前, 所惡於右, 毋以交於左, 所惡於左, 毋以交於右. 此之謂絜矩之道也"(『大學』, 「治國平天下」)와 같이, 내가 싫은 것을 남에게 하지 말라는 의미로도 쓰인다. 이점에서 혈구지도는 칸트의 정언명령과 유사하나, 인륜을 인정한다는 면에서 다르다.

연스런 인간 본성의 흐름이 아니다.

다시 차원을 높여서 가족이 모여서 집단을 이루고 단체를 만들어서 사회활동을 하는 경우, 집단내 결속만 다지고 외부 집단에 대해 적대적이라면 이 또한 공이 아니라 사가 된다. 자기 집단을 위하면서 다른 집단도 이해하고 공동선을 지향하는 것이 공이 된다. 그러나 자기집단적 소속의식을 부정하면서 공공선(public good)을 위한 사회적 참여를 주장한다면 그것은 공허한 시민사회론이 될 뿐이다.

가족이 모이고 집단들이 모여서 국가를 이룬다. 국가는 개인의 단순한 합이 아니고 가족을 통해서 이타주의를 배우고 확대된 자아를 경험하며 시민사회적 참여를 경험함으로써 탈가족적 의무를 길러 간다. 이 단계에서 자기 국가만을 열렬히 위하는 것을 소위 국수주의라고 한다. 국가를 넘어 다른 국가와 민족을 이해하고 받아들이고 인정하는 것이 사해동포주의이다. 이것 역시 자기 국가에 정체성의 뿌리를 둔 것이어야 현실적인 것이 되지, 코즈모폴리터니즘(Cosmopolitanism)처럼 무국적의 세계시민주의를 지향하면 공허한 이상에 머무른다. 19세기 중반의 공상적 사회주의의 한 유파인 아나키즘(Anarchism)은 국가의 존재 이유와 필요성을 부정하면서 국가 없는 세계주의를 지향하는데, 이것 역시 인간존재론에 대한 심각한 고려를 하지 않은 비현실적 대안이다.

사해동포주의를 넘어 더 넓은 세계를 향해 마음을 열면 그것은 세계와 만물에 대한 최고의 공적 상태, 인륜적 세계주의가 된다. 부모의 마음으로 천지가 만물을 낳고 길러내는 생육지심生育之心의 단계이다. 인륜적 세계주의는 인륜에서 출발하여 인륜의 마음으로 세계와 천지를 대하는 마음이다. 이것은 자유나 평등, 인권 같은 이념을 중심으로 전개되는 이성적 세계주의도 아니고 종교적 믿음에서 생겨난 신 중심의 세계주의도 아니다. 이것은 모든 인간이 태어나고 죽고 삶의 목표로 삼는 가족적 애정과 관계·질서의 세계적 확장이다.

인륜적 세계주의는 모든 인간의 이상이다. 그러나 현실에서 대부분의 사람들은 자기중심적 삶에 몰입되어 있다. 그러므로 『효경』에서는 서민의 효와 사대부의 효, 제후의 효, 천자의 효를 구분하였다. 삶을 영위하기에 바쁜 서민은 자기와 가족을 잘 봉양하면 그것이 효이고 사대부는 가족을 넘어 사회를 걱정해야 하고 제후는 국가의 안녕과 사직을 염려해야 하고 천자는 온 천하와 천지만물까지 보살펴야 효를 다했다고 할 수 있다. <그림 2>는 이를 그린 것이다.

이렇게 효를 서민, 선비, 천자로 나눈 것은 현실적으로 삶의 범위가 다르다는 것을 인식하였기 때문이다. 옛날에는 신분으로 구분하였지만 오늘날로 하자면 일반인, 지식인, 수양인 정도가 될 것이다. 이것은 누구에게나 열려있는 세계이다. 서양에서의 수양 내지 자아의 확대가 '알을 깨고 나오는' 식, 과거의 부정이라면 동양에서의 수양은 항상 낮은 단계가 모체가 되어 더 넓은 세계로 번져 나가는 것이다. 이것은 마치 물이 높은 곳에서 낮은 곳으로 흐르는 것처럼 당연하면서도 자연스러운 것이라고 동양은 믿어왔다.

과거 중세 기독교문명이나 인도문명에서는 자기를 넘어 신과 해탈의 세계에 몰입하도록 하였다. 이러한 내세적 세계관과 달리 동양에서는 서민, 즉 일반인의 삶의 영역을 자기와 가족에 한정하였는데, 그 이유는 대부분의 인간의 현실태이기 때문이고 일상적 욕구에 대

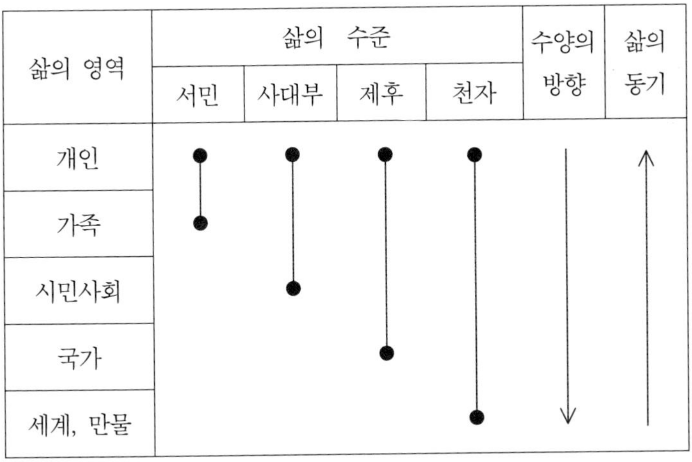

〈그림 2〉 신분과 삶의 영역

한 존중이 있었기 때문이다. 수양을 향하는 마음이 자기 가족을 위하는 마음만큼 강렬하기는 어려운 일이다. 사람이 자기와 가족을 위해 열심히 사는 것이 사회를 풍요롭게 하는 가장 중요한 요인이다.

V. 결어

동양 사상에서 존재는 관계로 규정된다. 음양, 대대, 천지, 체용처럼 자연현상을 설명하는 기본틀도 관계이며 인간을 설명할 때도 오륜처럼 관계가 핵심이다. 관계가 없는 인간은 있을 수 없고, 있다 하더라도 무존재에 가깝다. 한 개인의 존재는 그 사람이 맺고 있는 관계의 합이다. 관계가 모든 존재의 핵심이기 때문에 동양사상에서는 선한 관계를 맺는 도덕성이 존재의 본성이라고 가정된다. 본성이 발현되고 길러지는 자연스러운 장소가 바로 가족이다. 가족의 특징은 도덕이 몰개인적(impersonal)으로 제시되거나 요구되지 않고 가족의 정情과 함께 전달된다는 것이다. 동양의 도덕이 기독교나 이슬람교처럼 독선적이거나 억압적이지 않는 이유가 여기에 있다. 도덕이 정과 함께 길러지고 이성적으로 설득되기 때문이다.

동양에서의 사회의 본성은 서양처럼 계약이나 이익추구가 아니라 가족애를 모델로 한 공동선의 추구이다. 공동선은 도덕과 함께 사랑, 인, 사私의 존중 및 공公으로의 지향, 풍요, 교육, 수양, 평화를 동시에 추구한다. 동양의 도덕은 그 자체로 존재하는 것이 아니어서, 스스로를 위해 인간의 희생을 요구하지 않는다. 또 구체적 상황에 따라 적용을 달리함으로써 개인을 전일적으로 지배하지 않는다. 도덕에 대한 믿음은 공동선을 위한 기본 조건일 뿐이다. 선에 대한 믿음을 공유하기 때문에 동양은 형식합리성(Formal Rationality)이 아닌 실질합리성(Substantive Rationality)을 추구한다고 할 수 있다. 그래서 가치지향적이지만 베버처럼 '결과를 불문하고 추구하는' 그런 것은 아니다. 왜냐하면 동양사상은 가족에서 연유된 만큼 삶의 장과 대상과 상황을 중시하기 때문이다.

서양에서는 자유를 행사하기 위한 의지와 능력이 중요한 이슈가 되지만 동양에서는 자신을 넘어 천하로 자아를 넓혀가는 수양이 중요한 문제가 된다. 자유의 개념은 두 가지, liberty와 freedom으로 나눌 수 있는데 freedom은 '어떠한 것으로부터의 자유'라는 소극적인 개념이고, liberty는 자유를 보장하기 위한 사회적 제도, 견제와 질서에 중점을 두는 개념이다. 두 개념과의 친화성을 생각해 보자면 동양의 정서는 freedom보다는 liberty에 더 친화적이다. 왜냐하면 동양은 개인보다 관계를 중요하게 생각하기 때문이다. 그런 맥락에서 볼 때 동양이 서양적 자유에 반대된다는 생각은 서양적 자유에 대한 일면적 이해의 결과이다.

서양의 사상이 분절적이고 대립적이라면 동양은 통합적이고 상호적이다. 동양에서는 개인과 가족과 사회가 대립된 존재로 인식되지 않으며 특정 가치에 경도되지도 않는다. 자유, 평등, 안전, 복지, 번영, 질서, 평화는 사회가 필요로 하는 동시적 가치일 뿐이다. 동양의 사상은 인간의 풍요로운 삶에 필요한 모든 가치에 대해 동등한 가치를 인정하며 가치들 간의 균형과 조화가 목표이다.

동양의 눈으로 볼 때, 좌파의 대안은 우파가 아니며 우파의 대안은 좌파가 아니다. 진보의 대안이 보수가 아니며 보수의 대안이 진보가 아니다. 분배의 대안이 성장이 아니며 성장의 대안이 분배가 아니다. 그런 것들은 현실을 극단화시켜놓은 이념형일 뿐이다. 실제 사회는 그런 것들 보다는 훨씬 복잡하며 인간에게 필요한 것도 둘 중의 하나가 아니라 '모든 것'이다.

흔히 동양을 비민주적이고 자유가 없다고 하지만 이는 서구의 개념들이 독립적 '개인'을 설정한 데서 연유된 비판으로, 출생과 함께 시작되는 '관계'를 인간존재의 기본 조건으로 보는 동양과는 논의의 출발과 맥락이 다르다. 서양인들은 동양의 가족주의와 '우리' 문화를 이해할 수 없고, 한국인은 실은 서양의 개인주의를 잘 모른다.

앞에서 예시했듯이, 한국인들은 뭐든지 '우리'의 눈으로 보고 생각하고 판단하지만 그것이 얼마나 보편적인 우리의 모습인지 잘 모른다. 그것은 브로델이 말한 장기지속(Long Duree), 즉 수백 년 동안 지속되는 무의식 혹은 심층의 세계이기 때문이다. 그 위에 있는 이념과 제도는 한층 가변적이고 맨 위의 일상생활은 가장 가변적이다. '우리'는 한국인에게 있어 수백 년 동안 우리와 함께해 온 공기와 같다.

인간을 '욕구를 이해하고 실현하는 존재'로 파악한다는 점에서 유교와 세속화된 서구의 근대는 공통점을 갖고 있다(이태훈, 2006: 102). 그러나 서구가 개인으로 한정하는 데 비하여 유교는 개인의 욕구를 출발점으로 삼되 '개인들'의 욕구를 이해하는 공적인 단계로 나아갈 것을 권하고, 자기 가족의 욕구를 충족시키기 위해 열심히 일하는 것을 장려하지만 다시 다른 가족들의 욕구도 이해하는 공적 단계로 나아갈 것을 권하며, 자기 집단을 사랑하는 것을 이해하지만 다른 집단의 욕구들도 이해할 것을 권하고, 다시 더 넓은 사회, 더 많은 국가, 그리고 세계, 만물로 끝없이 확장시켜 나갈 것을 권한다. 그리하여 수신 또는 수양의 자아확대 과정의 끝, 최고 수준의 윤리를 체현한 사람을 성인 또는 군자라고 하면서 낮은 수준의 자아에 머물러 있는 사람을 소인이라고 하였다.

『주역』「계사전」에 "한 번 음하고 한 번 양한 것을 도라고 하니 이를 잇는 것이 선善이요 이루는 것이 성性이다. 어진 자는 이를 보고 인仁이라 하고 지혜로운 자가 보고는 지혜라 하나, 백성은 날마다 쓰고도 알지 못한다……낳고 낳는 것을 일러 역易이라 한다"라고 하였으니, 천지의 음양과 선, 성, 인, 지혜, 낳는 것, 역 등이 결국 하나의 원리로서 부모의 생육지심生育之心으로 귀일한다.

동양사상을 끊임없는 자아확대의 과정으로 이해하는 것은 새로운 작업이 아니라 지난 2천 년 간 동양에서 수없이 되풀이되었던 것이다. 다만 세상 존재의 근원을 도덕으로 보는 리기론의 영향으로 인해 도덕적 지향이 강조되다 보니 현실태로서의 인간 욕구(desire)가 삶의 동기(motivation)임을 부정하는 것처럼 비쳐졌을 뿐이다. 동양사상에 내포된 현실 인간에 대한 이해와 도덕적 지향을 한마디로 요약하면 '인륜적 세계주의'라고 할 수 있다. 가족의 형태가 세계적으로 다양하고 또 변해 가는 것을 생각하면 인륜적 세계주의라는 보편적 개념 아래 항구적인 상도常道와 시공간적 변화를 포용하는 변도變道를 구분하는 것이 필요할 것이다.

데카르트는 신으로부터 독립된 인간의 존재성과 인간의 이성성을 한 마디로 표현하여 "나는 생각한다. 고로 나는 존재한다"라고 하였다. 동양의 생각을 데카르트 식으로 표현하면 이렇게 된다.

"나는 낳아졌다. 고로 낳는다."

낳아졌다는 것은 인간 탄생의 피동성과 원초적 인륜성을 말하고, 낳는다는 것은 이를 받아들여 생명과 관계를 소중히 하며 인륜적 세계주의를 지향한다는 것이다. 낳아졌지만 낳지 않는 것은 자기 존재조건을 부정하는 것이며 인간역사와의 단절을 뜻한다.

한국의 가家 문화는 동양에 국한되어 보편성을 갖는 것이 아니다. 더구나 탈현대론이 등장하여 근대 서구의 이성 중심 사고를 비판하고 있는 지금 근대 서구적 세계관에 천착할 필요는 없다. 베버가 말했던 서구의 '이성의 감옥'으로부터 과감히 탈출할 필요가 있다. 나아가 탈현대론처럼 여전히 '개인의 감옥'에 갇혀있을 필요도 없다.

개인에 집착하는 한 어차피 '사회'라는 문제를 해결할 순 없다. 서양이 상정하는 개인이란 사회와 원래부터 무관한 것이었기 때문이다. 지역적인 것이 세계적인 것이 되어가는 세방화 시대에 동양의 세계관을 인류 보편의 대안으로 상정해 볼 필요가 있다.

참고문헌

『大學』. 1995. 학민문화사(영인본).

강혜련. 1999. "주요 선진국의 가족친화적 기업정책비교연구." 『경영논총』 17(2): 7-30.

김근홍. 1998. "한국과 독일의 가족구조에 대한 비교연구." 『사회과학연구』 5(1). 성결대학교 사회과학연구소.

김대숙. 1999. "한국 신화의 가족구성체계 연구(Ⅰ): 비교 신화 연구를 위한 시론." 『평택대학교 논문집』: 45-59.

김승권 · 장경섭 · 이현송 · 정기선 · 조애조 · 송연주 공저. 2000. 『한국 가족의 변화와 대응 방안』. 한국보건사회연구원.

김안나. 2003. "가족과 사회연결망: 독일과 한국의 개인관계에 대한 비교연구." 『한국사회학』 37(4): 67-99.

김은미. 1996. "부부의 가족지향의식에 관한 한일 비교." 『대한가정학회지』 34(1): 1-14.

김정철. 2005. "한국 동화와 독일 동화에 묘사된 가족관 비교." 『독일언어문학』 28(6): 217-235.

김혜영. 2000. "남북한 가족문화의 비교연구." 『사회와 문학』: 197-229.

도홍열. 1999. "남북한 주민의 가족의식 비교." 『북한연구학회보』 3(2): 83-96.

론 반 오이엔. 2005. 11. 23. "한국의 가족 문화." 서울경제신문.

신상성. 1988. “가족사 소설의 비교문학적 연구: 전통 가문소설과 외국 가족사소설의 비교.” 『용인대학교 논문집』 4(1): 149-169.

서수경. 2001. “독일과 한국의 가족교육 비교연구: 사회정책적 차원.” 『한독교육학연구』 6(2): 1-25.

______. 2004. “가족해체에 관한 한국·독일 비교연구.” 『한독교육학연구』 9(2): 65-90.

아리스토텔레스. 2005. 『니코마코스 윤리학』. 최명관 옮김. 훈복문화사.

여성한국사회연구회 엮음. 1995. 『가족과 한국사회』. 경문사.

와쓰지 데쓰로 지음. 1993. 『인간의 학으로서의 윤리학』. 최성묵 옮김. 이문출판사.

우실하. 1998. “오리엔탈리즘의 해체를 위한 인식 전환으로서의 동도동기론.” 『동양사회사상』 1.

은기수. 2004. “한국인의 가족가치: 5개국 비교연구.” 『정신문화연구』 27(3) 가을호: 137-182.

이광규. 1990. 『한국의 가족과 종교』. 대우학술총서 인문사회과학 40. 민음사.

이동원·김현주·최선희·함인희·김선영. 2002. 『한국 가족의 현주소』. 학지사.

이문호 2006. “‘비사회인’: 충효가 남긴 근대적 한국인.” 『한국사회학』 40(1): 59-92.

이영찬. 2001. 『유교사회학』. 예문서원.

이태훈. 2006. “유교와 가족.” 『유교적 사회질서와 문화, 민주주의』. 전남대학교출판부. 83-102.

정광수. 2004. “남북한 가족법에 관한 비교 고찰.” 『사회과학연구』 43: 137-162.

정자환. 1995. “한미일 3사회의 가구구성 비교를 통해 본 후기산업사회 가족형태 전망.” 『가톨릭대학교 성심교정 논문집』: 323-352.

제프리 존스. 2000. 『나는 한국이 두렵다』. 중앙M&B

최달곤. 1988. “친자관계에 있어서의 약자보호문제: 한국. 일본 및 중화민국 가족법의 비교를 통해서.” 『법과 사회연구』: 5-18.

최봉영. 2006. “유교 문화의 세계사적 비교.” 최석만 · 이영찬 · 우실하 · 유승무 · 최봉영 · 이재룡 · 홍승표 · 국민호 · 장윤수 · 이현지 · 이태훈 · 오세근 공저. 『유교적 사회질서와 문화, 민주주의』. 전남대학교 출판부, pp. 32-45.

최석만. 2000. “유교의 국가론: 현대 국가론 및 동양적 전제국가론의 비교 고찰.” 『사회와 문화』, 2000년 4월. 11집.

최석만. 2002. “공公과 사私: 유교와 서구 근대 사상의 생활 영역 비교.” 『동양사회사상』 5: 5-22.

최석만 · 이영찬 · 우실하 · 유승무 · 최봉영 · 이재룡 · 홍승표 · 국민호 · 장윤수 · 이현지 · 이태훈 · 오세근 공저. 2006. 『유교적 사회질서와 문화, 민주주의』. 전남대학교출판부.

최석만, “한류의 보편성과 특수성,” 동양사회사상학회 주최 전남대학교 518 연구소 주관 국제학술대회 「동아시아 전통 문화와 한류」, 2007년 1월 8-9일, 전남대학교 사회과학대학 교수회의실.

최선희. 1996. “<삼대>와 <부르텐부르크 일가>의 비교: 작중인물의 가족의식을 중심으로.” 효성여자대학교 한국전통문화연구소. 『한국전통문화연구』 11: 305-332.

최정혜. 1997. “현대 사회의 가족 관계에서 빚어지는 전통 윤리의 양상: 도시. 농어촌 대학생의 효 의식과 가족주의 가치관 및 부모 부양의식에 관한 비교연구.” 경상대학교 경남문화연구소. 『경남문화연구』 19: 3-37.

플라톤. 2001. 『국가론』 1. 이병길 옮김. 박영사.

하상복. 2005. “한국의 민주화와 민족주의 이념의 정치(1945~1987).” 『동아연구』 49: 193-230.

한국여성개발원. 1992. “가족의식에 관한 한국과 일본의 비교연구.” 『여성

개발소식』 86. http://www.womenshistory.re.kr:7070/

헤겔. 1989. 『법철학』. 임석진 옮김. 지식산업사.

홍상욱. 1990a. "가족연구에 있어서 문화적 가치지향의 한일비교." 『가족학논총』 2: 63-90.

_____. 1990b. "한일 양국에 있어서 가족의 통문화적 비교연구." 『한국가정관리학회지』: 183-198.

_____. 1991. "가족관행의식에 관한 한일 비교연구." 영남대학교 자원문제연구소. 『자원문제연구』 10: 163-176.

홍승표. 2002. 『깨달음의 사회학』. 예문서원.

히사시 히라야마. 2002. "가족·개인·집단의 정체성: 동양과 서양의 비교." 『2002 한국사회복지학회 국제학술대회자료집』: 9-13.

문화일보. 2006. 3. 27. "가족사랑 기업사랑: 가족친화적 기업문화 생산성 높인다."

Russell, Bertrand. 1984. *A History of Western Philosophy.* Korean Student Edition. London: George Allen and Unwin.

Sandel, Michael. 1982. *Liberalism and the Limits of Justice.* New York: Cambridge University Press.

Yanagisako, Sylvia Junko. 2002. *Producing Culture and Capital: Family Firms in Italy.* Princeton: Princeton University Press.

KOTRA. 2006. http://www.kotra.or.kr/main/trade/economy/view_n.jsp? lsmcd= 0040001 & inpt_no= 1203817

중용사상의 탈현대성

최영진

Ⅰ. 탈중심주의

이 글의 목표는 유교의 중용사상에 내함된 탈현대성을 추출해 내는 것이다. 이 작업을 포스트모더니즘에 대한 다음과 같은 인식에서 출발하려고 한다.

> "포스트모더니즘의 논의는 합리적 이성과 규칙에 의한 모더니즘의 몰개성적이고 획일적인 논의에 대한 대항담론으로, 주로 이성 중심적인 모더니즘의 지배에 의한 개인의 자율성 개성 욕망 등이 억압받고 있다는 점을 강조한다. 그래서 포스트모더니즘은 '일차적으로 보편주의와 중심주의에 대한 반대, 전체주의와 이성 중심주의에 대한 거부를 의미한다고'설명되고 있다."(우실하, 2005: 37)

이 글과 관련해서 위의 인용문을 검토해 볼 때에, 주목되는 사항은 포스트모더니즘을 '중심주의에 대한 반대' 곧 '탈중심주의'로 규정한 것이다. '중용'이라는 단어에서 주 의미소는 '中'이다. 중의 일차적 의미는 가운데, 즉 중심이다. 여기에서 탈중심주의를 추출해 낼 수 있을까. 이 문제에 접근하기 위하여 유교 중용사상의 본질을 먼저 해명해야 할 것이다. 그리고 결론적으로 이에 내함된 탈현대성에 대하여 논의하고자 한다.

Ⅱ. 중의 개념과 그 원초적 의미

『설문해자』에서 "중은 납입하는 것이다. ㅁ로서 구성되었는데 ㅣ은 상하를 관통하는 것이다"[1]라고 설명한다. 그러나 최근 갑골문과 금문의 연구 성과에 의하면 중은 깃발/백중세를 의미하는 두 종류가 존재한다는 것이 일반론이다. 이와 같은 사실은, 고대사회에서 광야에 기를 세워 사람들을 불러 모으는 관습에서 그 연원을 찾을 수 있다. 당란唐蘭은 이 점에 착안하여 중의 원형을 씨족사회의 '휘치徽幟(표지를 단 기)'로 본다. 이 휘치가 세워진 곳이 항상 중앙으로 추장이 있는 곳이며, 이를 기준으로 사방에서 사람들이 모여든다.[2]

중의 개념에 대해서는

> 중이란 치우치거나 기울어지지 않고, 지나치거나 모자람이 없는 것에 대한 명칭이다.[3]

라는 주자의 정의가 일반적으로 받아들여지고 있다. 이것은 위에서

---

1) 『說文解字』, "中內也. 從口 ㅣ通."

2) 『古文字詁林』, pp.327-329.

3) 『中庸集註』, "中者不偏不倚 無過不及之名."

검토한 바, 중이 본래 '사방 어느 한 곳으로 기울어지지 않은 중앙에 꽂힌 기'라는 사실과도 부합된다. '치우치지 않으며, 지나치거나 모자람이 없는 상태'를 최선으로 보는 관점은 『서경』「순전」에 이미 나타난다.[4)]

> 기야. 너를 전악典樂으로 임명하니 맏아들을 가르치되 곧으면서도 따뜻하며 관대하면서도 엄하며 강하지만 사납지 않으며 간략하되 오만하지 않도록 하라.[5)]

여기에서 곧음(直)과 따뜻함(溫), 관대함(寬)과 엄함(栗), 강함(剛)과 사납지 않음(無虐)이라는 대립적 덕목들 어느 한 쪽으로 치우치지 않은 상태, 즉 어느 한 덕목이 지나치거나 모자라지 않은 상태가 교육을 통하여 실현해야 할 이상적 인격으로 제시된다. 교육을 전악, 곧 음악을 관장하는 관리에게 맡긴 것은 음악이 조화성을 중시하기 때문이다.

이러한 관점은 『논어』에서 다양한 형태로 표출된다.

> 1. 자공 : 자장과 자하는 누가 낫습니까. 공자 : 자장은 지나치고 자하는 모자란다.
>
> 자공 : 그렇다면 자장이 낫습니까. 공자 : 지나침은 모자란 것과 같다.[6)]

---

4) 이와 같은 관점은 "무엇이나 지나치지 말지니라. "적도가 최선이다"라는 희랍의 격언이라든가, 플라톤이 제시한 바, 지나침과 모자람의 양극에 대하여 적당한 한도가 주어짐으로서 이루어지는 '混和(krasis)'등 희랍사상에서도 발견된다(박종현, 1994: 101-106).

5) 『書經』, 「舜典」, "夔命汝典樂 教胄子 直而溫 寬而栗 剛而無虐 簡而無傲."

6) 『論語』, 「先進」, "子貢問 師與商也孰賢. 子曰師也過 商也不及. 曰然則師逾與.

2. 질質이 문文을 이기면 촌스럽고 문이 질을 이기면 세련되기만 하니 문과 질이 적균適均하게 조화된 뒤에 군자가 된다.[7)]

3. 공자께서는 온화하시면서도 엄숙하시고 위엄이 있으면서도 사납지 않으시고 공손하면서도 편안하셨다.[8)]

지나침과 모자람을 동시에 비판하고, 내적인 바탕과 외적인 형식의 조화를 이상으로 보는 공자의 언설 속에 이미 중 관념이 내재되어 있다.[9)] 특히 공자의 인격을 묘사한 3번 문장은 앞에서 인용한 『서경』과 같은 맥락에서 두 가지 대립적인 요소들이 어느 한 쪽으로 치우치지 않고 균형을 이룬 상태를 잘 묘사하고 있다. 주자는 이 구절을 "오직 성인만이 전체가 혼연하여 음양이 덕을 합하고 있기 때문에 중화의 기운이 용모 사이에 나타남이 이와 같다"[10)]라고 주석하여 온화함과 엄숙함, 위엄과 사납지 않음, 공손함과 편안함을 '양/음'으로 규정하고 이 대응 항들이 균형을 이룬 상태를 '중화'로 보고 있다. 즉 중은 독립된 실체가 아니라 '지나침(過)'과 '모자람(不及)', 음과 양이라는 외변外邊과의 관계성에 의하여 정립되는 개념인 것이다. 이 같은 중의 속성을 명시한 구절이 『중용』 6장의 다음 문장이다.

子曰過猶不及."

7) 『論語』, 「雍也」, "質勝文則野 文勝質則史 文質彬彬然後君子."

8) 『論語』, 「述而」, "子溫而厲 威而不猛 恭而安."

9) 『論語』, 「先進」, "道以中庸爲至 賢知之過 雖若勝於愚不肖之不及 然其失中則一也."

10) 『論語』, " 惟聖人 全體渾然 陰陽合德 故其中和之氣 見於容貌之間者 如此."

순은 위대한 지혜를 갖은 분이실 것이다. 순은 묻기를 좋아하며 천근한 말도 살피기를 좋아하시되 악은 숨기고 선은 드러내시며 그 양단을 잡아 백성에게 그 중을 쓰시니 그것이 순이 된 이유이다.[11]

'그 양단을 잡아 백성에게 그 중을 쓴다(執其兩端用其中於民)'에서 양단은 극단적으로 대립하는 여론을 말한다. 주자가 "그 양단을 잡아 헤아려서 중을 취한 뒤에 쓴다"[12]라고 설명한 바와 같이 중은 두 개의 대립 항에 의하여 정립되는 것이다.

'외변과의 관계성에 의하여 설정되는 중'이라는 관념의 연원은 은대의 세계관에서 찾아볼 수 있다. 적총충赤塚忠은 오방五方과 사방풍四方風에 관한 복사의 기록을 검토하여 다음과 같이 정리한 바 있다.

(은대 인은)우주와 세계의 구조를 사방으로 파악하고, 또한 사방의 순환으로서 그것이 운영된다고 믿었다. 왕의 행동도 그 순환법칙에 합치하지 않으면 안 된다. 바람은 계절마다 불어오는 주 방향이 다르다. 게다가 생물의 생사성쇠生死盛衰를 촉진하면서 계절과 함께 주기적으로 순환한다. 사방풍四方風은 우주적 질서의 구현이며 그것을 구별하는 것은 우주적 질서를 이해하려고 하는 인간의 최초의 시도였다고 말해도 좋을 것이다(赤塚忠, 1977: 426).

은인은 동서남북 사방에 각각 그곳을 지배하는 방신方神이 있고, 사계절에 따라 사방에서 불어오는 바람—이것은 농경과 깊은 관계가 있다—을 다스리는 풍신風神이 있다고 믿었기 때문에 희생을 바쳐 제사를 지냈다(白川靜, 2000: 41-46).[13] 동서남북 사방이 설정되면 그 중

11) 『中庸』, "舜其大知也與. 舜好問而好察邇言 隱惡而揚善 執其兩端 用其中於民 其斯以爲舜乎."

12) "執其兩端而量度以取中然後用之."

심은 저절로 이루어진다. 따라서 은인들의 의식 세계에는, 네 개의 원심력遠心力 자체에 의하여 규정되는 구심점求心点으로서의 중관념中觀念이 그 정점을 차지하고 있는 것이다.

관점을 바꾸어 보면, 중은 지나침과 모자람을 규정해 주는 기준이 된다.

> 중을 행하는 자를 얻어 함께 할 수가 없다면 반드시 광자狂者·견자狷者와 함께 할 것이다. 광자는 진취적이고 견자는 하지 않는 것이 있다.[14)]

광자는 옛 성인의 도를 행하려는 뜻은 높으나 실천이 뒤따르지 못하는 이상주의자이며, 견자는 자신을 깨끗하게 지키기에 급급하여 타인을 교화할 엄두를 못내는 소극적 존재이다. 이 글에서 중이 기준점으로 먼저 설정되고, 이를 근거로 광자·견자는 지나치거나 모자란 존재로 규정된다(赤塚忠, 昭和 61: 469-470). 순자가 "도가 좋은 것으로 여기는 바는, 중이면 따를 수 있고 치우치면 할 수 없는 것이며 숨기면 크게 미혹된다"[15)]라고 하여 중과 치우침을 대비적으로 제시한 것도 같은 맥락에서 이해할 수 있다.

세계를 사방의 정위와 순환으로 인식할 때 인식의 주체는 바로 그 중심으로 정립되며, 다시 그 중심에 의하여 사방이 정위된다. 즉 '중中'은 '전全'에 의하여 설정되며, '전全'은 '중中'에 의하여 규정되는 것이다.

---

13) 방신은 사방의 끝에서 바람이 출입하게 하는 신이며 그 사자가 풍신이다.

14) 『論語』, 「子路」, "不得中行而與之 必也狂狷乎 狂者進取 狷者有所不爲也."

15) 『荀子』, 「天論」, "道之所善 中則可從 畸則不可爲 匿則大惑."

Ⅲ. 음양 대대적 논리와 중

앞에서 논의한 바와 같이 '중'이라고 말할 때에는 이미 주변 또는 주위와의 관계성이 전제된 것으로, 타자와 절연되어 독자적으로 성립될 수 있는 것이 아니다(김충렬, 1988: 215). 중은 양단兩端·사방四方·원주圓周라고 하는 외변과의 관계성 속에서 정립되는 것이다.

중국 고문헌에 있어서 세계에 대한 최초의 설명체계인 『주역』을 검토해 보면, 중 성립의 필수적인 요건으로서의 '외변'이 음양효陰陽爻라는 두 개의 상징체(⚊ ⚋)에 의하여 대응적 구조로 파악되고 있음을 알 수 있다. 주자는 팔괘의 성립을 설명하는 자리에서 "천지와 사물을 관찰하고 자신을 성찰하여 얻는 바가 같지 않지만, 음양소식陰陽消息의 양단에 불과할 뿐이다"[16] 라고 하여 인간을 둘러싸고 있는 세계의 기본요소는 음·양, 소·식 뿐이라고 언명한다. 여기에서 우리는 중이 음·양이라는 양단에 의하여 규정될 수밖에 없는 사실을 알 수 있다. '그 양단을 잡아 그 중을 백성에게 쓴다'라고 한 구절은 바로 이 점을 단정적으로 말한 것이다.

음과 양의 관계는 다산이 "성인이 역을 지으심에 음양대대陰陽對待로서 천도와 역도를 삼으셨다"[17]라고 말하였듯이 전통적으로 '대대對待'라는 용어로 표현되었다.[18] 이것은 '서로 마주하여(짝하여) 기

---

16) 『周易傳義大傳』, 「繫辭傳」, "俯仰遠近 所取不一 然不過陰陽兩端而已."

17) 『中庸講義補』, "聖人作易 以陰陽對待爲天道爲易道而已."

18) 좁은 의미에서의 '대대'는 주자가 "大抵 陰陽有以循環言者 有以對待言者"(『朱子文集』 卷52, 「答吳栢豊」第10書)라고 한 바와 같이 '순환'과 별개의 현상으로 이해할 수 있으나 '대대'는 이미 '순환'을 그 가운데에 포섭하고 있는 것으로, 다만 분석하여 말한다면 주자의 말과 같은 것이다(市川安司, 1964: 107).

다림'이라는 뜻으로서 서양철학의 '대립' '모순'과는 구별되는 용어이다(최영진, 1989: 29). 이 '대대성對待性'이야말로 유교 나아가 동아시아적 사유의 근저를 이루는 원형이라고 말 할 수 있다(小林信明, 昭和3: 177; 최영진, 1989: 48).

음양 대대적 논리는 앞에서 지적한 바와 같이 '중 관념'과 깊은 연관성을 갖는다. 다산茶山의 다음과 같은 진술은 이 점을 극명하게 보여준다.

> 고요모가 구덕九德을 진술하였는데, 그 첫 번째는 관대하면서도 엄격함이니 무릇 관대한 데에 치우치지 아니하고 엄격함으로써 이루면 중中이요, 그 두 번째는 유순하면서도 꼿꼿한 것이니 무릇 유순한 데에 치우치지 아니하고 꼿꼿함으로써 이루면 중中이며 …19)

구덕의 원문은 '관이율寬而栗 유이입柔而立 원이공愿而恭 난이경亂而敬 요이의擾而毅 직이온直而溫 간이염簡而廉 강이색剛而塞 강이의彊而義'인데, 여기에서 음과 양의 두 범주로 분류될 수 있는 관寬/율栗, 입立/유柔, 직直/온溫 등 대응 항들의 균형성 자체가 '중'으로 규정되고 있다. 즉 '중'이란 음/양이라는 대응항의 관계가 '어느 한편으로 치우치거나 기울어지지 않고, 어느 한 쪽의 세력이 지나치게 크거나 모자라지 아니한 관계'그 자체이다. 대빈호大賓浩가

> 중은 '시간적 · 공간적', '정신적 · 육체적', '내적 · 외적', '주관적 · 객관적', '개체적 · 일반적', '유적有的 · 무적無的' 등 모든 착종된 복잡한 관계의 밸런스

19) 『中庸自箴』, 「上書」, "皐陶陳九德之目 其一曰 寬而栗 夫不偏於寬而濟之以栗 則中也. 其二曰 柔而立夫不倚於柔而濟之以立 則中也."

를 지탱하는 점, 조화를 지탱하는 점이다(大賓浩, 1977: 248).
'中'이란 깊은 밸런스, 말하자면 밸런스의 극치이다(大賓浩, 1977: 250).

라고 단언한 것은 바로 이 같은 중의 성격을 지적한 것이다. 여기에서 한 가지 주목해야 할 점은 「고요모」편의 구덕, 그리고 앞에서 인용한 『논어』 「술이」편에서 공자의 인격을 묘사한 문장에서 두 개의 대응적인 덕목들이 접속사 '이而'로 연결되어 있다는 사실이다. 이 접속사는 『중용』 27장 "존덕성이도문학尊德性而道問學 치광대이진정미致廣大而盡精微 극고명이도중용極高明而道中庸"의 '이而'와 같은 용법으로서 풍우란이 지적했듯이 두 덕목의 통일성을 표현한다(馮雨蘭, 民國56: 3). 그러나 그 통일성은 양자를 지양하여 이루어지는 것이 아니라, 두 덕목의 균형 잡힌 관계성 그 자체가 중으로 정립된다. 예를 들면 공자의 인격을 '온이려溫而厲'라고 표현했을 때, 이것은 온화함과 엄격함이 어느 한 쪽으로 치우치지 않고 균형을 이룬 상태로서, 그 자체가 양자를 포괄하면서 통일된 제3의 고차적인 덕목이 된다. 이것이 바로 중용의 덕인 것이다.[20] 이와 같은 균형성이야말로 인간세계뿐만이 아니라 자연계의 근본 질서로서 규범의 이상으로 보는 것이 유가뿐만이 아니라, 중국고대사상가의 원초적 관념이다.[21] 그리고 이 중이 형이상학화될 때 실체개념이 되어 인간의 본질인 동시에 세계의 본원이며 조화의 근거로 설정되는 것이다(大賓浩, 1977: 247-248).[22]

20) 金谷治, 위의 책, pp.139-144.

21) 赤塚忠, 『大學・中庸』, p.169 참조.

22) 중의 우주론적 근거에 대해서는 본서 2부에 수록된 「도」에서 상론한다.

Ⅵ. 時中과 權道

앞 절에서 밝힌 바와 같이, 일반적으로 중에 관하여 '치우치거나 기울어지지 않고, 지나치거나 모자람이 없음(不偏不倚 無過不及)'이라는 주자의 개념 정의가 받아들여지고 있다. 그러나 이것은 원칙적이고 형식적인 규정에 불과하다. 심오흥沈吳興의 다음과 같은 진술을 검토해 보자.

> 세상에서 '과過'는 중이 아니오 '불급不及'도 중이 아니요 '과'와 '불급'사이에 개재된 것이 중이라고 말한다. 하지만 선생님은 '그렇지 않다, '과'가 본래 중이 아니지만 지나쳐서 그 지극함을 얻으면 '과'가 또한 중이며 '불급'도 본래 중이 아니지만 미치지 못해서 그 지극함을 얻으면 '불급'도 또한 중이다. 천지 사물의 사이에 이르러 지극히 당연한 자리가 없는 것이 없으니 처음부터 '과'와 '불급'의 구분이 있는 것이 아니다.[23]

상황에 따라서는 양극단이라고 할 수 있는 '과'나 '불급'도 중이 될 수 있다는 이 주장은 '과와 불급이 없는 것이 중'이라는 중의 형식적 규정을 부정한다. 여기에서 양극단 사이의 중간이라는 산술적 중은 철저히 거부된다.[24] 앞에서 인용한 '온이려溫而厲'를 예로 든다

---

23) 『禮記集說』, "世之說者曰 過非中也 不及亦非中 介乎過不及之間者中也. 子曰不然 過固非中 過而得其至焉 過亦中也. 不及固非中 不及而得其至焉 不及亦中也. … 至於天地事物之間 莫不有至當之處 初無過不及之分也."

24) 예를 든다면 일 년 가운데 봄 가을 만이 중이 아니라 여름에는 陽에 치우친 것이 중이며 겨울에는 陰에 치우친 것이 중이 된다. 『주역』 乾괘 6효 가운데 時宜性이 가장 강조되는 四爻辭 "或躍在淵无咎"에 대하여 「文言」에서 "오르락내리락 항상됨이 없는 것이 (이 경우에는) 사특한 것이 되지 않는다"라고 설명한 것도 같은 의미다.

면, 상황에 따라 온화함 또는 엄격함 어느 한 덕목으로 기울어지는 것이 중일 수도 있다. 그래야만 전체적인 균형성이 유지되는 것이다. 이것이 시중이다. 그러므로 '중은 고정된 실체가 없다(中無定體)'라고 말한다. 즉 중은 구체적인 시간과 공간의 좌표 위에서 설정되는 원점인 것이다. 유가에서는 특히 시의성時宜性을 강조하여 이것을 '시중時中'이라고 한다. 그러나 '과/불급이 없는' 중과 시중은 별개의 존재가 아니다. 체용론體用論을 적용시킨다면, 본체인 중이 바르게 정립될 때에 그 작용으로서 시중이 가능하다.[25)]

시중의 구체적인 양상은 『맹자』의 다음 구절 속에서 살펴 볼 수 있다.

> 그 군주가 아니면 섬기지 않고, 그 백성이 아니면 부리지 아니하며, 다스려지면 나가고, 어지러우면 물러서는 사람은 백이다. '누구든 섬기면 군주가 아니며, 누구든 부리면 백성이 아니겠는가' 다스려져도 나가고 어지러워도 나가는 사람은 이윤이다. 벼슬 할 만하면 하고 그만둘만하면 그만두며, 오래 할 만하면 하고 빨리 할 만하면 빨리 하는 사람은 공자이다.[26)]

이 글에서 백이는 올바른 군주/백성만을 섬기고 다스리며, 이윤은 누구든지 가리지 않고 섬기고 다스리는 인물로 묘사된다. 이들은 어느 하나에 치우치고 집착되어 있다. 이에 비하여 '벼슬 할 만하면 하고 그만둘만하면 그만두며, 오래 할 만하면 하고 빨리 할 만하면 빨

---

25) 『禮記集說』, "君子大本先立 故見於應物者 事事中節."

26) 『孟子』, 「盡心」 上, "非其君不事 非其民不使 治則進 亂則退 伯弟也. 河事非君 河使非民治亦進 亂亦進 伊尹也 可以在則仕 可以上則止 可以久則久 可以速. 孔子也."

리 한다(可以仕則仕, 可以止則止, 可以久則久, 可以速則速)'라고 하는 공자의 행위는 사仕・지止・구久・속速 어느 하나에 집착하지 않고 상황에 알맞게 이루어진 것이다. 이것이 시중이며, 여기에서 중의 특성인 '무고착성無固着性'이 드러난다.[27] 간괘艮卦 「단전彖傳」에서

> 간艮은 그치는 것이다. 때가 그칠 만하면 그치고 때가 갈만 하면 가서 동정이 그 때를 잃어버리지 않는 것이니 그 도가 광명하다.[28]

이라고 한 바, 그침(止)과 감(行) 어느 하나에 고착되지 않고 '그 때를 잃어버리지 않음(不失其時)' 곧 시중이다. 시중을 '시時에 응하여 자유무애하게 타당한 행위' '변통하여 응체됨이 없고 널리 응하여 지극히 합당한 것'이라고 한다면[29] '그 때를 잃어버리지 않음'이 곧 시중이 되는 것이다.

시중은 시간적인 측면만이 아니라 공간적인 면에서도 설정될 수 있다. 정명도程明道는

> 만약 사방의 가운데를 중이라고 한다면 사변四邊에 중이 없겠는가? 만약 가운데 밖의 중을 중이라고 한다면 바깥 면에 중이 없겠는가?[30]

---

27) 위의 책, p.244, 大賓晧는 時中을 '時에 응하여 자유무애하게 타당한 행위'라고 정의 한 다음 여기에서 중의 無的 性格이 엿보이는데 결국 시중이란 중의 '무적 성격'을 시간적 측면에서 한정시킨 표현이라고 본다.

28) 『周易』, 「艮卦」, "時上則止 時行則行 動靜不失其時 其道光明."

29) 『禮記集說』, "時中云者 變通無滯 泛應曲當之謂之也."

30) 『禮記集說』, "若以四方之中爲中則 四邊無中乎 若以中外之中爲中則 外面無中乎."

라고 하여 공간적 좌표 위에서의 중도 고착된 것이 아님을 주장하였다. 다음 인용문은 그 실례가 된다.

> 하늘과 땅 사이에 '낙洛'이 중지中地이지만 '연燕'으로부터 '낙洛'을 보면 '연燕'이 중이요 '낙洛'은 치우치게 되고, '월越'로부터 '낙洛'을 보면 '월越'이 중中이요 '낙洛'은 또한 치우치게 된다.[31]

중은 또한 주체의 위상에 따라 다르게 설정된다. 『중용』14장에서

> 군자는 그 위치에 처하여 (마땅히 해야 할 당위를)행하고 그 이외의 것을 원하지 않는다. 부귀에 처하여는 부귀를 행하고 빈천에 처하여서는 빈천을 행하며 이적에 처해서는 이적을 행하고 환란에 처해서는 환란에 처하니 군자는 들어가 얻지 못함이 없다.[32]

라는 구절은 신분·장소·환경에 따라 당위의 규범, 즉 중이 다르게 설정된다는 점을 밝힌 것이다(大賓浩, 1977: 245).

이상 검토한 바와 같이 중은 시時·공空·위位를 축으로 하여 구성된 좌표 위에서 설정되는 원점이다. 따라서 중은 철저하게 고착성을 거부하며 그것은 '집중執中'의 부정으로까지 심화된다. 이와 같은 점에서 중은 자기 부정성을 갖는다. 『맹자』의 다음 주장을 검토해 보자.

---

31) 沈吳興, "天壞之間 洛爲中地 自燕而望洛 則燕自有中 而洛爲偏矣 自越而望洛 則越自有中 而洛亦偏矣."

32) 『中庸』, "君子所其位而行 不願乎外. 所富貴行乎富貴 所貧賤行乎貧賤 所夷狄行乎夷狄 所患難行乎患亂 君子無入而不自得焉."

양주는 '자기를 위함(爲我)'를 주장하여 한 터럭을 뽑아 천하를 이롭게 하는 일도 하지 않으며, 묵적은 모두를 사랑하였으니(兼愛) 머리부터 발끝까지 닳도록 천하를 이롭게 하는 일은 하였다. 자막은 가운데를 잡았으니(執中), '가운데를 잡는 것'이 진리에 가까우나, 가운데를 잡고 저울질함이 없다면 하나를 잡는 것(執一)과 같다. 하나를 잡는 것을 미워함은 도를 해치기 때문이니 하나를 들어 백 가지를 폐하는 것이다.[33]

양주의 '위아爲我'는 극단적 이기주의며 묵적의 '겸애兼愛'는 극단적 이타주의인데, 자막의 '집중執中'은 '위아'와 '겸애'의 단순한 중간을 잡는 것에 불과하다. 그는 '위아'해야 할 때는 '위아'하고 '겸애'해야 상황이면 '겸애'하는 것이 마땅하다는 사실에까지 생각이 미치지 못한 것이다.[34] 양주가 여름 겨울에 모두 갈포를 입고, 묵자는 가죽옷을 입는다면, 자막은 일 년 내내 갈포와 가죽옷의 중간인 겹옷만을 입는 것과 같다.[35] 이들이 입은 옷은 각각 다르지만 하나에 집착되어 있다는 점에서 같다. 하나에 집착된 자는 양주·묵적뿐만이 아니라 모두가 도를 해치는 자이다.[36] 이 같은 집착성의 철저한 거부는 『논어』 「자한」편에 기록된 공자孔子의 '무의毋意·무필毋必·무고毋固·무아毋我' 즉 "사사로운 뜻이 없고 기필期必함이 없고 고착됨이 없고 사사로운 내가 없다"에서 그 전형을 본다.

집착의 극복은 '권權'에 의하여 가능함을 맹자는 제안한다. 권權은

---

33) 『孟子』, 「盡心」 上, "孟子曰 楊子取爲我 拔一毛而利天下 不爲也 墨子兼愛 摩頂放踵 利天下爲之. 子莫執中 執中爲近之 執中無權 猶執一也. 所惡執一者 爲基其道也 擧一而廢百也."

34) 『孟子正義』, "子莫但知執中 而不慮及有當爲我當兼愛之事.(焦循."

35) 위의 책.

36) 『孟子正義』, "然則凡執一者 皆能賊道 不必楊墨也."

저울로서 무게를 재는 측량기구이다. 저울은 추가 어느 한 곳에 교착됨이 없어야만 물체 무게에 따라 자유자재로 이동하여 저울대에 새겨진 눈금 가운데 물체의 중량과 일치하는 곳을 가리킬 수 있다.[37) 여기에서 우리는 무고착성과 중이라고 하는 권도權道의 상징적 의미를 읽는다.

지금까지 살펴본 바와 같이, 중은 시時·공空·위位를 세 개의 축으로 하는 좌표 위에서 설정되는 원점으로서, '불편불의不偏不倚 무과불급無過不及'이라는 형식적인 규정을 부정한다. 그렇다면 중을 포착하고 구현 할 수 있는 방법은 어떻게 모색될 수 있는 것일까. 과過해야 할 때에 과過하고 불급不及해야 할 때에 불급不及하는 것이 중이라고 한다면, 지금 여기에서의 나의 위치가 과過해야 할 상황인지 불급不及해야 할 상황인지를 판단하는 기준은 어떻게 마련될 수 있을까. 여기에서 우리는 『주역』「문언전文言傳」에서 상효上爻를 설명하면서 '오직 성인뿐이다. 진퇴존망을 알아 그 바름을 잃지 않는 자는 오직 성인일 뿐이다'라고 하여 '기유성인其唯聖人'을 반복 강조한 이유를 검토해 보아야 한다. 같은 이유로 『중용』에

> 군자는 중용이며 소인은 반중용이다. 군자의 중용은 군자로서 시중이며, 소인의 반중용은 소인으로서 기탄이 없다.[38)

라고 하여 소인과 대비된 군자를 시중과 연결시켜 제시한 이유를 살펴봐야 한다. 성인만이, 또는 군자라야 시중을 구현할 수 있다는 주

---

37) 『禮記集說』, "權猶權衡之權 所以稱物之量 而取中也."

38) 『中庸』, "君子中庸 小人反中庸 君子之中庸也 君子而時中 小人之中庸也 小人而無忌憚也."

장은 도덕적 주체성의 확립되어야만 시중이 가능함을 시사한다. 장광한張廣漢이 "시중할 수 있는 근거는 무엇인가. 큰 근본을 세우는 것이다. 큰 근본이 확립되면 모든 변화를 좇아 중의 본체가 혼란되지 않는다. 그러므로 시중이라고 하는 것이다."[39] 라고 말한 것은 주체성 확립이 전제되지 않은 시중은 한갓 절충주의나 기회주의로 전락한 위험성이 있음을 경계한 것이다. 주자가 '집양용중執兩用中'을 주석하는 자리에서 "양극단을 헤아려 중을 취한 뒤에 쓰는 것(用中)은 '나에게 있는 저울과 척도(在我之權度)'가 정밀하여 차특함이 없어야 가능하다"고 말한 것은[40] 바로 이점을 명시한 것이다.

기무라 에이이찌(木村英一)는, 인간유기체는 개체적·사회적인 이중구조를 갖는 주체의, 사회적·자연적인 이중구조를 갖는 환경에 대한 '자각적 적응계自覺的 適應系'로서 중용은 그 환경 적응 행위의 형식적 원리인데, 중용을 얻었는가의 여부는 내면적 자각(自得·自適·自證)에 의하여 판정된다고 말한 바 있다.[41] 문제는 성인·군자라고 하는 도덕적 인격을 완성하여 선험적으로 본유하고 있는 '재아지권도在我之權度'의 정밀하고 차특함이 없는 능력을 회복하는 길이다. 그 길을『중용』에서 말하는 '계신공구戒愼恐懼'에서 모색될 수 있다.[42]

---

39)『禮記集說』, "其所以能時而中者奈何. 以其大本立故也. 大本立則 周旋方變而中之體不亂 故曰時中."

40)『中庸集註』, "兩端 謂衆論不周之極致 蓋萬瓦物者有兩端如小大厚薄之類 於善之中 又執其兩端而量度 以取中然後用之 則其擇之審 而行之至矣. 非在我之權度精切不差 何以與此."

41) 이것은 인간이 선험적으로 환경에 적응할 수 있는 능력을 本有하고 있으며, 적응의 적합도에 대한 판단기준은 인간 주체일 수밖에 없음을 지적한 것이다.

42)『中庸』, "君子 戒愼乎其所不睹 恐懼乎其所不聞."

주자는 "오직 군자라야 중용이 나에게 내재되어 있는 줄을 알아 '계신공구'하여 그 '당연함'을 잃지 않기 때문에 때에 따라 중을 얻을 수 있다.[43] 라고 하여 이 점을 분명히 말하고 있다. 허노제許魯齊의 다음 진술을 검토해 보자.

> 때에는 만 가지 변화가 있고 일에는 만 가지 다름이 있어 중中에 정체定體가 없는 것이다. 이때에는 이것이 중이 되지만 저 때에는 중이 아니며, 이 일에는 이것이 중이 되지만 다른 일에서는 중이 아니다. 그러므로 군자는 계신공구戒愼恐懼하여 미발未發이전을 보존하여 기르고, 이발已發할 즈음을 잘 살펴 대본大本이 정립되어 달도達道가 행하여지기 때문에 요순탕무의 정벌과 선양이 비록 같지 않으나 중에 있어서는 같은 것이다.[44]

때(時)·일(事)의 변화에 따라 적의하게 설정되는 시중의 구현과 그 구현의 전제가 되는 대본으로서의 중의 확립은 '계신공구'에 의하여 가능하다는 것이다. '계신공구'는 절대자 앞에 선 인간의 망상과 사념이 제거된 자기 순화의 극치로서,[45] 성誠·경敬의 기저를 이루는 원초적 의식이다(최영진, 1983: 183-185). 『중용』에서 "성한 자는 애쓰지 않아도 적중하고 생각하지 않아도 얻어 자연히 도에 적중되나니 성인이다."[46]라고 한 것은 '진실무망眞實無妄'이라는 자아순화의 극치에서 시중이 구현됨을 언명한 것이다. 『중용』의 후반부가 '성誠의

---

43) 『禮記集說』, "唯君子爲能知其在我 而戒愼恐懼 無失其當然 故能隨時而得中."

44) 『中庸集註』, "魯齊許氏曰 時有萬變 事有萬殊而中無定體 當此時則此爲中 於彼時則非中矣 當此事則此爲中 於他事則非中矣. 是以君子戒愼恐懼 存於未發之前 察於已發之際 大本立而達道行 故堯舜湯武之定讓不同 而同於中."

45) 「中庸自箴」, 참조.

46) 『中庸』, "誠者 不勉而中 不思而得 從容中道."

철학'으로 일관된 이유가 바로 여기에 있다. 성이야말로 중을 실천하는 현실적 계기인 것이다.[47)]

중을 환경 적응 행위의 형식적 논리라고 한다면 구체적인 행위의 규범을 제시하는 것은 예禮와 점占이다. 『예기』의 다음 구절을 검토해 보자.

> 사후死後 3일 동안은 곡을 하고 3개월간은 상복을 벗지 않고 1년 동안은 비애에 잠기며 3년 동안은 근심에 잠기는 것은 사자의 은애恩愛가 점차로 희박해지기 때문이다. 성인은 이 같은 자연적인 경향에 기인하여 절도를 제정하였으니, 이것이 상의 기간을 3년으로 한 이유이다. 현자는 지나치지 아니하고 불초자는 미치지 못하지 아니 하니 이것이 상례의 중용이다.[48)]

이 구절은 구체적인 상황에 직면했을 때 취해야 할 과불급過不及 없는 행위지침으로서의 예를 제시한 것이다. 그러나 예의 기초는 정당성正當性(義)에 있으며 그 정당성은 인간의 자각심에 근거한다는 것이 공자의 정신이다(勞思光, 58-64).

점은 지적 판단이 불가능할 때 행위의 지침을 구하는 장치이다. '십팔변서법十八變筮法'(최영진, 1996: 264-266)에 의하여 얻은 괘효사卦爻辭는 점자占者가 부딪히리라고 예상되는 상황과 이에 가장 적합한 대응방안을 제시해 준다. 예를 들어 건乾괘 초효를 얻었다면 점자占者가 부딪힐 상황은 '잠용潛龍'이고 이에 합당한 행위는 '물용勿用'이며, 2효라면 '견용見龍' '이견대인利見大人'이다. 즉 초효에서의

47) 金谷治, 위의 책, pp.157-159 참조.

48) 「喪服四制」. "始死三日不怠 三月不解 期悲哀 三年憂 恩之殺也. 聖人因殺以制節 此喪之所以三年 賢者不得過 不肖者不得不及. 此喪之中庸也."

시중이 '물용勿用'이라면 2효에서는 '이견대인利見大人'이 중이 된다. 그러나 주자가 "점자占者의 덕이 반드시 이와 같아야 점도 또한 이와 같다."[49] 라고 강조하듯이 점에도 도덕성이 전제된다.

예와 점은 중(특히 시중)을 구하는 장치인데[50], 그 기초를 인간의 주체적 도덕성에 두고 있는 것이 유교의 특징이다. 시·공·위에 따라 변화하는 예와 점사占辭가 '변變'의 측면이라면 도덕적 주체성은 '상常'의 측면이다. 상이 없는 변은 혼란하게 되며 변이 없는 상은 현실성을 상실하게 된다. 여기에서도 변화성과 불변성이 대대관계로 연계되어 있음을 본다.

Ⅴ. 중용의 자기부정과 탈현대성

지금까지 검토한 바와 같이, 중의 본질은 '균형성', '무고착성', '주체성'으로 정리될 수 있다. 중은 음양이라는 대응항의 균형적 관계에 의해 '정립'되고, '불편불의무과불급不偏不倚無過不及'이라는 중의 형식적 개념정의 자체까지도 거부하는 무고착성을 전제로 하여 시중으로써 '운용'되며, 상황에 적중하는 주체로서 인간의 도덕적 자아 확립에 의하여 '구현'된다. 이 중은 유교에 있어 최고의 덕목이며 실천윤리인 동시에 유교적 사유의 문법, 곧 논리이다. 특히 대립/대응하고 있는 두 항을 동시에 고려하여 그 균형성을 추구하는 중의 논리는 전형적인 대칭적 사고틀로서 유교 사상과 문화의 기저를 이루는 원형적 논리로서 기능하고 있다.

---

49) 『周易傳義大全』. 「坤卦」. 五爻 朱子注.

50) 『禮記』. "夫禮所以制中也."

중의 본질 가운데 '탈중심주의'라는 관점에서 주목되는 것이 '무고착성' 즉 시중의 논리이다. 앞에서 지적하였듯이 시중은 '치우치거나 기울어지지 않고, 지나치거나 모자람이 없음(不偏不倚 無過不及)'이라는 중이 중일 수 있는 자신의 본질 규정조차도 부정한다. 그리고 상황에 따라 정반대편에 있는 '지나침' '모자람'으로 넘어간다. 이것을 '中無定體'라고 한다. 한 제자는 공자에 대하여 다음과 같이 말한 바 있다.

> "선생님은 네 가지는 끊으셨다. 사사로운 뜻이 없고, 반드시 해야 한다고 기필하는 것이 없고, 고집하는 것이 없고 내가 없다"[51)]

이 구절에서 우리는 철저한 '자아의 해체'를 읽을 수 있다. 어디에도 얽매이지 않는 자유인의 모습을 본다. 여기에서 시중이 가능하다.

일찍이 주염계가 「태극도설」에서 "오직 인간만이 홀로 그 빼어남을 얻어 가장 영명하다"라고 간파한 바와 같이, 인간중심주의적인 성격이 강하다. 그러나 중심의 해체, 자아의 해체를 가능하게 하는 시중의 논리는 유교와 포스트모더니즘과의 만날 수 있는 하나의 지점을 제공해 줄 수 있을 것이다.

참고문헌

『古文字詁林』.

『論語』.

『孟子』.

---

51) 『論語』, "子絶四 毋意 毋必 毋固 毋我."

『孟子正義』.

『書經』.

『說文解字』.

『禮記集說』.

『周易傳義大全』.

『中庸集註』.

『中庸講義補』.

김충렬. 1988. "中庸을 통해본 衡平과 調和." 『중국철학산고』 II. 온누리.

박종현. 1994. "희랍철학에서 본 중용사상." 『동서사상의 대비적 조명』. 성대출판부.

우실하. 2005. "포스트모더니즘 논의가 지닌 오리엔탈리즘적 성격." 『동양사회사상』 12: 35-77.

최영진. 1983. "易傳에 있어서의 神의 문제." 『공주사대논문집』 21: 171-188.

______. 1989. "易學思想의 哲學的 探究: 『周易』의 陰陽對待的 構造와 中正思想을 中心으로.." 성균관대학교 박사학위논문.

______. 1996. "周易에 있어서의 數의 문제." 『중국사상논문선집』 9: 385-419.

赤塚忠. 1977. 『中國古代の宗教と文化』. 角川書店.

______. 昭和 61. 『儒家思想研究』. 研文出版社.

白川靜. 2000. 『白川靜著作集』 4. 平凡社.

市川安司. 1964. 『程伊川哲學の研究』. 東京大.

小林信明. 昭和3. 『中國人의 思考基底』. 大修館.

大賓浩. 1977. "中の思想." 『中國古代思想論』. 勁草書房.

馮雨蘭. 民國56. 『新原道』. 人人文庫.

木村英一. 『中國哲學の探究』. 東京 創文社.

勞思光. 『中國哲學史』(一). 三民書局.

유교의 탈현대적 행위이론

이영찬

Ⅰ. 근대 서구 사회학의 행위관

이른바 '유교사회학'이란 분야가 개척된 지 10년이 넘었지만 이론은커녕 아직까지 기본적인 개념조차 제대로 정립하지 못한 것이 많다. 서구 사회학의 중심적 주제인 '행위'란 개념도 그 가운데 하나다. 근대 서구 사회학에서 행위를 사회학적 연구의 중심 테마로 부각시킨 사람으로 베버를 우선으로 꼽을 수 있다. 그는 사회학을 사회적 행위의 관점에서 다음과 같이 정의했다. "사회학은 그 자체 사회적 행위의 해석적 이해와 그것을 통한 행위의 과정과 결과에 대한 인과적 설명과 관련된 과학이다. 우리는 행위하는 개인이 그의 행위에 주관적인 의미를 부여하는 한 ―행위가 뚜렷하던 모호하던, 묵인적이던 부작위적이던― '행위'라 부른다. 행위는 그것의 주관적인 의미가 타인의 행위를 고려하고, 그래서 그것이 지향하는 한 '사회적'이다."(Max

Weber, G. Roth and C. Wittich ed., 1968: 4) 여기서 베버는 사회적 행위는 주관적인 의미를 담고 있으며, 또한 외부적 대상(타인)에 대한 지향성을 갖는다고 규정했다.

행위의 주관성과 지향성을 강조한 베버의 주의주의적主意主義的 행위관은 파슨스(Parsons)에게로 이어진다. 파슨스는 행위를 행위자, 상황, 상황에 대한 행위자의 지향의 관점에서 파악한다. 그는 행위 지향에는 동기적 지향과 가치적 지향 두 가지 요소가 있다고 본다. (티마셰프·테오도슨, 1985: 360 이하) '동기적 지향'은 행위과정에서 소비될 에너지를 공급하는 것과 관련된다. 구체적으로는 행위자가 그의 욕구-성향의 체계(태도)와 관련하여 상황 속에서 지각하는 '인지적인'(cognitive) 것, 행위자가 대상에게 감정적 혹은 정서적 의미를 부여하는 과정을 포함하는 '정감적인'(cathectic) 것, 행위자가 선택을 요구하는 다양한 관심에 그의 에너지를 배분하는 수단이 되는 '평가적인'(evaluative) 것 등이다.

이에 대해 '가치적 지향'은 동기적 지향의 초점인 '욕구'(needs)와 상반되는 것으로서의 어떤 사회적 규범이나 기준의 준수를 가리킨다. 여기서도 역시 인지적인 것(the cognitive), 감상적인(the appreciative), 및 도덕적인 것(the moral) 등이 있다. 이렇게 볼 때 파슨스는 베버의 사회적 행위개념에 내포된 주관적 의미와 지향성의 요소를 더욱 전개시켜 체계적으로 종합하였다고 볼 수 있다. 결국 베버와 파슨스가 행위개념을 통해 공통적으로 강조하는 점은 행위는 외부적 충족 대상(인지적인 것, 정서적인 것, 도덕적인 것)을 갖는다는 것과 그것에 대한 동기적, 가치적 지향성을 갖는다는 점이다.

한편 주의주의적 행위관과 더불어 서구 사회학의 주요한 행위관의 하나로 꼽을 수 있는 것이 행동주의적 관점이다. 행동주의적 행위관은 기본적으로 인간의 행위를 외부적 자극에 대한 기계적인 반응으로 파악한다. 따라서 인간의 행위에 있어 선험적인 인지, 감성, 도덕, 가치 등 내성적內省的이고 관념적인 것의 존재를 부정하고 행위를 외부적인 학습과 조건화의 산물로 간주한다. 행위에 대한 학습이론은 로크의 백지이론에서 전형을 볼 수 있다. 로크는 인간 마음의 선천적인 본유관념을 부정하고, 관념이나 지식은 모두 감각과 반성이라는 두 가지 경험의 통로를 거쳐서 후천적으로 얻어지는 것이라고 생각하였다. 그런 의미에서 마음은 외부에서 빛이 흘러드는 암실이나 아무것도 쓰여 있지 않은 백지에 비유할 수 있다고 보는 것이다.

그리고 행위에 대한 조건화 이론은 홉스의 유물론적 행위론에서 전형을 찾아볼 수 있다. 홉스는 인간의 감각과 운동은 외적 자연운동에 대한 감각주체의 반응이며, 운동에 의한 기계론적 자연현상의 일부로 파악한다. 따라서 인간의 행위는 외부적 조건에 대한 반작용의 결과로서 조건 지어진다고 보는 것이다. 이를테면 감각은 행위의 기초가 되는데, 이 감각은 외적 물체의 운동에 대한 두뇌의 신경계통을 통한 심장의 반작용으로서 형성된다. "홉스에게 있어서는 자연현상과 마찬가지로 인간행동에 있어서도 운동의 내재적 원인은 완전히 부정되어 있으며, 운동의 유일한 원인은 감각기관을 통하여 받아들여진 외적 물체의 운동으로부터 나온다."(이환구, 1984: 84) 홉스에게 있어 행위는 인간 내부의 감각기관에서 발단하는 것이 아니라 단지 외계의 사물에 기계적으로 반응할 뿐이다.

이렇게 행위를 외부적 요인의 반응으로 파악하는 관점은 이후 심리학에서는 파블로프(Pavlov)와 왓슨(Watson)을 거쳐 현대의 스키너(Skinner)에 이르는 행동주의(Behaviorism) 이론으로 전개되었고, 사회학에서는 행동주의 사회학자 호만스(Homans)의 교환이론 속에 반영되었다. 행동주의 사회학의 핵심개념은 강화(reinforcement)인데 이것은 보상(reward)이라고 정의될 수 있다. 호만스에 따르면 행위는 외부환경과의 교환을 통하여 보상을 증가시키고 처벌을 감소시키는 방향으로 형성되고 또한 수정된다(리처, 1997: 434-438). "호만스는 인간이란 욕망을 갖고 있는 독자적인 개체로, 쾌락을 추구하고 고통을 피하려 하며, 행위를 통해서 가장 큰 이윤을 달성하고자 한다고 생각하였다. 즉 인간이란 가장 많은 보상과 가장 적은 처벌의 선택지를 추구하는 존재라는 것이다."(홍승표, 2005: 59) 호만스의 행위론에는 인간의 행위는 기본적으로 보상을 추구하고 처벌을 회피하는 공리주의적 지향성을 갖는다고 전제한다. 그리고 행위는 보상 내지 처벌과 기계적인 인과관계로 설명이 가능하다고 보았다.

지금까지 서구 사회학의 행위관을 주의주의적 행위관과 행동주의적 행위관의 관점에서 살펴보았다. 서구 사회학 이론들의 행위관은 대체로 이들 두 양극적인 행위관의 연속선상의 어느 한 지점에 위치한다. 상징적 상호작용론자, 현상학자, 민속방법론자 등이 전자에 가깝고, 사회학주의자, 구조주의자, 마르크스주의자 등 거시이론 사회학자들이 후자에 가깝다. 그렇다면 이에 대해 유교는 어떤 행위관을 갖고 있는지를 살펴보기로 한다.

Ⅱ. 유교적 행위의 의미와 행위관

한자漢字 '행위行爲'의 자의적字義的 의미를 보면, '행위'는 각각 '행行'의 행위와 '위爲'의 행위가 결합된 개념이다. 개념사적으로, '행'은 '길道'을 의미한다. 『시경詩經』「유풍幽風, 7월」에 "아가씨 아름다운 광주리를 잡고 저 오솔길을 따라 이에 부드러운 뽕잎을 구하며(女執懿筐 遵彼微行 爰求柔桑)"에서 공영달孔穎達은 "행行의 뜻(訓)은 길(道)이다. 인도(步道)를 경徑이라 하고, 오솔길(微行)은 담장 밑의 경徑이다"라고 했다(『漢語大詞典』, 1986). 여기서 '행行'은 '도道'의 본래적 의미와 함께 '길'을 의미했다. 그리고 '길'(道)의 의미가 좀 더 확대되어 인간의 도리 내지 사물의 발전 규율을 의미하기도 하였다. 『국어國語』「진어晋語, 삼三」에서 "경정이 말했다. 아랫사람이 바른 말을 하는 것이 신하의 도리며 윗사람이 바른 법을 펴는 것이 임금의 밝음이다(慶鄭曰 下有直言 臣之行也 上有直刑 君之明也)"(상게서)라고 했을 때 행行은 도리道理의 의미로 쓰였다.

한편, '위爲'는 '위僞'의 의미를 가졌다. 『순자荀子』「비십이자非十二子」에서 말한다. "지금의 이른바 처사處士(벼슬하지 않은 선비)는 무능하면서도 유능하다고 내세우는 자고, 무지하면서도 아는 것이 많다고 내세우는 자고, 이익을 추구하는 마음이 만족을 모르면서도 욕심이 없는 체하는 자고, 행위가 음험하고 더러우면서도 신중하고 바르다고 억지로 큰소리치는 자다(今之所謂處士者 無能而云能者也 無知而云知者也 利心無足而佯無欲者也 行僞險穢而彊高言謹慤者也)"(荀子, 2001: 153)라 했다. 이것에 대해 유사배劉師培는 "'행위行僞'는 '행위行爲'며 행위하고 말하는 것이 모두 음험하고 더러우며 위의 구절의 이심利

心과 대비된다고 했다. 옛날에 '위爲'와 '위僞'는 서로 통용했다. 「성악性惡」편의 위爲 자字를 모두 위僞 자字로 쓴 것이 그 증거다"(상게서)라고 했다. 『순자』에서 '위僞'는 자신의 이익만을 추구하는 마음(利心)에서 나온 행동이란 의미를 담고 있다. 그래서 '행'이 도와 도리에 따르는 행동이라면, '위'는 이익을 추구하는 마음(利心)으로 말미암아 가식성, 허위성이 내포된 행위를 뜻한다.

'행'과 '위'의 개념을 가장 분명하게 구분한 구절은 『묵자墨子』 「경설상經說上」에서 발견할 수 있다(墨翟, 1999: 267, 276).

> 경: '행行'은 사람의 행위를 말한다.
> 설: 명성을 얻기 위한 일을 하지 않는 행위다. 명성을 얻기 위해서 일을 하는 것은 속임수다. 이는 마치 강도짓과 같은 것이다.
>
> 경: '위爲'는 지식이 짧고, 욕망에 이끌려 하는 행위다.
> 설: 어떤 사람이 손가락을 보전하려다가 몸을 보전하지 못한다면, 그의 지식은 '소탐대실'의 해악을 모르는 것이 되니, 이것이 지식이 부족한 죄과인 것이다. 그의 지식이 신중하면 이러한 문제를 처리할 수 있으니 '소탐대실'의 해악은 없어질 수 있다.……(위는) 해야 할 일을 해서는 안 될 일과 분간하지 못하고 욕심에 이끌려 행위하는 것이다.

이와 같은 '행'과 '위'의 의미는 행위에 있어 이른바 도심에 따른 행위와 인심에 따른 행위로 구분되는 것이며, 이를 통해 볼 때 유가의 행위개념이 도덕성과 도덕적 실천을 중심으로 개념화되어 있음을 볼 수 있다. 자의字義적 의미에서 좀 더 나아가 행위의 의미를 크게 다음 세 가지 맥락에서 좀 더 천착해 볼 수 있을 것이다. 첫째는 지행론知行論을 통해 앎과 관련해 행위의 의미를 파악하는 것이고, 둘째는 유위有爲와 무위無爲의 개념에 대한 논의를 통해 이해하는 것이고, 셋째는 이발已發과 미발未發의 행위에 대한 논의를 통해서 알아보는 것이다.

지행론知行論은 지행 사이의 선후先後와 경중輕重에 대한 논의가 중요한 과제였다. 선후론은 지와 행 가운데 무엇이 먼저 이루어져야 하는가에 관한 논의다. 선지후행설先知後行說, 선행후지설先行後知說, 지행합일설知行合一說, 지행병진설知行竝進說 등이 있어 지행의 선후를 밝혔다. 그러나 각기 이론적 주장의 차이에도 불구하고 모두 지와 행의 긴밀한 연관을 강조했고 이로써 지행이 서로를 떠나 논의될 수 없음을 밝혔다. 그리고 경중론은 지와 행 가운데 어느 것을 중요시해야 하는가에 대한 논의다. 주자는 지행의 선후론과 경중론을 다음과 같이 종합한다.

> 지행은 항상 서로를 필수로 한다. 마치 눈이 발이 없으면 갈 수 없고 발이 눈이 없으면 볼 수 없는 것과 같다. 선후를 논한다면 지가 먼저고, 경중을 논한다면 행이 중요하다.[1)]

여기서 우리가 주목하는 바는 지행 간의 선후나 경중 그 자체의 문제가 아니라, 지에 대해 행이 갖는 의미다. 지행론에서 지는 곧 천도, 천리에 대한 앎을 터득하는 것이다. 그리고 행이 지와 선후, 합일, 병진하는 관계라 한다면 행은 천도, 천리에 근거하거나 그것의

---

1) 『朱子語類』 9권, "知·行常相須 如目無足不行 足無目不見 論先後 知爲先 論輕重 行爲重 閎祖."

실현에 참여하는 것이다. 지행론에서 앎은 행위의 이치와 도덕적 근거를 제공하는 데 의미가 있으며, 행위도 또한 그 앎을 실현하는 데서 완성을 이루게 된다. 이는 인간의 욕망과 보상에 매개된 서구의 주의주의적이고 공리주의적인 사회학의 행위관과는 다른 관점이라 하겠다. 서구의 근대적 행위는 인간의 욕구와 그것에 대한 합리적 수단의 견지에서 형성될 뿐 우주적, 도덕적 근거에 대해서는 관심을 기울이지 못했다.

그리고 행의 의미는 유위有爲와 무위無爲와의 관계 속에서 파악될 수 있다. 무위는 노자와 장자의 전유물이 아니었다. 공자도 무위에 대해 말했다.

> 무위로 다스리신 자는 순임금이실 것이다. 무엇을 하셨겠는가? 몸은 공순히 하고(恭己) 바르게 남면(正南面)을 하였을 뿐이셨다.[2)]

공자는 여러 번 요순의 다스림을 말했고 또한 무위를 말했다. '공기恭己'는 엄숙하고 진지하게 자신을 수양하는 것이다. '정남면正南面'은 군주의 자리에 바로 앉는 것으로, 사도邪道로 빠지지 않는 것이다. 공자가 의도하는 '무위이치無爲而治'는 곧 군주는 자신을 수양하고 본분을 잘 지켜 명분이 어긋나지 않는다는 것이다.

그래서 공자가 말하는 무위는 노자의 그것과는 의미가 다르다. 오히려 공자는 반드시 통치자는 어떤 일을 해야 한다고 가르친다. '무위이치'에서 공자가 말하고자 한 것은 아무것도 하지 않는다는 것이 아니고 통치는 군주가 아니라 현인이 다스려야 한다는 것을 말한 것

---

2) 『論語』, 「衛靈公」 4장, "無爲而治者其舜也與 夫何爲哉 恭己正南面而已矣."

이다. 그래서 청의 황식삼黃式三은 『논어후안論語後案』에서 말하기를 "반드시 임금 스스로 다스린다면 현자는 그 재능을 베풀 수 없고, 불초자 역시 그 비난을 남에게 전가한다. 무위란 친히 일에 수고롭지 않는 것을 말한다. 이것이 건도乾道와 곤도坤道가 다른 이유다. '자기를 공손히 하고 바르게 남면을 함'(恭己正南面)이란 조정에 뭇 현인을 조회하게 하여 그에게 맡기고 자신은 단지 이루어지기를 바라보는 것이다"(呂紹綱, 2000: 65)라고 했다. 공자가 말하고자 하는 무위란 임금이라고 해도 분수를 넘어서는 행위를 하지 않아야 한다는 것이고, 현인과 같이 분수에 합당할 경우에는 재능을 발휘하여 백성을 효과적으로 교화해야 한다는 적극적인 의미를 띠고 있다.

공자는 무위보다 유위에 훨씬 무게를 둔다. 자로子路가 은자 걸익桀溺으로부터 공자가 헛되이 세상을 변역시키려 한다는 빈축을 전해 듣고 "조수와 더불어 무리지어 살 수는 없으니, 내가 이 사람의 무리와 더불지 않고 누구와 더불겠는가?"[3)]라고 했다. 공자는 자신의 행위에 실천성과 사회성을 적극 부여하고 있다. 유가의 행위관은 도가와는 달리 사회에 적극적인 참여와 사회적 실천을 강조한다. 그래서 유교에서 말하는 무위와 유위는 서구의 기계적인 행동주의적 행위관과는 달리 행위의 주체성, 실천성을 강조한다. 그러나 그것이 서구 사회학의 주의주의적 행위관과 다른 점은 인간의 욕망충족과 실리주의적인 행위가 아니라 명분적 합리성[4)]에 따른다는 점이다.

유교적 행위의 의미는 또한 행위의 동·정, 이발·미발의 맥락에

---

3) 『論語』, 「微子」 18장, "鳥獸不可與同羣 吾非斯人之徒與而誰與."

4) 유교적 행위의 명분적 합리성에 대해서는 다음 절에서 자세히 논의된다.

서 파악할 수 있겠다. 유가에서는 행위를 사물에 즉하여 움직일 때와 고요하게 수렴할 때로 나누고 있다. 그리고 이들 두 행위의 상태는 모두 매우 중요하며 또한 상호 긴밀한 관계에 있다는 것이다. 『중용』에서 "기뻐하고 노하고 슬퍼하고 즐거워하는 정情이 발하지 않은 것을 중中이라 이르고, 발하여 모두 절도에 맞는 것을 화和라 이르니, 중이란 것은 천하의 큰 근본이요, 화라는 것은 천하의 공통된 도다"[5]라 하였다. 북계北溪는 "중이란 아직 사물과 접하지 않아 희로애락의 감정이 생겨나지 않은 때에 미분화된 상태로 그 안에 있는 것으로 치우치거나 기울어지지 않은 상태를 말한다……드러나서 중절을 이루었을 때에야 비로소 화라고 부른다. 화는 어그러짐이 없는 것이다. 내부의 도리가 드러나서 기뻐해야 할 때 기뻐하고, 노해야 할 때 노하여 리에 어그러짐이 없는 것, 이것이 바로 중절이다" (陳淳, 1993: 197)라고 했다. 여기서 볼 때 유가의 중화의 개념은 유교적 행위를 행위 이전의 인간의 본성과 관련지우고, 행위를 본성 실현의 과정으로 파악하고 있음을 볼 수 있다. 그래서 유교적 행위론에서는 미발의 본성 수행과 이발의 행위 수행을 분리하지 않는다.

유가들은 행위가 미발한 상태와 이발한 상태에 따른 수행방법을 제시하였다. 경전에서는 각기 신독愼獨과 독행篤行, 함양涵養과 성찰省察, 거경居敬과 격물格物, 존덕성尊德性과 도문학道問學 등으로 말하고 있다. 이에 앞서 공자는 행위를 내·외로 나누어 그에 따른 행위 원칙을 제시하기도 했다. 공자는 『주역』에서 "군자가 공경함으로

5) 『中庸』 1장, "喜怒哀樂之未發 謂之中 發而皆中節 謂之和 中也者 天下之大本也 和也者 天下之達 道也."

써 안을 곧게 하고 의리로써 밖을 방정하게 해서, 경敬과 의義가 섬에 덕이 외롭지 아니하나니"[6]라 하여 행위의 내·외의 원리로 경敬과 의義를 제시했었다. 주자는 이에 대해 본의本義에서 "의는 재단해서 제어함을 말함이며, 경은 본체를 지킴"을 말한다고 했으니 '직내방외直內方外'도 결국 이발과 미발의 수행방법임을 말하고 있음을 알 수 있다. 유가에서는 행위를 동·정과 내·외로 나눈 것의 중요한 함의는 행위가 단지 드러난 행위, 표출된 행위보다는 그 이전에 미발한 상태, 행위가 아직 밖으로 드러나지 않은 고요한 상태에 주목했다는 것이다. 미발의 상태는 행위가 화和 이전에 중中에, 기질지성氣質之性 이전에 본연지성本然之性의 상태다. 이는 행위를 인간의 본성과 분리하고 단지 욕구충족을 위한 합리적 이성의 차원에서 논의하는 서구 근대적 행위관과는 다르다. 유교적 행위는 욕구충족을 위한 합리적 이성의 실현일 뿐만 아니라, 행위를 통해 도덕적 본성을 완성하는 수행적 의미가 내포되어 있는 것이다.

이상에서 유가의 행위에 대한 논의에 내포되어 있는 행위개념을 살펴보았다. 요약하자면 유교적 행위개념은 천리에 근거한 도덕성을 강조하며, 명분에 따른 주체성과 실천성을 강조하며, 행위 이전의 인간 본성 실현을 강조한다는 점이다. 이제 유교적 행위의 특징을 살펴보기로 한다.

---

6) 『周易』, 「坤卦」, 文言傳, "君子敬以直內 義以方外 敬義立而德不孤."

Ⅲ. 유교적 행위의 합리성[7)]

첫째, 유교적 행위는 현실성과 실천성을 강조한다. 유가는 실천과 무관한 비현실적, 초현실적인 행위에 대해서는 유보적인 입장을 취한다.

> 공자께서는 괴이怪異함과 용력勇力과 패란悖亂의 일과 귀신의 일을 말씀하지 않으셨다.[8)]
>
> 계로季路가 귀신 섬김을 묻자, 공자께서 '사람을 잘 섬기지 못하는데 어떻게 귀신을 섬기겠는가?' 하셨다. '감히 죽음을 묻겠습니다' 하자, 공자께서 '삶을 제대로 모르는데 어떻게 죽음을 알겠는가?' 하셨다.[9)]

공자는 괴怪·력力·난亂·신神의 비현실적 문제, 귀신 섬기는 문제, 죽음의 문제 등 초현실적 문제를 행위의 대상으로 삼는 데 유보적인 입장을 취했다. 주자에 와서 귀신, 제사 등의 문제를 공부의 대상으로 다루지만 이는 이미 초현실적 현상으로서가 아니라 음양의 기로 환원된 현실적 논의로 전환된다. 유가의 주된 관심은 현실의 문제였고 귀신, 제사 등 초현실적 문제도 결국 현실의 문제로 환원시킨다. 그래서 귀신은 자연현상으로 파악하고, 제사도 살아 있는 부모에 대한 효도와 가족 간의 유대를 돈독히 하는 기능적 측면에서 이해하였다.

---

7) 여기서 유교적 행위의 합리성을 말할 때 '합리성'이란 영어의 rationality의 번역어가 아니고 유교에서 말하는 '이치(理)에 합당함'을 말한다. 그래서 합리성은 인간 이성의 산물이 아니라 천리, 천도에 상응하는 順理性을 의미한다.

8) 『論語』, 「述而」 20장, "子不語怪力亂神."

9) 『論語』, 「先進」 11장, "季路問事鬼神 子曰 未能事人 焉能事鬼 敢問死 曰未知生 焉知死."

그리고 유가는 실천성을 강조한다. 배움과 앎은 그 자체로서 의미를 갖는 것이 아니라 그것이 행위로 실천될 때 비로소 배움이 완성되는 것이다. 그래서 학學·행行, 지知·행行은 병진하여야 하는 것이다.

> 공자께서 말씀하셨다. "제자가 들어가서는 효孝하고 나와서는 공손하며, (행실을) 삼가고 (말을) 성실하게 하며, 널리 사람들을 사랑하되 인仁한 이를 친히 해야 하니, 이것을 행하고 여력이 있으면 글을 배워야 한다.[10]

> 인을 좋아하되 배우기를 좋아하지 않으면 그 폐단(가리워짐)이 어리석게 되고, 지를 좋아하되 배우기를 좋아하지 않으면 그 폐단이 호탕하게 되고, 믿음만을 좋아하고 배우기를 좋아하지 않으면 그 폐단이 해치게 되고, 정직한 것만 좋아하고 배우기를 좋아하지 않으면 그 폐단이 급하게 되고, 용맹만 좋아하고 배우기를 좋아하지 않으면 그 폐단이 어지럽게 되고, 강剛한 것만 좋아하고 배우기를 좋아하지 않으면 그 폐단이 경솔하게 된다.[11]

유교적 행위는 지식과 행위의 합일, 즉 진·선합일眞·善合一을 지향한다. 유가 사상가들에게 지지至知를 지선至善으로 여기는 것은 진리를 구하는 것이 곧 선을 구하는 것과 같기 때문이다. 지극한 진리의 이치는 곧 지극한 선의 준칙이다. 그래서 선을 떼어 놓고 진리를 결코 구할 수 없으며, 또한 선의 추구를 떠나서 오로지 진리만을 구하지 않았다. 단지 지식을 위한 지식을 추구하는 태도는 유교에서

---

10) 『論語』, 「學而」 6장, "子曰 弟子 入則孝 出則悌 謹而信 汎愛衆 而親仁 行有餘力 則以學文."

11) 『論語』, 「陽貨」 8장, "好仁不好學 其蔽也愚 好知不好學 其蔽也蕩 好信不好學 其蔽也賊 好直不好學 其蔽也絞 好勇不好學 其蔽也亂 好剛不好學 其蔽也狂."

는 매우 드물다. 유가 사상가들은 지식추구와 수양을 따로 나눌 수 없다고 여겼는데, 우주의 참모습의 탐구와 인생의 지고한 선에로의 도달이 한 가지 일의 두 가지 면이라고 보았기 때문이다. 이치를 궁구하는 것은 성性을 다하는 것이며, 덕德을 높이는 것이 지식을 완전히 이루는 것이다. 요컨대 유교적 사유에 있어서 실천이 지식의 출발이며 동시에 종착점이다.

둘째, 유가적 행위는 시중時中을 지향한다. 유교의 합리성은 현실 상황에 기초한다. 특정의 행위가 합리적 행위인가의 여부는 외부의 절대적 기준에 의해서 판단되는 것이 아니라 주어진 상황에 직면하여 해석이 열려 있는 가변적인 규범을 따른다. 행위의 절대적 기준을 경도經道라 한다면 상황에 따른 가변적 규범은 권도權道라 한다.

> 공자께서 말씀하셨다. '더불어 함께 배울 수는 있어도 함께 도道에 나아갈 수는 없으며, 함께 道에 나아갈 수는 있어도 함께 설 수는 없으며, 함께 설 수는 있어도 함께 권도權道를 행할 수는 없다.'[12)]

권도는 곧 시중時中에 따른 규범이다. 주희는 이에 대해 '경經은 이미 정해진 권權이고, 권은 아직 정해지지 않은 경이라 하고, 권은 시중을 말한다'라고 주석했다. 권도는 곧 때에 맞게 경도를 해석하는 것이고, 유교적 이상은 권도에 따라 행위가 상황과 조화와 균형을 이루는 것이다. 유교는 행위규범으로 예禮를 중시하는데 예는 때(時)를 가장 중요시한다.[13)] 여기서 때를 중시한다는 것은 시의時宜에

12) 『論語』, 「子罕」 29장, "子曰 可與共學 未可與適道 可與適道 未可與立 可與立 未可與權."

13) 『禮記』, 「禮器」, "禮 時爲大 順次之 體次之 宜次之 稱次之." 禮에는 時가

따름, 즉 편향된 태도를 가지지 않고 환경과 대상의 변화에 가장 합당한 방법을 선택해서 대응하는 태도를 갖는 것을 말한다. 그래서 예는 인간의 행동과 감정의 표현이 중中에 합치할 때 정당성을 얻는다. 예는 실제행동에 대한 일종의 평형바퀴로서 과過, 부족不足의 일탈을 방지하고 사회적으로 유익한 중용의 행동으로 인도하는 것이다.

> 공자께서 말씀하셨다. '공손함도 예禮가 없으면 수고롭고, 삼가되 예가 없으면 두렵고, 용맹스럽되 예가 없으면 혼란하고, 강직하되 예가 없으면 너무 급하다.'[14]

여기서 볼 때 예는 행위가 따라야 할 규범 혹은 행위의 준칙이 되며, 권도는 예의 실천원리다. 맹자는 남녀가 '친히 주고받지 않는'(授受不親) 것이 예라고 하고, 형수가 물에 빠졌을 때 손을 잡아 구하는 행위를 권權이라 말하면서 권도에 따르는 것이 도리에 합당하다고 했다[15]. 권도는 시중의 중도中道를 따름으로써 얻어질 수 있고, 그것이 곧 선의 행위가 된다. 유교에 있어 악惡은 선善과는 본질적으로 다른 내용을 갖는 것이 아니라 선이 부족한 상태일 뿐이다. "악惡의 정의는 과過, 부족不及이며, 선善은 중용에서만 전체로서 발현된다."

으뜸이요, 그 다음이 順이요, 그 다음이 體요, 그 다음이 稱이다. 順이란 禮가 성립하는 인륜질서를 말하고 體란 예가 적용되는 대상이며 宜는 예가 행하여지는 타당성을 말하고 稱은 예가 쓰여진 물건들의 적당한 분배를 말한다(金容沃, 1991: 296).

14) 『論語』, 「泰伯」 2장, "子曰 恭而無禮則勞 愼而無禮則葸 勇而無禮則亂 直而無禮則絞."

15) 『孟子』, 「離婁上」 17장, "嫂溺則援之以手乎 曰 嫂溺不援 是豺狼也 男女授受不親 禮也 嫂溺 援之以手者 權也."

(야마다 케이지, 1992: 371) 행위에 있어 시중적 합리성은 절대적 준거에 의해 재단裁斷한 것이 아니라 상황에 따라 주어진 행위규범을 끊임없이 창조적으로 재해석하는 것을 말한다.

셋째, 유교적 행위는 명분에 합당해야 한다. "명분은 어떤 사람이 자신의 특정한 상황 또는 처지에서 판단하고 행동할 때 제시되는바 자기의 조건에 맞는 정당성이요, 명목이며, 그 명목에 합당한 본분이라 할 수 있다. 명분은 사람에게 도덕적 당위성을 부여하며, 명목과 본분을 일치시킴으로써 사회질서를 확립시키는 규범이 된다."(금장태, 1996: 41) 공자는 당시의 사회적 부조리의 가장 큰 원인은 이름(名)에 따른 권한 구분이 바로(正) 서지 못했기 때문이라 보았다.

> 공자께서 말씀하셨다. '천하에 도道가 있으면 예악禮樂과 정벌征伐이 천자로부터 나오고, 천하에 도道가 없으면 예악과 정벌이 제후로부터 나온다. 제후로부터 나오면 10世에 (정권政權을) 잃지 않는 자가 드물고, 대부大夫로부터 나오면 5세世에 잃지 않는 자가 드물고, 배신陪臣이 국명國命을 잡으면 3세世에 잃지 않는 자가 드물다.'[16]

공자는 천하에 도가 없는 것은 천자天子, 제후諸侯, 대부大夫, 배신陪臣이 자신의 이름에 걸맞는 역할을 행하지 않기 때문이라 보았다. 즉 정치적 합리성은 주어진 분수(分)에 맞는 바른 이름을 가졌을 때 얻을 수 있다고 본 것이다.

명분名分의 명名은 이름, 행위, 지위에 대한 보통명사적 정의定義

---

16) 『論語』, 「季氏」 2장, "孔子曰天下有道 則禮樂征伐 自天子出 天下無道 則禮樂征伐 自諸侯出 自諸侯出 蓋十世 希不失矣 自大夫出 五世 希不失矣 陪臣執國命 三世 希不失矣."

고, 분分은 그 정의된 바에 따른 분별된 구체적 행위내용이라 할 수 있다. 제齊나라 선왕宣王이 맹자에게 탕湯임금이 걸桀을 치고 무왕武王이 주紂를 친 사실에 대해 논평해 줄 것을 요구했을 때 맹자는 “어진 것을 해롭게 하는 것을 적賊이라 하고 옳은 것을 해롭게 하는 것을 잔殘이라 하며, 잔적殘賊한 사람을 일개 지아비라고 하니, 일개 지아비인 주紂를 베었다는 말은 들었어도 임금을 죽였다는 말은 듣지 못하였습니다”[17]라고 대답했다. 맹자는 걸·주를 일개의 범부로 정의하고 그에 따른 분分을 제시함으로써 시역弑逆의 행위를 합리화시켰다. 이는 불합리한 현실의 정치·도덕을 명분론을 통해 지적으로 재구성하는 시도였다(쓰에키 다케히로, 1995: 183). 그러한 시도를 통해 형식화·이데올로기화된 규범과 제도에 새로운 생명력을 불어넣을 수 있게 되었다. ‘명분을 바로 세움’(正名)으로써 명名과 분分이 괴리된 현실에서 규범의 소이연지고所以然之故와 행위의 소당연지칙所當然之則을 일치시키고, 지행知行의 합일을 지향할 수 있는 합리적인 근거를 마련할 수 있게 된다. 명분에 입각한 행위는 끊임없이 실리에 경도된 자신을 반성하는 행위고 행위의 원리와 규범에 비추어 본분을 각성하는 행위다. 이런 점에서 유교적 행위는 현실과 괴리된 형식화된 관료주의적 행위나 개인의 무한 경쟁적 실리추구를 정당화하는 자유방임적 행위를 극복한다.

17) 『孟子』, 「梁惠王 下」 8장, “賊仁者謂之賊 賊義者謂之殘 殘賊之人 謂之一夫 聞誅一夫紂矣 未聞弑君也.”

Ⅳ. 유교적 행위와 주역의 음양논리

지금까지 유교적 행위를 실천적, 시중적, 명분적 합리성이라는 관점에서 살펴보았다. 이제 유교적 행위의 합리성을 주역의 음양론적 관점을 통해 분석해 보기로 한다. 『주역』의 역도易道는 괘를 이루는 음·양 6효 간의 위상(位)과 상호관계(應), 그리고 균형과 조화(中)의 관점에서 파악할 수 있다. 이들 음양적 관점이 유교의 행위 합리성에 어떤 의미를 갖는지를 중심으로 살펴보겠다.

첫째, 음양의 당위當位와 부당위不當位는 유교적 행위의 상황적 원리를 설명해 주고 있다.

『주역』의 괘는 6효로 이루어져 있다. 초·3·5효는 양의 위位며, 2·4·상효는 음의 위位다. 양효가 양위에, 음효가 음위에 있을 때를 정위正位, 당위當位, 득위得位라 하고, 이와 반대로 양효가 음위에 있거나 음효가 양위에 있을 때 부당위不當位, 부득위不得位, 실위失位라 한다. 일반적으로 당위면 길하고, 부당위면 흉하다. 당위와 부당위의 가장 전형적인 괘는 기제괘旣濟卦와 미제괘未濟卦다. 기제괘[18]는 초구初九·구삼九三·구오九五가 양위에 있고 육이六二·육사六四·상육上六이 음위에 있어서 6효가 모두 당위다. 정자程子는 전傳에서 "기제의 때에 큰 것은 이미 형통했으니, 오직 작은 것만 형통

---

18) 『周易』, 「旣濟卦」.
卦辭, "旣濟 亨 小 利貞 初吉 終亂."
彖傳, "旣濟亨 小者 亨也 利貞 剛柔 正而位當也."
彖傳, 傳, "旣濟之時 大者 固已亨矣 唯有小者 亨也 時旣濟矣 固宜貞固以守之 卦才 剛柔 正當其位 當位者 其常也 乃正固之義 利於如是之貞也 陰陽 各得正位 所以爲旣濟也."

할 것이 있는 것이다. 때가 기제의 때니, 참으로 바르고 굳게 지킴이 마땅하다. 괘의 재질이 강과 유의 그 자리가 정히 마땅하니, '자리가 마땅하다'(當位) 함은 그 상도常道며 바르고 굳은 뜻이 되니, 이와 같은 바름이 이로운 것이다. 음양이 각각 바른 자리를 얻으니, 이 때문에 기제가 된 것이다"라고 했다. 그런데 미제괘未濟卦[19]는 기제괘와 반대로 6효가 모두 부당위다. 그리고 괘덕卦德이 '이(화)상離(火)上 감(수)하坎(水)下'기 때문에 위로 오르는 불과 아래로 스며드는 물의 위位가 역시 부당위가 된다. 따라서 주희는 괘사卦辭의 본의本義에서 "미제는 일이 이루어지지 않은 때니, 물과 불이 사귀지 않아서 서로 쓰임이 되지 못하고, 괘의 여섯 효가 다 그 자리를 잃었기 때문에 미제가 되었다"라고 하였다.

이러한 위位의 당當·부당不當은 곧 효가 있어야 할 마땅한 위치에 있는가에 달려 있다. 즉 주어진 자리(효위爻位)와 효의 재질(才)이 일치하는지의 여부가 길흉의 관건이 된다. 정자는 이괘履卦 육삼효六三爻의 전傳에서 부당위를 다음과 같이 인간에 적용하여 해석하였다.

> 육삼이 음으로 양자리에 거처해서 뜻은 강하고자 하나 몸이 본래 음유하니 어떻게 밟는 바를 굳게 할 수 있겠는가? 그래서 애꾸가 봄에 보는 것이 밝지 못하고, 절름발이가 감에 행함이 멀지 못함과 같다. 재질이 이미 부족하고 또 거처함이 중中을 얻지 못했으며, 밟음이 바름(正)이 아니어서 유柔로써 강剛하게 하려고 힘쓰는 것이다. 그 밟는 것이 이와 같으니 위험한 땅을 밟고 가는 것이기 때문에 '호랑이 꼬리를 밟는다'(履虎尾)고 했다.[20]

---

19) 『周易』, 「未濟卦」.
卦辭, 本義, "未濟 事未成之時也 水火 不交 不相爲用 卦之六爻 皆失其位 故 爲未濟."

20) 『周易』, 「履卦」 六三 傳, "三 以陰居陽 志欲剛而體本陰柔 安能堅其小履 故

부당위에서 오는 불행은 행위의 상황적 일탈의 결과다. 그것에 대한 대책은 각자가 주어진 위치, 즉 군신, 귀천, 빈부, 상하, 대소, 남녀, 노소가 모두 그 위치에 주어진 역할을 다하는 것에 있다. 여기서 일탈의 내용은 능력이 못 미치는데도 부당하게 자리를 차지한 경우와 주어진 자리에서 그 맡은 바에 책임을 다하지 않는 것, 그리고 주어진 자리에 만족하지 못하고 다른 자리를 넘보는 것 등의 의미를 내포하고 있다.

둘째, 음양의 정응正應과 적응敵應은 유교적 행위의 과정을 설명하고 있다.

한 괘의 내괘인 초·2·3효와 외괘인 4·5·상효가 각각 서로 음효와 양효로 호응할 때 이를 정응正應 혹은 합응合應이라 하고, 이와 반대로 각각 같은 음효와 양효일 경우에 이를 적응敵應 혹은 무응無應이라 한다. 보통 응함이 있으면 길하고 응함이 없으면 흉하다. 정응正應으로서 대표적인 괘는 함괘咸卦[21]다. 함괘는 6효가 모두 정응을 하고 있다. 함괘의 단전에서는 다음과 같이 말하고 있다. "함咸은 느끼는 것이다. 유柔가 올라가고 강剛은 내려와서, 두 기운이 감응하고 서로 더불어서, 그쳐서 기뻐하고 남자가 여자의 아래에 있다. 이로써 '형통하니, 바르게 함이 이로우니, 여자를 취하면 길한 것'이다. 하늘과 땅이 감응해서 만물이 화생하고, 성인聖人이 사람의 마음을

如盲眇之視 其見 不明 跛躄之履 其行 不遠 才旣不足而又處不得中 履非其正 以柔而務剛 其履如此 是 履於危地 故 曰履虎尾."

21) 『周易』, 「咸卦」.
彖傳, "咸 感也 柔上而剛下 二氣 感應以相與 止而說 男下女 是以亨利貞取女吉也 天地 感而萬物 化生 聖人 感人心而天下 和平 觀其所感而天地萬物之情 可見矣."

감동시켜 천하가 화평하나니, 그 감응하는 바를 관찰하면 천지와 만물의 정을 볼 수 있을 것이다." 함괘는 6효가 정응을 이룰 뿐만 아니라, 괘상으로 보아도 외괘가 못(澤)이고 내괘가 산山이다. 물의 성질은 아래로 스며들고, 흙의 성질은 물을 받아드린다. 그리고 괘덕卦德으로 보면 외괘가 소녀小女고 내괘가 소남小男이다. 따라서 효와 내·외괘 어느 면으로 보아도 완전한 정응관계를 이룬 괘다.

이에 반해 비괘否卦[22]는 6효가 모두 적응敵應이다. 비괘 단전彖傳의 전傳에서 정자는 말한다. "하늘과 땅의 기운이 사귀지 않으면 만물이 생성하는 이치가 없고, 위와 아래의 뜻이 사귀지 않으면 천하에 나라의 도가 없을 것이다. 나라를 세움은 다스리기 위한 것이니, 윗사람은 정치를 베풀어 백성을 다스리고, 백성은 인군人君을 추대하고 명령을 좇아서 위와 아래가 서로 사귀어야 다스려져서 편안한 것인데, 지금은 위와 아래가 사귀지 않으니, 이것은 천하에 나라의 도가 없는 것이다. 음유陰柔한 것이 안에 있고 양강陽剛한 것이 바깥에 있으며, 군자가 가서 밖에 거처하고 소인이 와서 안에 거처하니, 소인의 도가 자라나고 군자의 도가 사라지는 때다." 비괘는 6효가 적응敵應일 뿐만 아니라, 외괘가 하늘이고 내괘가 땅의 괘상을 가졌다. 하늘의 기운은 위로 올라가는 성질이 있고, 땅의 기운은 아래로 내려가는 성질이 있어 상하의 기운이 이반離反되는 괘다.

---

22) 『周易』, 「否卦」.
彖傳, 傳, "夫天地之氣 不交則萬物 无生成之理 上下之義 不交則天下 无邦國之道 建邦國 所以爲治也 上 施政以治民 民 戴君而從命 上下 相交 所以治安也 今上下 不交 是天下 无邦國之道也 陰柔 在內 陽剛 在外 君子 往居於外 小人 來處於內 小人道長 君子道消之時也."

함괘와 비괘를 통해 볼 때, 유교적 행위과정은 상호간에 감응의 중요함이 강조되고 있다. 감응은 교감이며, 깊은 내면적 공감이다. 앞서 본 부당위가 유교의 일탈적 행위의 외적·형식적 조건이라면, 적응敵應은 내적·내용적 조건이라 할 수 있다. 그리고 전자가 일탈적 행위의 구조적 조건이라면, 후자는 과정적 조건이라 할 수 있다. 일탈적 행위는 일탈을 초래하는 구조적 조건이 갖추어져 있을 때 일어날 가능성이 높지만, 더욱 중요한 것은 일탈과정에서 감응이 존재하는가이다. 항괘恒卦[23]를 보면 그 위位에 있어서는 초육·구이·구사·육오가 모두 음효가 양위에 있거나 양효가 음위에 있어서 부당위다. 그러나 6효가 모두 정응을 하고 있다. 그래서 단전에서 "항恒은 오래 하는 것이니, 강한 것이 올라가고 유한 것이 내려오며, 우레와 바람이 서로 더불어 하고 공손하게 움직이고, 강과 유가 다 응하는 것이 항이니"라고 하였다. 괘사에서도 "항은 형통해서 허물이 없으니, 바르고 굳게 함이 이로우니, 가는 바를 둠이 이롭다"라고 하여 길吉한 괘로 보았다. 이것은 위位보다 응應이 행위에 있어 보다 중요한 조건임을 말해 준다.

감응은 상대와의 교감으로 인한 깊은 내적 변화를 통해 일어나고, 감응관계는 함괘咸卦 단전에서 말하듯이 화생化生·화평和平을 가져온다. 유교적 행위를 정응正應과 적응敵應의 관계로 보는 시각은 행위를 외적인 조건의 함수로 보는 기계론적 관점에 생명력을 불러올 수 있게 한다. 행위를 인간 내부의 깊은 변화에 근거하여 설명할 때

---

23) 『周易』, 「恒卦」.
卦辭, "恒 亨 无咎 利貞 利有攸往."
彖傳, "恒 久也 剛上而柔下 雷風 相與 巽而動 剛柔 皆應 恒."

보다 생동감 있는 설명이 될 수 있을 것이기 때문이다.

셋째, 음양의 중中과 부중不中은 유교적 행위의 원리를 설명한다. 중이란 내괘의 중간 위치인 2효와 외괘의 중간 위치인 5효의 효위를 말한다. 음위陰位인 2효에 양효가 오거나 양위陽位인 5효에 음효가 오면 단지 득중得中이라 한다. 만약에 음위인 2효에 음효가 오거나 양위인 5효에 양효가 오면 중中이면서 동시에 정正이다. 이것을 중정中正이라 한다. 중의 위(2효, 5효) 가운데서도 5효가 더욱 중요한 위치에 있다. 5효는 중의 위치면서 천자의 존위에 있기 때문이다. 64괘 가운데 5효에서 흉을 말한 괘는 없다. 2효의 경우에도 박괘剝卦, 이괘頤卦, 절괘節卦, 이 3괘의 특수한 경우를 제외하고는 흉을 말하지 않았다. 중의 원리는 앞에서 말한 위, 응의 질서보다 중요시된다. 부당위와 적응敵應이더라도 중을 얻을 경우에는 길하다. 임괘臨卦[24]를 예를 들어 보면 구이·육삼·육오가 모두 부당위지만, 괘사는 "크게 형통하고 바르게 함이 이롭다"라고 했다. 단전에는 "임은 강이 점차로 자라며, 기뻐하고 순하며 강이 가운데하고 응해서, 또 괘덕과 괘체로써 괘의 좋음을 말한 것이다. 크게 형통하고 바름으로써 하니 하늘의 도다"라고 하였다. 내괘의 중中효인 구이九二는 부당위지만 중을 얻었기 때문에 효사는 "느껴 임함이니 길해서 이롭지 않음이 없으리라"라고 했고, 외괘의 중효인 육오六五도 부당위지만 효사는

---

24) 『周易』, 「臨卦」.
卦辭, "臨 元亨 利貞."
彖傳, "臨 剛浸而長 說而順 剛中而應 大亨以正 天之道也."
九二 爻辭, "咸臨 吉 无不利."
六五 爻辭, "知臨 大君之宜 吉."

"지혜로 임함이니, 대군의 마땅함이니 길하니라"라고 했다. 이렇게 부당위, 적응敵應이지만 중위中位에 있기 때문에 길한 경우는 64괘 가운데 수없이 찾아볼 수 있다.

괘의 중위中位가 길한 경우가 많은 것은 주역이 중 사상을 매우 중요시하고 있음을 반영한 것이다. "(중위의) 다른 하나의 특징은 2와 5의 두 효가 무회無悔 혹은 회망悔亡을 말하는 곳이 많다는 것이다. 무회는 마땅히 후회가 있어야 하는데 어떤 연유로 인하여 그 후회됨을 없애는 것을 말한다. 회망은 장차 후회하게 되어야 함에도 어떤 연유에 의해서 후회를 없애는 것을 말한다. 전자는 후회와는 거리가 비교적 멀고 후자는 비교적 가까운데 양자의 뜻은 거의 비슷하다. 2와 5의 효에서 무회와 회망을 자주 말하는 것은 중 때문에 그런 것이다."(高懷民, 정병석 역, 1995) 이런 의미에서 중은 실천의 원리며 행위가 추구하는 이상이다. 그래서 일탈이란 관점에서 볼 때, 중은 일탈을 판단하는 이념적 준거가 된다. 부당위와 적응敵應이 각기 일탈의 구조적 · 과정적 조건이라면, 부중은 일탈의 개념적 준거라 할 수 있을 것이다. 부당위와 적응이 일탈이 되는 이유는 그것이 중에서 벗어났기 때문이다.

유교적 행위에 대한 주역의 중의 원리는 '때(時)에 따른 중', '장소(處)에 따른 중', '행위주체에 따른 중' 등을 포함한다(최영진, 1989: 115). 절괘節卦[25]의 초구와 구이에서 중에 있어 때의 중요성(時中)이

25) 『周易』, 「節卦」.
初九 爻辭, "不出戶庭 无咎."
初九 本義 "戶庭 戶外之庭也 陽剛得正 居節之初 未可以行 能節而止者也 故 其象占如此."

잘 나타난다.

초구初九는 호정戶庭에 나가지 않으니 허물이 없다.
구이九二는 문정門庭에 나가지 않는지라 흉하니라.

초구는 나아가지 않음에 허물이 없고, 구이는 나아감에 흉이 있다. 초구는 나아가지 않을 때고, 구이는 마땅히 나아가야 할 때다. 이렇게 중中은 나아가야 할 때와 나아가지 않아야 할 '때에 따르는 시중時中'을 말한다.

그리고 중은 또한 상황이 일어나는 '장소(處)에 따르는 시중時中'을 말한다. 곤괘坤卦[26] 괘사에서 다음과 같이 말한다.

서西와 남南은 벗을 얻고 동東과 북北은 벗을 잃으니, 안정하여 길하니라

서남西南은 음의 장소고, 동북은 양의 장소다. 곤坤은 음이니 음의 장소에서는 벗을 얻는 것이 중이고, 양의 장소에서는 벗을 떠나 양을 따르는 것이 중이다. 정자는 전傳에서 이것을 다음과 같이 풀었다. "서와 남은 음의 방소고, 동과 북은 양의 방소니, 음이 반드시 양을 따라서 그 벗들(陰)을 떠나 멀리해야, 화육의 공을 이룰 수 있고 안정의 길함이 있다. 항상함을 얻으면 편안해지고, 항상한데 편안하면 바르게 되므로 길하게 되는 것이다." 이렇게 볼 때 중中은 서남에

九二 爻辭, "不出門庭 凶."

26) 『周易』, 「坤卦」.
卦辭, "西南 得朋 東北 喪朋 安貞 吉."
卦辭, 傳, "西南 陰方 東北 陽方 陰必從陽 離喪其朋類 乃能成化育之功 而有安貞之吉 得其常則安 安於常則貞 是以 吉也."

있는 것도, 동북에 있는 것도 아니다. 중은 장소(處)에 따라 어디에도 존재한다.

이제 비괘否卦[27] 육이六二 효사를 보자.

> 육이六二는 포용하며 이어받들음이니, 소인은 길하고 대인은 비색하여야 형통하리라.

비색한 때를 당하여 육이六二가 소인인지 대인인지, 즉 행위주체에 따라 행동이 달라져야 한다. 본의本義에서 주희는 말한다. "(육이六二는) 음유하나 중정해서, 소인이 능히 군자를 포용해서 순하게 이어받는 상이니, 소인의 길한 도다. 그렇기 때문에 점치는 사람이 소인이면 이렇게 하면 길하고, 대인은 마땅히 그 비색한 것을 편안한 마음으로 지킨 뒤에야 도가 형통할 것이니, 대개 다른 사람이 나를 포용하고 받는다고 해서 스스로 그 지키는 것을 잃어버려서는 안 된다." 다시 말하면 소인은 비색한 때에 윗사람을 순하게 받아들여 따름이 중中이고, 대인은 비색한 때에 도로써 처신하여 바른 절개를 지키는 것이 중中이다. 이와 같이 중中은 고정된 실체가 아니라(中無定體) 시간·공간·주체의 위상이라고 하는 세 가지 변수에 의해 설정되는 원점原点이라 할 수 있다(최영진, 1989: 115). 이러한 의미에서 유교에서 일탈적 행위는 중中을 얻지 못한 상태라 할 수 있다.

---

27) 『周易』, 「否卦」.
六二 爻辭, "包承 小人 吉 大人 否 亨."
六二 本義, "陰柔而中正 小人而能包容承順乎君子之象 小人之吉道也 故占者 小人 如是則吉 大人則當安守其否而後 道亨 蓋不可以彼包承於我而自失其守也."

V. 유교 행위론의 탈현대적 의의

서구 사회학에서 대상으로 삼는 인간의 행위는 크게 보아 세 가지 특징을 갖고 있다. 첫째, 개인의 행위는 합리성에 기초한다는 것이다. 합리적인 행위는 주어진 목적을 달성하기 위해서 가장 효율적인 수단을 선택하는 행위를 말한다. 근대인은 르네상스와 계몽의 시기가 지나면서 이성을 신뢰하게 되고, 또한 자연과학이 발달하면서 합리성의 효율을 신봉한다. 베버는 근대사회에서 개인은 미신이나 주술적 믿음보다는 계산 가능하고 예측 가능한 객관적 판단에 근거하여 행위하는 것이 특징이라 했다.

둘째, 개인의 행위는 개인주의에 입각하고 있다. 데카르트 이후 개인의 이성이 절대화되었고, 홉스, 로크 등 자유주의 정치이론의 사회계약설과 아담 스미스 등의 고전 경제학 등에서 개인은 정치적, 경제적 주체로 등장한다. 그리고 산업화와 도시화로 인해 농업적, 촌락공동체적 기반은 해체가 되고, 민주적 정치체제와 자유주의적 시장경제 제도로 말미암아 개인주의적 행위가 지배적 형태가 되었다.

셋째, 개인의 행위가 세속화되었다는 점이다. 근대적 세계는 산업혁명 이후 생산력이 급속히 증대하여 물질적인 풍요를 이루었던 시기다. 그리고 끊임없는 이윤추구와 무한 경쟁적인 자본주의와 시장경제의 발달로 근대적 개인의 행위는 물질적, 권력적, 명예적 욕망을 추구하는 세속적 행위로 특징지어진다.

한편, 서구 사회학은 현대 자유민주주의적, 자본주의적 사회에 적응하여 살아가는 인간의 행위의 문제점에 대해 많은 논의를 해 왔다. 관료제에 의한 소외의 관점, 자본에 의한 착취의 관점, 대중문화의 수동성·등질성의 관점, 과학기술에 의한 식민지화의 관점 등 여러 측면에서 비판적으로 검토되었다. 아래에서는 지금까지 서구 사회학에서 논의되고 검토되어 온 행위론에 음양론적 논리에 바탕을 둔 유교적 행위론이 어떤 함의를 가질 것인가를 검토해 보기로 한다.

첫째, 서구의 근대적 행위론이 주의주의적, 공리주의적 정당성에 근거한 반면, 유교의 행위론은 천일합일에 근거한 도덕적 실천을 행위의 정당성의 근거로 삼고 있다. 서구 사회학에서 논의하는 근대적 행위는 이원론적 세계관에 근거한다. 근대 서구적 행위관은 자연과 인간의 분리, 육체와 마음의 분리, 물질과 정신의 분리에 근거하고 행위는 이들 분리된 두 실체간의 갈등을 매개하는 과정이라 본다. 그래서 사회학적 행위는 인간이 자연을 이용하는 노동의 형태로서, 육체적 욕구를 충족시키는 행동으로서, 그리고 물질적(외부적) 환경에 적응해 가는 과정으로서 인식되었다. 따라서 서구 사회학의 행위관은 욕망 추구적인 경쟁적 인간관과 물질적 환경에 조건 지어진 기계적 인간관이 반영되어 있음을 볼 수 있다.

유교의 행위관에도 물질적 욕망과 보상을 무시하는 것은 아니다. 오히려 인간이 예를 지키고 교화가 되기 위해서는 어느 정도의 물질적 풍요가 바탕이 되어야 한다고 본다. 그러나 유교에서는 물질적 욕망과 보상이 행위의 목적이 되어서는 안 된다고 본다. "덕이 근본이요 재물은 말末이다."[28] 본말이 전도되지 않아야 한다는 것이다. 그래서 유교적 행위는 물질적 욕망이 도덕적 실천에 장애가 되지 않는 한에서 정당성을 얻는 것이다. 이는 특히 자본주의 사회에서 물신주

28)「大學」10장, "德者本也 財者末也."

의적, 시장 경쟁적 행위와는 대조를 이룬다. 유교의 행위관에 도덕성이 강조되는 것은 유교의 행위가 천인합일에 정당성의 근거를 두기 때문이다. 단적으로 유교적 행위의 규범인 예를 보면, "예는 천리의 절문이요, 인사의 의칙"이라 했다. 행위가 예를 따른다는 것은 곧 천리와 인사를 함께 실천하는 것이다. 유교적 행위는 행위가 천리의 순리성과 인간의 도덕성을 합일시킨 토대 위에서 행위의 도덕적 실천을 강조하고 있다.

둘째, 유교의 행위론은 명분에 따른 합리성을 중시하기 때문에 도구적 합리성에 따른 서구 근대적 행위의 문제점을 극복하는 데 의의가 있다. 서구의 근대성 행위는 합리성을 강조한다. 합리적 행위는 행위가 미신이나 불합리한 억측과 편견에서 벗어나 예측 가능한 행위를 말한다. 근대적 합리성은 인간해방이나 이성의 확대에 대립되는 결과를 가져오기도 했다. 베버는 형식적 합리성이 근대 서구사회에 너무 깊이 제도화되었기 때문에 본질적인 합리성이 제대로 정착되지 못했다고 진단하였다. 베버가 보기에는 서양 근대의 합리화는 이성의 도착현상으로 특징지어진다. 수단은 인간에 봉사한다는 목적을 잊어버리고 절대화되고, 가치·정의의 영역은 형식적 합리성의 바깥으로 밀려나게 된다. 점증하는 형식적 합리화가 가져다주는 이성의 도착현상을 베버는 우리시대의 운명이라고 비관적으로 전망하였다.

유교적 행위의 명분적 합리성은 형식합리성이 갖는 이성의 도구화를 극복할 단서를 제공한다. 명분은 명목과 분수(본분)를 의미한다. 명목은 행위의 정당성, 도덕적 당위성을 말하고 분수는 명목이 지시하는 역할 내지 실천내용을 말한다. 명목은 예법으로 구현되며, 분수는 사회질서로 제도화된다. 따라서 명분적 합리성에 따른 행위는 사회의 도덕적 규범과 사회질서가 일치하는 행위를 말한다. 이는 효율성을 강조하고 실리적 판단에 따르는 도구적 이성에 근거한 행위와는 다르다. 명분에 입각한 행위는 어떤 구체적인 일에 직면하여 실리적 효용성을 생각하기에 앞서 그 도덕적 정당성과 전체 사회질서의 유지에 적합한지를 먼저 고려하는 행위다.

셋째, 유교적 행위는 관계지향적 행위를 중시하기 때문에 서구 근대적 개인주의적 행위에서 초래되는 문제점을 극복하는 데 의의가 있다. 서구의 개인주의는 기독교의 공동체적 문화와 가치로부터의 해방에서 비롯되었고, 중세의 전통과 권위, 종교와 국가로부터 개인의 인권과 자유를 획득하는 과정에서 성립되었다. 핑가렛(Fingarette) 교수는 이와 같이 공동체로부터 분리되고 독립된 개인의 자유에 근거한 서구의 개인주의를 '자율적인 개인의 선택'(핑가렛, 1993: 42)에 근거한 개인주의라 하였다. 이렇게 서구의 개인주의가 공동체로부터 분리된 개인의 절대적 자유와 책임, 선택에 근거한다는 점에서 '절대적 개인주의'라 말할 수 있다.

유교사상은 궁극적으로 개인의 해방과 자유를 추구한다는 점에서 개인주의적 입장을 갖는다. 유교적 개인주의는 크게 보아서 두 가지 점에서 서구의 개인주의와 차이가 있다. 하나는 공동체와 조화 속의 개인주의고, 다른 하나는 자신의 도덕성의 실현을 통한 개인주의다. "자유주의자들이 그리는 개체주의적 인간관과 사회관과는 달리, 유학에서는 인간을 그가 속한 사회와 결코 분리시킬 수 없는 유기체적 존재로 파악한다. 유학에서 한 개인의 자아동일성(self identity)은 자신을 타인으로부터 분리하고 고립시킴으로써 추출되는 것이 아니라, 타인과의 관계 속에서 차지하는 자신의 위치를 확인함으로써 얻어진다."(이승환, 1998: 244) 유교에서 개인이 추구하는 자유가 공동체와의 진정한 합일을 통하여 얻어진다는 점에서 드 베리(de Bary)는 이를 '인격주의'(드 베리, 1988: 67)라 했다. 인격주의는 외적, 이기적인 자아를 극복하고 자기와 타인들 사이의 차별을 극복해 도덕적, 정신적 공동체에 자발적으로 참여하여 얻는 인격을 말한다. 유교적 행위는 인격주의적 입장을 갖고, 개인을 인류라는 커다란 유기체의 일원으로 보며, 사람을 사회와 분리하지 않고 타자들과의 역동적인 관계 속에서 이루어지는 행위다.

넷째, 유교의 행위론은 중용을 원리로 하기 때문에 서구 근대적 행위론이 갖는 추상적, 중심주의적, 기계적 행위원리에 생명력을 부여하는 데 의의를 갖는다. 근대 서구의 행위관은 이른바 데카르트의 순수이성, 헤겔의 절대이성, 마르크스의 생산력, 뒤르켕의 사회적 사실, 베버의 합리성처럼 행위가 성립되는 절대적 토대를 상정하고 있다. 그래서 근대적 학문의 특징 가운데 하나는 하나의 추상적인 원리로 모든 현상을 설명하려는 거대담론이 지배적이었다는 점이다. 헤겔과 마르크스의 사상이 가장 대표적이다. 이렇게 상이한 현상을 하나의 요인에 환원하여 설명하는 '동일성의 철학'은 근대적 행위를 추상적이고 교조적인 행위로 전락시키는 위험을 내포하고 있었다.

그러나 중도中道를 지향하는 유교적 행위는 추상적인 논리보다는 현실적인 상황에 기초한다. 행위가 합리적인가 하는 것은 외부에 존재하는 절대적 기준에 의해서가 아니라 주어진 상황을 끊임없이 재해석하는 상대적 규범에 의해서 판단되는 것이다. 유교의 중도적 합리성은 수학적 엄격성보다는 미학적 조화를 중시한다. 현대사회는 복잡성과 다원성, 그리고 이질성과 복합성이 증대해 감에 따라 행위 규범은 구체적 현실과 더욱 괴리되어 간다. 시중적 합리성은 이러한 현대사회의 아노미적 상황에서 개인의 윤리적 정체성과 사회적 통합을 이루는 데 기여할 수 있을 것이다. 이를테면, 아버지에게 매를 맞되 까무러칠 때까지 맞지는 말아야 한다고 했다. 이 효의 사례는 효를 추상적 일반화 혹은 보편본질로 실체화하기보다는 현장에서 재해석되어야 함을 말해 준다. 상황을 떠난 효는 보편본질로 형식화되어 무차별적으로 적용될 수 있으므로 현실적인 합리성을 구속할 수 있기 때문이다(박동환, 1993: 131). 유교의 중도 또는 시중 사상은 서구 이성의 추상적 일반화와, 이로 인해 간과되기 쉬운 현실의 상대성 내지 현장성을 살릴 수 있는 생명력이 충만한 유교적 이성에 근거한 사상이다.

참고문헌

『論語』.

『大學』.

『孟子』.

『墨子』.

『荀子』.

『禮記』.

『周易』.

『朱子語類』.

『中庸』.
『漢語大詞典(축인본)』. 1986. 漢語大詞典出版社(중국).

금장태. 1996. 『유학사상의 이해』. 집문당.
김용옥. 1991. 『동양학 어떻게 할 것인가』. 통나무.
드 베리(W. T. de Bary). 1988. 『중국의 '자유' 전통』. 표정훈 역. 이산.
리처(G. Ritzer). 1997. 『현대사회학 이론』. 최재현 역. 형설출판사.
墨翟. 1999. 『묵자』. 박재범 역. 홍익출판사.
박동환. 1993. 『동양의 논리는 어디에 있는가』. 고려원.
荀子. 2001. 『순자』. 김학주 역. 을유문화사.
쓰에키 다케히로(末木剛博). 1995. 『동양의 합리사상』. 최승호 역. 이문출판사.
야마다 케이지(山田慶兒). 1992. 『주자의 자연철학』. 김석근 역. 통나무.
이승환. 1998. 『유가사상의 사회철학적 재조명』. 고려대학교 출판부.
이환구. 1984. 『홉스와 혁명사상』. 대왕사.
陳淳. 1993. 『북계자의』. 김영민 역. 예문서원.
최영진. 1989. "역학사상의 철학적 탐구: 주역의 음양대대적 구조와 중정사상을 중심으로." 성균관대학교 박사학위논문.
티마셰프·테오도슨(N. S. Timasheff and G. A Theodorson). 1985. 『사회학사』. 박재묵·이정옥 공역. 풀빛.
핑가렛(H. Fingarette). 1993. 『공자의 철학』. 송영배 역. 서광사.
홍승표. 2005. 『동양사상과 탈현대』. 예문서원.

Max Weber, G. Roth and C. Wittich ed. 1968. *Economy and Society*, New York: Bedminster Press.
呂紹綱. 2000. 『庚辰存稿』. 上海古籍出版社.

유교 인간관의 탈현대적 함의

홍승표

Ⅰ. 왜 지금 유교 인간관을 말하고자 하는가?

이 글의 목적은 유교 인간관이 탈현대[1]의 새로운 문명을 건설하는데 어떻게 기여할 수 있는가를 탐색하는 것이다. 독자들은 다음과 같은 의문을 떠올릴지도 모른다. 2천5백 년 전에 태동한 케케묵은 유교에, 그리고 근대기에 이미 그 용도가 폐기된 유교에, 첨단 기술과 복잡한 사회 조직을 갖고 있는 현대사회의 미래 건설을 위해서 가치 있는 것이 아직도 남아 있을 것인가? 유교는 여성의 인권을 무참하게 유린하였고, 불평등한 신분제 사회를 떠받치는 이데올로기로 작용하지 않았던가! 그런 유교에서 현대도 아닌 탈현대적 함의를 찾

1) 이 글에서 사용하는 탈현대라는 용어는 후기 현대(post-modern era)를 가리키는 것이 아니다. 여기에서 탈현대란 중세에서 근대로의 전환과 비견되는 새로운 세계관에 바탕 한 새로운 역사적 시기로서의 탈현대(after-modern era)임을 밝혀 둔다.

아보자는 것은 너무도 터무니없는 생각이 아닐까?

필자는 유교주의자가 아니다. 그리고 과거 사회에서 현재에 이르기까지 유교가 인간과 사회에 미친 폐해를 부정하지 않는다. 이 글이 의도하는 것은 유교에 대한 절대적인 긍정이나 옹호가 아니다. 다만 미래의 새로운 문명을 설계하는 데 필요로 하는 자원을 발굴하기 위해서, 유교라는 광맥을 따라가 보는 것이 이 글의 의도이다.

서구의 르네상스기를 생각해 보자. 르네상스기를 살았던 선구적인 근대인들은 과거 고대 그리스와 로마 문명에서 새로운 문명 건설을 위한 소중한 자원을 발굴하고자 하였다. 하지만 그들이 고대 그리스와 로마 문명의 노예 제도를 비롯한 전근대적인 측면들을 전적으로 긍정하고 옹호했던 것은 아니다. 이 글이 시도하고자 하는 것도 논리적으로 본다면 르네상스기의 선구자들이 시도했던 것과 동일한 작업이라 할 수 있겠다.

르네상스기의 근대인들은 왜 굳이 오래된 과거에서 새로운 미래를 형상화하기 위한 자원을 구하였던 것일까? 그것은 당시 사회에는 중세적 세계관의 위기에서 비롯되는 문명의 위기가 고조되어 있었기 때문이다. 중세적 세계관은 새롭게 출현하는 사회구조와 창조적인 조화를 이룰 수 없었을 뿐만 아니라 인간의 감정이나 성욕에 대한 억압, 자유에 대한 구속, 이성의 파괴, 신분적 차별 등과 같은 심각한 문명의 위기의 근원으로 작용하였다. 이에 반해서, 고대의 세계관에는 인간의 이성에 대한 신뢰, 인간의 감정과 정욕에 대한 긍정을 포함해서 근대의 새로운 세계와 조화를 이룰 수 있는 많은 요소들이 내재해 있었다.

현재 인류는 과거 르네상스기가 겪었던 것과 같은 문명의 대전환기를 맞이하고 있다. 현대사회에는 근대적 세계관에 대한 고착에서 비롯되는 문명의 위기가 고조되어 있다. 근대적 세계관은 새롭게 출현하는 사회 구조와 창조적인 조화를 이룰 수 없다. 뿐만 아니라, 근대적 세계관은 인간소외, 인간관계의 악화, 생태계의 붕괴 등과 같은 심각한 문명의 위기의 근원이 되고 있다. 이에 반해서, 유교 인간관에는 탈현대의 새로운 세계와 조화를 이룰 수 있는 많은 요소들이 내재해 있다.

현재는 근대로부터 탈근대로의 문명의 대전환기이며, 탈현대의 여명기이다. 문명의 대전환기를 살아가는 사회학자에게 시대가 요구하는 가장 긴급한 과제는 무엇일까? 그것은 바로 새로운 문명의 틀을 설계하는 일이다. 과거 계몽 사상가들은 중세의 엄청난 중압감을 뚫고서 근대에 대한 새로운 비전을 제시하였다. 그리고 근대적 세계관의 바탕 위에서 근대 문명이라는 새로운 문명의 틀을 설계하였다. 현재 우리는 현대의 엄청난 중압감을 뚫고서 탈현대의 새로운 비전을 찾아야만 한다. 그리고 새로운 탈현대적 세계관의 바탕 위에서 탈현대의 새로운 문명의 틀을 설계하여야 한다.

바로 이런 작업을 수행하는 데 있어서, 이 글이 유독 유교 인간관에 관심을 기울이는 것은 유교 인간관에는 이런 시대의 요구에 부응할 수 있는 요소가 풍부하게 내포되어 있기 때문이다. 물론 유교 인간관의 모든 측면이 탈현대적이라는 등식은 성립하지 않는다. 유교 인간관에는 탈현대적인 측면뿐만 아니라 전근대적인 측면과 근대 친화적인 측면이 또한 많이 내포되어 있기 때문이다. 이 글은 공자

孔子와 맹자孟子의 선진先秦 유교 사상을 중심으로, 유교 인간관 속에서 새로운 문명 건설의 기초가 될 수 있는 탈현대적인 측면들을 발굴하여, 이를 새로운 세계관의 구성과 문명 건설에 활용하고자 한다.

그렇다면, 유교 인간관에는 탈현대의 사회와 조응할 수 있는 어떤 특징이 내재하여 있는 것일까? 그 답은 유교 인간관은 여타 인간관과 구분되는 총체적 인간관을 갖고 있다는 점이다. 동서양의 거의 모든 인간관이 인간의 현세적 특징이나 자기 초월적 특징 중에서 한 가지 측면만을 부각시키는 반면에, 유교 인간관은 인간의 현세적 특징과 자기 초월적 특징을 모두 아우르는 총체적 인간관을 갖고 있다. 유교 인간관의 이런 특징은 유교 사상의 핵심인 '중용中庸' 사상의 결과이기도 하고, 원인이기도 하다.

유교의 총체적 인간관은 현대적인 성취의 바탕 위에서 탈현대의 새로운 문명을 구축해야 하는 현시대의 요구에 잘 부응할 수 있다. 만일 인간의 현세적 특징을 강조하는 근대적 인간관에 계속해서 머문다고 한다면, 우리는 탈현대로 나아갈 수 없다. 뿐만 아니라, 현재 우리들이 직면하고 있는 문명의 황폐성이 더욱 고조될 것이다. 이와 반대로, 인간의 자기 초월적 특징만을 강조하게 되면, 과학기술 문명으로 대변되는 현대의 성취는 폐기 대상이 될 것이다. 이렇게 되었을 때, 탈현대는 인간다운 삶의 영위가 불가능한 새로운 디스토피아가 될 수밖에 없다. 그러므로 인간의 모든 특징을 포용하면서도, 더욱 높은 존재 수준으로의 노력을 고취하는 유교 인간관은 커다란 탈현대적 함의를 가질 수 있다.

이 글은 바로 이런 인식의 바탕 위에서, 첫째, 근대적 인간관의 특징과 현 시점에서 그 문제점을 서술하고, 둘째, 유교의 총체적 인간관의 특징을 밝히며, 셋째, 유교 인간관이 새로운 문명 건설을 위해서 기여할 수 있는 바를 살펴보고자 한다.

Ⅱ. 근대적 인간관이 탈현대 문명의 기반이 될 수 없는 이유

중세적 인간관이 근대 문명의 기반이 될 수 있었겠는가? 그 답은 명백히 '될 수 없었다'이다. 중세적 인간관은 중세 문명을 건설하는 데는 창조적인 기여를 할 수 있었다. 하지만, 근대 문명을 건설하는 데는 하나의 장애물이 되었을 뿐이다. 이와 똑같은 이유로, 근대적 인간관은 탈근대 문명의 기반이 될 수 없다. 근대적 인간관은 근대 문명을 건설하는 데는 창조적인 기여를 할 수 있었다. 하지만 탈근대 문명을 건설하는 데는 하나의 장애물이 될 따름이다.

'나는 누구인가?'라는 질문을 던졌을 때, 전근대 사회에서 가장 유력한 대답은 무엇이었을까? 가족이나 가문, 마을, 신분, 성별 등과 같은 자신이 속한 집단의 일원으로서의 '나'라는 대답이었을 것이다. 하지만 근대가 시작되면서 인간의 개성, 주체성, 자율성에 대한 새로운 각성이 일어났고, 개인이라는 관념이 발달하게 되었다. 이리하여 인간은 신이나 소속 집단으로부터 자유를 얻게 되었고, 자신의 삶을 책임지고 역사를 창조하는 주체로 새롭게 태어났다.

근대적 인간관이 갖고 있는 이런 특징들은 중세적 인간관에 대한 반발로 형성된 것이다. 중세 사회는 기독교가 인간의 삶을 전반적으로 규제했던 신본주의 사회였다. 중세 사회에서는, 인간의 정신적·영적 측면만을 과도하게 강조한 반면에, 육체와 현세적 삶은 덧없는 것으로 간주하고, 인간의 감성·충동·육체를 비하하는 종교적 인간관이 만연하였다(양더, 1997: 185).

서구 근대기의 인간 중심주의는 중세의 신 중심주의에 대한 반동으로 나타난 것이다. 르네상스기에 접어들면서, 중세 사회에서 신에게 부여되었던 권위와 능력이 인간에게 부여되었다. 인간은 자유롭고, 자율적이며, 창조력을 갖고 있는 존엄한 존재로서의 의미를 부여받게 된다(신오현, 1990: 96-97). 미란돌라는 인간은 우주에서 가장 경이로운 존재로서, 모든 찬사를 받을 가치가 있으며, 자신의 이성의 힘으로 신적인 존재로 상승할 수 있는 자기규정의 능력을 가진 존재라고 주장하였다(Giovanni Pico della Mirandola, 1948: 223).

이리하여 중세로부터 근대로의 전환은 신 중심적 세계로부터 인간 중심적 세계로의 전환을 의미하게 된다. 이 세계를 지배하는 신성한 존재로서의 신에 대한 의식은 해체되었다. 인간관의 측면에서 볼 때, 인간의 영적이고 정신적인 면을 인간에 대한 인식에서 배제한 채 배타적으로 인간의 감성적·물질적 특징만을 강조하는 세속적 인간관의 팽배를 초래하였다. 인간을 권력욕이나 물욕 또는 성욕을 좇는 욕망의 추구자로 간주한다거나 근대적인 의미에서 이성적 존재로 보는 입장 등이 모두 이러한 부류이다.

데카르트(Rene Descartes, 1596~1650)는 근대적인 의미에서 이성적 인간관의 형성에 큰 기여를 하였다. '나는 생각한다 고로 존재한다'(Cogito, ergo sum)라는 널리 회자되는 그의 말 속에는 신 중심적인 중세적 세계관과의 결별이 분명하게 표명되어 있다. 우주 안에서 모든 초자연적인 힘을 배제하고 모든 것을 인간의 이성으로 알 수 있다는 근대적 합리주의 사상이 이 말에 배태되어 있다(최명관, 1983: 231). 세계는 이제 더 이상 신이나 마술적인 힘에 의해서가 아니라 수학의 원리에 따라서 작동하는 기계와 같은 것이었다. 생각하는 존재로서의 인간은 세상을 주재하는 주체로서 인식되었으며, 생각하는 나와 생각되는 대상으로서의 세계라고 하는 이원적인 세계관이 확립되었다. 데카르트는 『방법서설』에서 "도덕을 다룬 고대 이교도들의 저술을 화려하고 웅장하나 모래와 흙탕 위에 세운 궁전"(데카르트, 1983: 13)에 비유하면서, 추리의 확실함과 명증성을 갖고 있는 수학의 기반 위에서 세계를 인식하여야 함을 주장하였다. 데카르트와 같은 근대 선구자들의 노력에 의해서 근대적인 의미에서의 이성적인 인간관이 확립되었다.

근대기에 확립된 또 하나의 유력한 인간관은 욕망의 주체로서의 인간 인식이다. 마키아벨리(Niccolo Machiavelli, 1469~1527)는 "인간은 본래 은혜를 모르고, 변덕이 심하며, 위선자이면서 기만에 능하고, 염치를 모르며, 몸을 아끼고, 물욕에 눈이 어두운 속물들이다"(마키아벨리, 2005: 138)라고 말했다. 토마스 홉스(Thomas Hobbes)는 이기적 인간관의 확립에 중요한 기여를 하였다. 홉스에게 있어서 인간이란 권력을 위시하여, 부, 명예, 육감적 쾌락, 안락, 지식 등 자신의 이기적 욕망을 끝없이 추구하는 존재이다(Hobbes, 1994: 58-59). 이러한 인간 본성이 방치되었을 때, 인간은 타인을 이용하거나 때로는 희생시켜서라도 자신의 이익을 달성하려 하기 때문에, 모든 사람은 다른 모든 사람에게 적이 되고(Hobbes, 1994: 76), 상호 간의 경쟁심, 타자에 대한 불신감이 형성되며, 필연적으로 경쟁과 갈등이 빚어지게 된다(Trigg, 1988: 60-61). 즉 '만인의 만인에 대한 투쟁'이 벌어지게 된다는 것이다.

욕망의 주체로서의 인간관의 변형으로, 생물학에서는 찰스 다윈(Charles Darwin)에 의해서, 심리학에서는 지그문드 프로이드(Sigmund Freud)에 의해서, 본능의 만족을 추구하는 인간으로서의 인간관이 형성, 발전하게 된다. 경제학에서는 고전경제학자들에 의해서 자신의 경제적 이윤의 극대화를 추구하는 존재로서의 인간관이 발전하였다. 그리고 이성적 인간관과 욕망 추구자로서의 인간관이 결합하게 되면, 자신의 욕망의 충족을 극대화하기 위해서 합리적으로 노력하는 인간이라고 하는 전형적인 근대적 인간관이 출현하게 되는 것이다.

근대적 인간관은 중세 사회에서 억압되어 있었던 인간의 성욕을 포함한 욕망과 감성을 해방시키는 데 기여하였고, 인간 이성에 지극한 가치를 부여하였다. 또한 인간의 존엄성과 자유와 권리 의식의 증대에도 기여하였다. 또한 합리화되고 물질적으로 풍요한 현대사회 형성의 원동력이 되어 주었다. 하지만, 이런 과정에서 상당한 대가를 치르게 된 것도 사실이다.

근대적 인간은 자신을 둘러싸고 있는 세계로부터 근원적으로 분리된 유한한 개체로 자기 자신을 인식하였다. 근대적 인간에게 있어서, 세계란 본래적으로 무의미한 것이며 다만 자신의 욕망 충족을 위한 수단과 도구로서의 의미만을 가질 뿐이었다. 근대인이란 말은 이성을 갖고 있는 욕망의 주체로서의 인간을 지칭한다. 이에 따라서,

현대적인 의미에서 인간다운 인간이란 이성적이며 욕망 충족적인 삶을 살아가는 사람을 지칭하며, 이상적인 사회란 합리적이며 욕망 충족적인 사회를 가리키게 되었다.

근대적 인간관의 바탕 위에서, 현 문명은 합리적이며 욕망 충족적인 사회 건설을 추구하여 왔다. 그 결과로, 과거에는 상상할 수조차 없을 만큼 근대적인 목표를 달성한 현대 문명을 출현시켰다. 우리는 자유의 증대 · 물질적인 풍요와 안락 · 과학과 기술의 진보 · 민주주의의 확립 등을 위시해서 근대가 성취한 수많은 것의 가치를 인정한다. 그리고 그것이 없이는 인간다운 삶의 영위가 불가능하다는 점도 인정한다. 하지만 근대적 인간관과 그에 바탕을 두고 있는 현대 문명은 오늘날 한계에 봉착하였다.

지금도 현대사회는 근대적인 목표의 달성에 매진하고 있다. 그러나 현재의 사회와 문명은 근대적인 목표의 추구와 달성이 오히려 삶의 고통과 불행을 가중시키는 역설적인 상황에 직면해 있다. 예를 들어, 미국 사회를 살펴보도록 하자. 미국은 근대적인 목표의 달성이란 측면에서 볼 때, 가장 많은 성취를 달성한 국가의 하나임이 명백하다. 그러나 자살률, 범죄율, 마약 중독율, 정신병 발병률, 알코올 중독율 등을 포함해서 삶의 고통과 불행의 정도를 나타내는 모든 지수에서 미국은 세계 최고의 수치를 기록하고 있다. 근대적 성취의 정도와 사람들의 불행과 고통의 정도가 미국뿐만 아니라 모든 국가에서 비례관계를 보이고 있다.

양자 간의 이런 이상한 비례관계가 의미하는 것은 무엇일까? 그것은 근대적 인간관이나 세계관이 한때는 낡은 문명을 청산하고 새로운 문명을 건설하는 기반이 되었지만, 지금에 와서는 새로운 문명의 도래를 가로막는 장애물이 되어 버렸다는 것을 뜻한다. 그럼에도 불구하고 현대사회와 현대인은 근대적 인간관에 깊이 고착되어 있으며, 근대적 인간관의 바탕 위에서 인간다운 삶과 바람직한 사회 건설을 위한 노력을 멈추지 않고 있다. 이로 인해서, 현대 문명의 위기는 가파르게 고조되고 있다.

바로 이런 이유로 근대적 인간관은 새로운 문명 형성의 기반이 될 수 없다. 새 술은 새 부대에 담아야 하듯이, 우리는 새로운 문명을 담을 수 있는 새로운 인간관을 절실히 필요로 한다. 유교 인간관은 이런 시대의 요구에 부응할 수 있는 탈현대적 인간관의 특징을 내포하고 있다.

Ⅲ. 유교 인간관이 탈현대 문명의 기반이 될 수 있는 이유

유교 인간관은 어떻게 탈현대 문명의 기반이 될 수 있는가? 유교 인간관이 탈현대 문명의 기반이 될 수 있는 것은 '총체적 존재로서의 인간 인식'이라는 특징을 유교 인간관이 갖고 있기 때문이다. 동서양을 막론하고 역사 속에 출현한 대부분의 인간관들은 인간의 세속적인 측면이나 자기 초월적인 측면 중에서 한 가지만을 강조하는 경향성을 갖고 있다. 이에 반해서, 유교 사상가들은 인간의 모든 측면을 수용하는 총체적 존재로서의 인간관을 발전시켰다. 바로 이런 유교 인간관의 특징이 새로운 문명의 기반이 될 수 있는 주요한 근거가 된다.

유교 사상가들은 인간이 지니고 있는 어떤 특징에 대해서도 부정하거나 거부하는 태도를 보이지 않았다. 인간의 욕망에 대한 유교의 입장을 살펴보자. 공자나 맹자孟子는 욕심을 줄일 것(寡欲)을 주장했지만 무욕無欲이나 멸욕滅欲은 말한 적이 없다. 그들은 인간이 자연스럽게 갖고 있는 욕망이나 감각적인 즐거움을 죄악시하지 않았다.

공자는 여러 차례에 걸쳐서 "나는 덕을 좋아하기를 여색을 좋아함과 같이 하는 사람을 보지 못하였다"[2]고 말하였다. 이 말 속에는 남녀가 서로 좋아하는 감정을 사람의 자연스러운 본성으로 수용하는 태도가 담겨 있다. 또한 『논어論語』의 여러 군데에서, 공자가 술과 음식, 음악을 즐기는 장면이 묘사되어 있는데, 이는 인간의 욕망과 감각적 즐거움에 대한 선진 유교의 입장을 잘 보여 준다.

『맹자』, 「양혜왕상梁惠王上」편을 보면, 맹자가 묘사하고 있는 이상사회는 물질적인 측면에서 보았을 때, 백성이 굶주리거나 추위에 떨지 않고, 오십이 넘은 사람이 비단옷을 입을 수 있으며, 칠십이 된 노인이 고기를 먹을 수 있는 사회이다. 인간의 기본 욕망의 충족은 유교적인 이상 사회의 중요한 요소이고, 인간다운 삶과 도덕적인 사회 건설의 전제로 간주된다.

공자나 맹자는 명예욕이나 지위욕과 같은 사회적 욕망에 대해서도 부정적인 입장을 갖고 있지 않았다. 부귀를 구하고, 관직을 얻는 것을 공자는 부끄러운 일이라고 생각하지 않았다. "여기에 아름다운 옥玉이 있을 경우, 이것을 궤 속에 넣어 감추어 두시겠습니까? 아니면 좋은 값을 구하여 파시겠습니까?"[3]라는 자공子貢의 질문에, 공자

---

2) 『論語』, 「子罕篇」, "吾未見好德如好色者也."

는 "팔아야지, 팔아야지. 그러나 나는 좋은 값을 기다리는 자이다"[4] 라고 대답하였다. 공자는 "부富와 귀貴는 사람들이 하고자 하는 바이다"[5]라고 하였고, 맹자도 역시 "사람으로서 부하고 귀하게 되는 것을 원하지 않는 사람이 누가 있겠는가!"[6]라고 하여, 부귀에 대한 욕망은 모든 사람에게 자연스러운 것임을 말하였다.[7]

인간의 자연스러운 정감에 대한 유교의 태도도 이와 유사하다. 인의예지仁義禮智의 발현으로서의 사단四端, 즉 측은해하는 마음(惻隱之心), 부끄러워하는 마음(羞惡之心), 사양하는 마음(辭讓之心), 분별하는 마음(分別之心)과 같은 도덕적인 정감은 물론이고, 기쁨(喜), 분노(怒), 슬픔(哀), 즐거움(樂)과 같은 정감에 대해서도 결코 이를 부정적인 눈으로 바라보지 않았다.[8] 이들은 다만 이러한 정감들이 주어진 상황에 맞게 발현되어야 함을 주장할 뿐이다.[9]

이렇듯 유교 사상가들은 인간의 자연적인 욕구, 감각적 즐거움이

---

3) 『論語』, 「子罕篇」, "有美玉於斯, 韞匵而藏諸? 求善賈而沽諸?"

4) 『論語』, 「子罕篇」, "沽之哉! 沽之哉! 我待賈者也."

5) 『論語』, 「里仁篇」, "富與貴是人之所欲也."

6) 『孟子』, 「公孫丑下篇」, "人亦孰不欲富貴."

7) 『論語』, 「述而篇」에서 공자는 "만일 부를 구해서 될 수 있다면, 내 말채찍을 잡는 자의 짓이라도 내 또한 그것을 하겠다"(富而可求也, 雖執鞭之士, 吾亦爲之.)라고 하였다.

8) 『論語』, 「先進篇」에서 안연顔淵의 죽음에 닥쳐서 공자가 "아! 하늘이 나를 망하게 하였구나! 하늘이 나를 망하게 하였구나!"(噫! 天喪予! 天喪予!)라고 애통해하는 모습에서, 슬픈 마음을 지나치게 억압하지 않는 유교의 관점을 읽을 수 있다.

9) 『論語』, 「八佾篇」에 나오는 "즐거우면서도 지나치지 않고, 슬프면서도 화和를 해치지 않는다"(樂而不淫, 哀而不傷)라고 하는 구절은 감정의 표현에 있어서의 적도를 강조하는 말이다.

나 부귀와 명예를 구하는 마음 그리고 자연스런 정감을 근본적으로 긍정하였지만, 이러한 것들을 삶의 궁극적인 목표나 추구의 대상으로 삼은 것은 아니었다.[10] 행복하고 인간다운 삶을 영위하기 위한 조건으로 기본적인 욕망의 충족이 이루어져야 하겠지만, 어느 정도 욕망의 충족을 이루고 나면 더 높은 삶의 목표를 추구하여야 한다.[11] 욕망을 궁극적인 목표로 삼고 이를 추구하는 삶을 살아간다면 진정한 자기실현을 이룰 수 없으며, 세상에도 해악을 끼치게 된다.[12]

욕망에 대한 긍정과 추구는 그것이 도道와 어긋나지 않는다는 전제하에서만 용인되었다.[13] 즉, 자기 수양을 통해서 내면의 도덕적인 본성을 자각하고 실현한다는 것은 인생의 궁극적인 목적이고, 여타 욕구의 충족이란 이것을 위한 과정적이고 수단적인 의미를 가지며

---

10) 『論語』, 「學而篇」에서는 "군자는 먹음에 배부름을 구하지 않으며, 거처할 때에 편안함을 구하지 않는다"(君子 食無求飽, 居無求安.)고 하였다.

11) 『論語』, 「子路篇」에 나오는 다음 구절은 이런 공자의 관점을 잘 보여 준다. "공자가 위衛나라에 가실 때에 염유冉有가 수레를 몰았다. 공자가 '백성들이 많기도 하구나'하셨다. 염유가 '이미 백성이 많으면 또 무엇을 더하여야 합니까?'하고 묻자, '부유하게 해 주어야 한다' 하셨다. '이미 부유해지면 또 무엇을 더하여야 합니까?'하고 묻자, '가르쳐야 한다' 하셨다."(子適衛, 冉有僕. 子曰, "庶矣哉!" 冉有曰, "旣庶矣, 又何加焉?" 曰, "富之." 曰, "旣富矣, 又何加焉?" 曰, "敎之.")

12) 『論語』, 「里仁篇」, "放於利而行多怨." 또한 『孟子』, 「梁惠王上篇」에서, 맹자 사람들이 이利를 추구의 대상으로 삼았을 경우, 결국 사회 질서는 와해되고, 사람들의 삶은 도탄에 빠질 것임을 말한다. 맹자는 이렇게 말했다. "왕께서 어떻게 하면 내 나라를 이롭게 할까 하시면, 대부들은 어떻게 하면 내 집안을 이롭게 할까 하며, 선비와 서인들은 어떻게 하면 내 몸을 이롭게 할까 하여, 윗사람과 아랫사람이 서로 이利를 취한다면 나라가 위태로울 것입니다."(王曰, '何以利吾國?' 大夫曰, '何以利吾家?' 士庶人曰, '何以利吾身?' 上下交征利而國危矣.)

13) 『論語』, 「里仁篇」, "富與貴是人之所欲也. 不以其道得之不處也."

이것과 배치되지 않는 한에서 받아들여지는 것이다.[14] 공자는 "나라에 도가 있을 때에는 가난하고 천한 것이 부끄러운 일이며, 나라에 도가 없을 때에는 부유하고 귀한 것이 부끄러운 일이다"[15]라고 했다. 맹자는 "배부르게 먹고, 따스한 옷을 입고서, 편안하게 거처하기만 하고 가르침이 없다면, 이것은 금수에 가까운 것이다"[16]라고 하였다.

유교는 도덕적인 본성의 자각과 실현에 바탕 한 존재의 변화, 현재의 존재 상태로부터의 초월을 강조하지만, 유교의 초월은 육체적이고, 감정적이며, 사회적인 자기 존재에 대한 부정을 통한 초월이 아니라 이러한 존재 가운데서의 초월이다. 바로 이런 점에서, 유교의 초월은 동양의 불가佛家나 도가道家 또는 서양의 현세적 자아의 초월에 대한 철학과 구분되는 독특한 특징을 보인다. 유교는 다양한 인간 본성을 근본적으로 긍정하는 가운데, 성정性情의 조화를 포함해서 다양한 인간 본성과 도덕적인 본성과의 합체를 추구한다.

바로 이런 맥락에서, 공자는 화和와 중용中庸을 강조하였다. 인간의 욕망이나 감정을 극단적으로 억압하는 가운데 '참된 자기'를 해방시키려는 노력이나, 이와 반대로 '참된 자기'를 방치한 채 낮은 단계에서의 욕망의 충족에만 매달리는 삶은, 유교적인 관점에서 볼 때 모두 비인간화를 초래하게 된다. 인간이 갖고 있는 상이한 특징들이 조화를 이룰 때, 비로소 현실적인 의미에서의 인간다움에 이를 수

14) 『論語』, 「述而篇」에서 공자는 "거친 밥을 먹고 물을 마시며 팔을 굽혀 베더라도 낙樂은 또한 그 가운데 있으니, 의롭지 못하고서도 부하고 또 귀함은 나에게 있어 뜬구름과 같으니라"(飯疏食飮水, 曲肱而枕之, 樂亦在其中矣. 不義而富且貴, 於我如浮雲.)라고 하였다.

15) 『論語』, 「泰伯篇」, "邦有道 貧且賤焉 恥也 邦無道 富且貴焉 恥也."

16) 『孟子』, 「滕文公上篇」, "飽食煖衣 逸居而無教 則近於禽獸."

있는 것이다.

총체적 인간관으로서의 유교 인간관은 탈현대의 새로운 문명 건설을 위한 좋은 기반을 제공해 줄 수 있다. 근대적 인간관과 같이 인간의 세속적인 측면만을 강조하는 인간관은 현재 사회에서 보는 바와 같이, 근대적인 의미에서의 발전의 추구와 달성이 저발전을 초래하는 역설적인 상황에 직면하고 있을 뿐만 아니라, 인간의 자기 초월적인 측면에 대한 억압을 초래한다. 그러므로 인간의 세속적인 측면만을 강조하는 인간관은 탈현대 문명 건설의 기초가 될 수 없다.

또한 불가나 도가와 같이 인간의 자기 초월적인 측면만을 강조하는 인간관의 경우, 욕망 충족적인 문명의 달성이라고 하는 근대적인 성취 자체에 대한 부정으로 이어지게 된다. 이는 근대적인 성취의 기반 위에서 탈현대의 새로운 문명을 건설해 나가야 하는 현재의 상황과 조화를 이루기가 힘들다. 현대의 욕망 충족적인 문명에 익숙해 있는 현대인으로서는, 또한 욕망의 충족을 추구하는 인간의 상정常情을 염두에 둘 때, 자기 초월적인 측면만을 강조하는 인간관은 지금과 정반대의 인간에 대한 억압과 불행을 초래하게 될 것이다.

Ⅳ. 유교 인간관과 새로운 삶과 문명의 설계

앞 장에서 살펴보았듯이, 선진 유교 사상가들은 총체적 인간관이라고 하는 독특한 특징을 갖고 있는 인간관을 형성하였다. 공자나 맹자는 인간이 갖고 있는 세속적인 측면들을 긍정하면서도 초월적인 측면들을 추구해야 한다고 주장하였다. 그렇다면 유교 인간관이 갖고 있는 이런 특징이 탈현대의 새로운 삶과 문명을 설계하는 데 어떻게 기여할 수 있을 것인가? 유교 인간관이 탈현대 문명 건설에 기여할 수 있는 점은 크게 두 가지로 나누어 볼 수 있다. 하나는, 유교 인간관이 새로운 삶과 문명의 목표를 제시할 수 있다는 점이고, 다른 하나는 욕망에 대한 적절한 관점을 제공할 수 있다는 점이다.

첫째, 유교 인간관은 탈현대의 삶과 문명이 지향해야 할 새로운 목표를 제시할 수 있다. 현재는 문명의 대전환기임에도 불구하고, 현대인과 현대사회는 급속히 과거가 되어가고 있는 근대적 세계관에 고착되어 있다. 이로 인해서, 현재 지구상에는 낡은 세계관과 새로운 사회구조 간에 격심한 문명의 충돌이 일어나고 있으며, 인류 문명은 과거 어느 때보다도 절박한 위험에 직면하고 있다. 상황이 이러하기 때문에, 근대적 세계관의 틀을 벗어나서 새로운 삶과 문명의 지향점을 정립한다는 것은 이 시대가 요구하는 절박한 과제이다. 유교 인간관은 바로 이런 의미에서 탈현대 문명 건설의 기반이 될 수 있다.

유교 인간관이 제시하는 새로운 삶의 목표는 수신修身을 통해서 '눈부시게 아름다운 나'를 자각하고 실현하는 것이다. 우리는 부유함을 좋아하고, 외모를 아름답게 가꾸고자 하며, 쾌락을 얻고자 한다. 또한 우리는 명예나 인기, 권력을 얻고자 한다. 하지만 유교 인간관의 관점에서 볼 때, 이런 것들은 더 이상 삶의 궁극적인 목표가 될 수 없다. 『대학大學』에 보면, "천자로부터 서인에 이르기까지 하나같이 모두가 자신의 몸을 닦는 것으로써 근본을 삼는다"[17]는 구절이 있는데, 이것은 우리 모두가 각자 자신에 내재하여 있는 '아름다운

17) 『大學』, 「經文」, "自天子以至於庶人, 壹是皆以修身爲本."

나'에 대한 자각과 실현을 위한 노력을 기울이는 것을 의미한다.

현대사회에서, 대다수의 사람과 모든 국가는 현재보다 더욱 부유해지는 것을 궁극적인 목표로 삼고 있다. 가난한 사람이나 가난한 국가가 가난의 극복을 현재의 목표로 삼는 것은 수긍할 수 있는 일이다. 그러나 이미 어느 정도 부유한 사람이나 부유한 국가가 더욱 부유해지는 것을 목표로 삼고 있는 것은 상식적으로 납득하기 힘든 현상이다. 이런 현대적 노력에 내포되어 있는 비합리성은 명백하다.

제도나 절차상의 합리성이나 성욕이나 소유욕을 포함한 욕망의 충족은 인간다운 삶을 살아가기 위해서 꼭 필요한 것들이다. 하지만 이런 것들이 삶과 문명의 궁극적인 목표가 될 수는 없다. 현대의 비극은 이들 수단적인 것들을 궁극적인 목표로 간주하는 데서 비롯된 것이다. 이런 착각으로 인해서 현대인의 삶과 문명은 합리성과 욕망의 충족이라는 낮은 단계에 고착되어 있으며, 욕망의 충족을 무한대로 추구함으로써 온갖 형태의 비인간화와 생태계의 붕괴나 모든 관계의 파탄을 비롯한 문명의 위기에 직면하고 있는 것이다.

이성적인 존재로서 그리고 욕망의 주체로서 인간을 전제하는 근대적 인간관의 틀을 벗어나지 않는 한, 논리적으로 현대 문명이 현재의 위기를 벗어날 수 있는 길은 없는 것 같다. 어느 정도 이 사회가 합리화되고 어느 정도 욕망이 충족되었다면, 우리의 삶과 문명은 이에 기반하여 더 높은 목표를 추구하여야만 한다. 그러나 현대를 지배하고 있는 근대적 인간관은 이런 삶과 문명의 목표의 전환을 가로막는 장애물이 되어 버렸다.

유교 인간관은 어느 정도 의식衣食이 충족되었다면, 그 다음에는 인간의 진정한 자기실현을 위해서 수신에 매진하여야 함을 주장한다. 유교의 관점에서 볼 때, 인간은 너무나도 아름다운 존재이다. 그러나 인간의 아름다움이 영악스러움이나 감각적인 향락을 즐기는 모습에서 확인될 수 있는 것은 아니다. 인간이 아름다운 것은, 아름다운 것의 아름다움을 느낄 수 있기 때문이고, 약하거나 고통에 빠져 있는 존재를 보면 측은한 마음을 일으킬 수 있기 때문이고, 천리天理의 유행과 합치하는 삶을 살아갈 수 있기 때문이고, 상대편의 잘못을 관대하게 보아줄 수 있기 때문이고, 높은 곳에 처해서도 겸손할 수 있는 존재이기 때문이다.

이런 의미에서, 인간의 아름다움을 자각하고 실현하는 것이야말로 유교적인 삶의 궁극적인 목표이다. 유교가 갖고 있는 이런 입장은 막다른 길에 봉착해 있는 현대 문명에 새로운 출구를 보여 준다. 새로운 삶과 문명의 건설을 위해서, 유교가 제시하는 비전의 핵심은 우리들의 존재 차원을 수직적으로 상승시키는 일에 우리의 관심과 노력을 집중하라는 것이다.

둘째, 유교 인간관은 인간이 갖고 있는 자연스런 욕망에 대해서 온건하면서도 합리적인 입장을 제시해 줄 수 있다. 욕망에 대한 유교의 관점은 양 극단을 벗어나 있다. 쾌락주의라고 명명할 수 있는 현대의 사조에서와 같이, 성욕이나 소유욕을 궁극적인 삶의 목적으로 삼고 무제한적으로 이를 추구하는 것에 대해서 유교는 비판적인 입장을 취한다. 유교의 관점에서 보면, 이것은 인간을 너무 낮추어 보는 데서 비롯되는 것이다.

이와 반대로, 욕망 자체를 부정하는 금욕주의에 대해서도 유교는 비판적이다. 인간이 느끼는 욕망을 죄악으로 간주하고, 절욕과 멸욕을 주장한다면, 이는 결국 인간의 생존 자체를 어렵게 한다. 뿐만 아니라, 자연스런 욕망을 갖고 있는 인간이 금욕주의적 사조 아래서 실제적으로 행복하고 만족스런 삶을 영위하는 것은 거의 불가능한 일이다.

쾌락주의와 금욕주의라는 두 가지 사조는 상반된 주장을 담고 있지만 논리적인 측면에서 보면 유사성을 갖고 있다. 즉, 인간의 한 가지 측면을 잡아서 이를 인간다움의 의미로 각각의 입장을 세우고, 기계적이고 기하학적인 방식으로 인간을 재단해 나간다는 것이다. 그 결과, 어떤 입장을 취하건 간에, 현실의 인간은 비인간화와 불행에서 벗어나기가 힘들다.

이에 반해서, 유교의 욕망에 대한 입장은 온건하고 합리적이며 현실의 인간을 존중한다. 유교에서는 성욕, 식욕, 소유욕, 지위와 명예에 대한 욕을 포함해서 인간이 갖고 있는 모든 욕망을 긍정적인 눈으로 바라본다. 하지만 이를 달성하는 것을 삶과 문명의 궁극적인 목표로 간주하는 것은 아니다. 욕망이란 소중하고 좋은 것이다. 하지만 욕망은 무한히 추구되어야 할 궁극적인 목표가 아니라 적절한 선에서 만족하여야 할 수단적인 것이다. 그러므로 유교에서는 욕망에 대한 절제를 강조한다.

현대 문명이 결여하고 있는 것이 바로 절제, 즉 '적절한 선에서 멈춤'의 지혜이다. 쾌락주의, 물질주의, 자본주의 등과 같은 말은 모두 욕망을 하나의 궁극적인 목표로 추구하여야 한다는 신조이며, 이것이 현대인의 삶의 불행과 문명의 위기를 초래하는 원천이 되고 있다. 로마제국 말기의 귀족들은 욕망의 무제한적인 만족을 추구하였다. 그들은 먹는 즐거움을 더 많이 누리기 위해서 향연이 벌어지는 장소에는 언제나 먹은 것을 토해 내는 항아리가 비치되어 있었다고 한다. 그러나 맛을 추구하던 로마의 귀족들이 마침내 도달한 곳은 끝없는 맛의 세계가 아니라 모든 맛의 상실이었다. 그들은 하루 종일 땀을 흘린 농부가 거친 음식을 삼키면서 느꼈을 진정한 맛을 결코 느낄 수 없게 되어 버렸다.

현대의 상황도 로마제국 말기와 유사하다. 수많은 성적 자극에 노출되고 성적인 쾌락을 추구하는 현대의 젊은이들이 마침내 도달하는 곳은 불감증이다. 그들은 점점 더 자극적인 것을 찾다가 마침내 어떤 것에도 만족하지 못하는 불감증 환자가 되어 버린다. 이제는 몸매도 예전 같지 않고 피부도 주름진 사오십 대의 부부가 가끔씩 갖는 평범한 성생활에서 느끼는 만족을 그들은 느낄 수 없다.

유교 사상가들은 멸욕이나 금욕을 말하지 않았다. 하지만 욕망을 궁극적인 추구의 대상으로 삼지도 않았다. 적당한 선에서 만족할 줄 알며, 멈출 줄 아는 것이 유교가 제시하는 욕망에 대한 건전한 태도이다. 우리는 근대적인 성취들을 모두 팽개치고서 탈근대로 나아갈 수는 없다. 또한 근대적인 성취 속에 묻혀서 탈근대로 나아갈 수도 없다. 바로 이런 시대적 상황 속에서, 유교의 욕망에 대한 태도는, 근대적인 성취의 바탕 위에서 탈근대의 새로운 삶과 문명을 건설하여야 하는 시대의 요구에 부응하는 욕망에 대한 건전한 입장을 제공해 줄 수 있다.

참고문헌

『論語』. 1989. 學民文化社(影印本).

『大學』. 1989. 學民文化社(影印本).

『孟子』. 1989. 學民文化社(影印本).

르네 데카르트(Rene Descartes). 1983. 『방섭서설 · 성찰 · 데까르뜨 연구』. 최명관 옮김. 서광사.

마키아벨리(Niccolo Machiavelli). 2005. 『군주론』. 정영하 옮김. 산수야.

신오현. 1990. "르네상스 휴머니즘과 철학." 신오현 외 6인 공저. 『르네상스 휴머니즘의 현대적 의의』. 영남대학교출판부.

양더(楊的). 1997. 『동서인간론의 충돌』. 노승현 옮김. 백의.

최명관 역저. 1983. 『방섭서설 · 성찰 · 데까르뜨 연구』. 서광사

홍승표. 2002. 『깨달음의 사회학』. 예문서원.

Hobbes, Thomas. 1994. *Leviathan.* Indianapolis, Indiana: Hackett Publishing Company, Inc..

Mirandola, Giovanni Pico Della. 1948. "Oration on the dignity of man." In The Renaissance Philosophy of Man, edited by Ernst Cassirer, Paul Oskar Kristeller, and John Herman Randall, Chicago: The University of Chicago Press.

Trigg, Roger. 1988. *Ideas of Human Nature: An Historical Introduction.* Oxford, UK: Basil Blackwell.

유교 수양론과 탈현대

이상린

Ⅰ. 유교 수양론이 탈현대에 무엇을 기여할 것인가?

유교의 수양론修養論이 탈현대脫現代[1]의 시대에 무엇을 기여할 것인가? 이러한 물음은 탈근대로의 전환기인 현시점에서 다가올 탈현대의 새로운 사상적인 기초를 구성하기 위해 충분히 가능한 물음이다. 그러나 이러한 물음에서 비롯된 학문적인 시도는 또한 학문의 안팎으로부터 거센 비판에 직면하지 않을 수 없다. 수 년 전 『공자가 죽어야 나라가 산다』라는 선정적인 제목의 책이 우리 사회에 상당한 반향을 불러일으켰던 사실에서 볼 수 있듯이, 유교는 하루 빨리 청산되어야 할 과거의 잔재라는 생각이 일반인들에게 널리 퍼져 있다. 또한 오늘의 문제를 넘어서 다가올 시대를 대비하고자 하는

1) 이 글에서 사용하는 '탈현대'라는 용어는 '현대' 이후라는 단순한 시간적 의미가 아니다. 여기에서의 '탈현대'란 이전과는 다른 세계관에 기초한 새로운 문명의 시기를 의미한다.

탈현대의 과제를 현대와는 매우 다른 배경에서 형성된 유교를 통해 해결하고자 한다면, 먼저 그 엄청난 시간과 현실의 간격을 어떻게 극복할 것인가라고 반문할 것이다.

이러한 생각과 반문은 우리로서는 넘기 힘든 높은 벽처럼 느껴지는 것이 사실이다. 그럼에도 불구하고 우리는 왜 유교의 수양론을 빌어 탈현대라는 쉽지 않은 과제의 실마리를 찾으려 하는가? 그것은 우리가 유교를 맹목적으로 추종하려거나 부활시키려는 의도를 전혀 가지고 있지 않기 때문이라고 대답할 수 있다.

사상이라는 것은 현실을 재구성再構成하는 것이기에 현실을 이루고 있는 그 조건들이 달라짐에 따라 부침과 성쇠를 함께한다. 그러나 현실을 이루는 조건들이 달라진다 해도 그 속에서 살아가는 인간존재 자체가 완전히 달라지는 것은 아니다. 그래서 우리는 현실의 조건에 지나치게 경도傾倒된 나머지 문제가 생기게 되면 과거의 사상들로 되돌아가 묻기도 하고 답을 구하기도 한다. 이러한 예를 찾는 것은 그다지 어렵지 않다. 중세에서 근대를 연 르네상스의 세계관이 근대와는 성격을 달리하는 서양 고대의 세계관에 근거하고 있다. 그리고 1970년대 미국을 중심으로 현대과학에 대한 반성적 사고와 의식의 전환을 통해 새로운 세계관을 모색하려 했던 과학사상운동인 신과학 운동(New science Movement) 또한 이러한 예가 될 수 있다. 왜냐하면 그들은 자신들이 지향하는 새로운 과학적 세계관을 모색하는 과정에서 『주역』의 이론, 도道 등과 같은 동양의 고대古代 사상思想들로부터 적지 않은 이론적 모델을 구했기 때문이다. 우리가 유교의 수양론을 통해 탈현대의 과제를 풀어보려는 의도 또한 이와 다르지 않다.

그래서 우리는 여기서 다음과 같은 과정을 통해 '유교가 탈현대에 무엇을 기여할 것인가?'에 대한 물음에 대답해보고자 한다. 먼저 현대를 살아가는 우리의 문제가 무엇인지를 살펴볼 것이다. 이 문제를 통해 우리는 탈현대가 지향해야 할 방향을 모색하게 될 것이다. 그리고 유교가 그 방향과 부합할 수 있는지 그 이념을 통해 검정하게 될 것이다. 다음으로 현대와 유교의 인간에 대한 이해가 어떠한지를 살펴볼 것이다. 이 과정은 다음에 기술하게 될 수양론에 대한 예비적 고찰이기도 하지만, 탈현대의 방향이 우리 자신의 내적 변모와 어떻게 연관되는지를 살펴보는 계기가 될 것이다. 마지막으로 유교의 수양론이 어떤 것이며, 그것이 오늘의 문제를 해결하는데 어떤 의의를 가지는지 살펴보고자 한다.

Ⅱ. 현대의 문제와 유교의 이념

오늘의 현실을 살펴볼 때 인류 공통의 문제는 다음과 같은 세 가지로 요약될 수 있을 것이다. 그 하나는 무분별한 개발로 인한 환경의 파괴와 오염이며, 다른 하나는 치열한 경쟁으로 인한 인간 상호간의 갈등과 대립이며, 나머지 하나는 합리적 사고와 삶을 강요하는 데서 오는 심리적 압박으로 인한 정신질환자, 알코올중독자, 마약중독자와 같은 인격 장애자의 급증이다.

우리는 이 문제 앞에서 한 가지 떨칠 수 없는 의문을 갖게 된다. 그것은 어느 시대 어느 곳에서도 결코 이러한 현실을 원하지 않았을 뿐만 아니라, 오히려 이것을 떨쳐버리려고 노력해 오지 않았느냐 하는 것이다. 다시 말해서 인간은 아름다운 자연환경 속에서 서로 사랑하며 즐거운 마음으로 사는 것을 이상理想으로 여기며, 이러한 이상을 성취하기 위해 진력盡力해 왔다는 것이다. 그리고 지금 우리가 그토록 강조하고 있는 '합리적 사고와 삶'이라는 것도 바로 이러한 이상을 실현하기 위한 사고이며 삶이지 않는가.

지금의 문제만을 놓고 본다면 우리는 잘못된 길을 잘못되었다는 것도 모르고 걸어온 어리석은 존재였다는 비판을 면할 수 없게 된다. 하지만 어느 누구도 불행해지기를 바라지 않는다. 따라서 결과만을 놓고 무비판적으로 우리가 걸어온 길을 잘못되었다고 하는 것은 아무런 의미가 없다. 지금 우리가 직면하고 있는 이 문제들을 극복하기 위해서도 지나온 길을 되짚어보지 않을 수 없다.

지금은 우리가 '자연보호'를 외치지만, 사실 자연은 우리에게 있어 결코 우호적이었다고 말하기 어렵다. 때 없이 찾아오는 가뭄과 홍수, 그리고 전염병과 같은 자연의 재해 앞에 인간은 속수무책으로 당할 수밖에 없었다. 자연의 힘 앞에 인간은 자신의 무력함을 절감하면서, 자연을 정복하지 않으면 더 이상 자신의 삶이 안전할 수 없다고 생각했다. 그래서 '인간'에게 있어 '자연'은 그의 삶에 적합하도록 '개조'되어져야 할 '대상'이 되었다.

자연이 이러한 과정을 거쳐 인간과 대립하게 된 것처럼 인간이 서로 대립하게 되는 과정 또한 이와 다르지 않다. "개체가 전체에 선행한다"는 것이 근대성의 강령(윤평중, 1999: 36)이라고 하는 것은 적어도 근대 이전의 인간에게는 한 개인으로서의 주체성이 보장되지 않았다는 것이다. 이것은 전통과 관습, 그리고 신분과 같은 전체성 속에서 개인의 자유와 개성이 무시되었다는 것을 의미한다. 근대성의 강령이라는 것은 바로 무시되었던 '개인'의 그 '자유와 개성'을 찾겠다는 선언이었다.

인간이 이처럼 자연과 맞서 싸우고 개인의 주체성을 확립하기 위해서는 축적되어진 경험으로부터 지식을 추출해 내고 스스로 책임 있는 행동을 할 수 있어야 했다. 그러기 위해서는 무엇보다 '이성'을 '강조'하지 않을 수 없었다. 왜냐하면 '상대적'이고 '가변적'인 '감성'에 의존해서는 이러한 목적을 이룰 수 없기 때문이다.

이상에서 보는 것처럼 지금 우리가 직면하고 있는 이 문제는 이전의 문제들을 해결하는 과정에서 생겨난 어쩔 수 없는 결과물이라고 하지 않을 수 없다. 그렇다면 우리가 걸어온 이 길 속의 어떤 것이 이러한 결과에 이르게 한 것일까? 그것은 우리의 길에 잠재되어 있는 '대립적對立的 관념觀念'이라고 할 수 있다. 자연에 대한 정복은 자연과 인간이 '대립'하게 하고, 자유와 개성의 강조는 '인간 상호간의 대립'을 낳았으며, 합리적 사고의 강조는 '이성과 감성의 대립'을 가져왔다. 이와 같은 세 가지의 대립축이 현대문명사회의 기본적인 틀 내지는 패러다임임(오영환, 1997: 62)과 동시에 오늘의 문제를 야기한 근본원인이라고 할 수 있다.

그리고 대립은 상대를 굴복시키는 것을 전제로 한다. 이것은 지금까지 우리가 걸어온 길이 표면적으로는 합리적인 사고를 내세우고 있지만, 그 이면에는 힘의 논리가 지배해 왔다는 것을 의미한다. 그래서 우리가 양보나 겸손, 그리고 희생과 같은 행위를 미덕으로 부르짖고 있으나, 그것들이 실천에 옮겨지지 않을 뿐만 아니라, 흔히 약자의 논리로 곡해되는 것도 바로 이런 이유 때문이라고 할 수 있을 것이다.

현대문명에 내재하고 있는 이 '대립의 길'에 비해 유교는 우리에게 어떤 길을 제시하고 있는 것일까? 그 이념을 통해 우리는 그 길을 더듬어 볼 수 있을 것이다.

일반적으로 유교의 이념은 '인간중심주의人間中心主義'라고 말한다(김만겸, 2005: 62-67). 『논어』에 나오는 다음과 같은 공자의 일화는 이러한 사실을 단적으로 보여주는 예라고 할 수 있다.

> 마구간에 불이 났다. 공자가 조회에서 돌아와 물었다. "사람이 다쳤느냐?" 하지만 말에 대해서는 묻지 않았다.[2)]

마구간에 불이 났다면, 먼저 '말을 얼마나 잃었느냐?'라고 묻는 것이 당연한 순서이다. 그럼에도 공자는 다친 사람이 없느냐고 묻고, 말에 대해서는 전혀 언급을 하지 않았다. 이것은 공자가 다른 무엇보다 사람을 소중히 여기고 있다는 단적인 예가 된다.[3)] 이러한 의미에서 유교는 인간중심주의라고 할 수 있다.

그러나 유교에서 인간이 다른 무엇보다 소중하다고 했을 때의 그 의미는 인간이 다른 모든 것을 우선해 절대적 가치를 가진다는 것은 아니다. 그것은 유교가 그 만큼 인간, 즉 '타인'을 '배려'하는 마음이

---

2) 『論語』, 「鄕黨」, "廏焚 子退朝曰 傷人乎 不問馬."

3) 이와 같은 예는 은자들이 자신들처럼 은거해 살 것을 권하는 말에 공자가 다음과 같이 대답한 것에서도 찾을 수 있다. "조수는 같이 무리를 지어 살 수 없는 것이다. 내가 이 사람의 무리가 아니고서 누구와 함께 하겠는가?" 『論語』, 「微子」, "鳥獸不可與同群 吾非斯人之徒而誰與."

크다는 것을 뜻한다. 따라서 유교의 인간중심주의란 인간 그 자체를 모든 존재의 중심에 세우는 것이 아니라, 인간을 '배려'하는 그 마음을 모든 가치에 최우선시킨다는 것이다.

이와 같은 이념은 유교에서 가장 중요시하는 예禮의 정신에도 그 맥이 이어져 있다.

> 안영晏嬰이 노나라로부터 초빙을 받았는데, 당堂에 오를 때 종종걸음으로 걸으며, 옥玉을 받을 때 무릎을 꿇었다. 자공子貢이 이를 이상하게 여겨 공자에게 물었다.
> "안영은 예禮를 안다고 할 수 있습니까? 오늘 안영이 노魯나라에 초빙되어 와서 당에 오를 때는 종종걸음으로 걸으며, 옥을 받을 때는 무릎을 꿇었는데 어떻습니까?"
> 공자가 말했다. "거기에는 까닭이 있을 것이다. 그가 나를 보러오기를 기다렸다 내가 물어볼 것이다." 얼마 있지 않아 안영이 이르자 공자가 그것에 대해 물었다.
> 안영이 이렇게 대답했다. "대체로 당에 오르는 예禮는 임금이 한 걸음을 옮기면 신하가 두 걸음을 옮기는 것입니다. 그런데 이제 임금께서 빠르게 걷는데 소신이 어찌 종종걸음을 치지 않을 수 있겠습니까? 그리고 이제 임금께서 예물을 주시는데 몸을 낮추시니, 소신이 어찌 무릎을 꿇지 않을 수 있겠습니까?"
> 공자가 말했다. "착하구나, 예禮 가운데 또 예禮가 있음이로다. 자공이 사신으로는 부족한 사람이니 어찌 예를 안다고 할 수 있으리오."(韓嬰, 2005: 142-143)

우리가 예에 대해 갖고 있는 일반적인 관념은 그것이 반드시 지켜져야 할 행위의 준칙이며 규범이라는 것이다. 그리고 이런 예禮가 우리에게 왜 주어지는가 하고 묻는다면 이렇게 대답할 수 있을 것이다. 우리는 누구나 자기 자신의 처지나 입장을 먼저 고려하기 때문에 상대의 마음을 다치게 하고, 그로 인해 서로간의 반목과 다툼이 일어나게 된다. 그러므로 유교에서 강조하는 예는 사람 상호간의 안정된 질서를 유지시키려는 의도가 깃들여 있다고 말할 수 있을 것이다(라오스광, 1986: 64-65).

이런 의미에서 보면 예는 자율적인 것이라기보다는 외부로부터 규제되어지는 '강제적인 성격'이 강하다. 하지만 위에서 본 안영의 행위와 그에 대한 공자의 언급을 보면, 결코 예가 단순한 '외적 규제'만이 아님을 알 수 있다. 예의 규정에 따르면 당에 오를 때에는 임금이 한 걸음을 떼면 신하가 두 걸음을 떼야 하며, 예물을 내릴 때에는 신하가 허리를 굽혀 그 예물을 받아야 한다. 그런데 지나치게 빠른 걸음을 걷고, 자세를 낮추어 예물을 내리는 임금에게 신하가 예절에 따라 행동을 한다면, 임금이 경망스럽고 비천한 사람으로 보이도록 만들게 된다. 공자가 안영이 예를 어겼음에도 불구하고 "착하다"고 한 것은 그 행위를 두고 한 것이 아닌 그 마음을 두고 말한 것이다.

이것은 예가 인간의 삶에 있어서 그 이념만큼은 결코 변질될 수 없는 것이지만, 그 세목은 '가변적'일 수 있다는 것을 의미한다. 그러나 그 가변성이 분명 임의적인 것일 수는 없다. 그 바탕에 반드시 '예 속에 있는 또 다른 예', 즉 상대를 배려하는 그 마음이 깃들어 있을 때만이 가능하다.

공자가 추구하는 길이 바로 이 길임을 제자인 증삼曾參을 통해 확인할 수 있다. 그는 공자의 모든 행위를 관통하는 그 하나의 이념을 '충서忠恕'라고 했다.[4] 이것은 "자기가 서고 싶은 자리가 있으면 그 자리에 남도 서게 하고, 자기가 이르고 싶은 목표가 있으면 그 목표에 남도 이르게 해주는"[5] '충忠'의 마음과 "자기가 하고 싶지 않은 일은 남에게도 시키지 않는"[6] '서恕'의 마음이다. 따라서 공자의 일관되게 추구하는 행위의 준칙은 행동 하나 하나에 따라 다니는 예가 아니라, 바로 상대를 '배려'하는 그 마음이라 할 수 있다.

그러나 유교는 이 마음을 단지 인간에게만 국한시켜 놓지 않는다. 이 마음은 '만물'에까지 미루어진다. 그래서 물고기를 잡을 때는 촘촘한 그물로 어린 새끼까지 잡으려 해서는 안 되며, 산에 나무를 할 때는 생명이 움트는 봄에 하지 말고 성장이 멈춘 가을과 겨울에 하라고 가르친다.[7] 이러한 마음이 궁극에 이르면 타인은 나와 태胎를 같이한 형제가 되며, '만물'은 나와 함께 '천지天地'를 '구성'하는 나의 짝이 된다는 인식에 이른다.[8]

대립은 상대가 자신을 먼저 용납하기를 바라면 결코 해소되지 않는다. 자신이 먼저 상대를 용납할 때 비로소 대립을 종식시킬 단초를 마련할 수 있다. 상대를 용납한다는 것은 상대를 '배려'하는 마음이다. 유교가 탈현대라는 과제에 의의를 가질 수 있는 것은 다름 아닌 이 마음이라고 할 수 있을 것이다.

---

4) 『論語』, 「里仁」, "子曰 參乎 吾道一以貫之 曾子曰 唯 子出 門人問曰 何謂也 曾子曰 夫子之道 忠恕而已矣."

5) 『論語』, 「雍也」, "己欲立而立人 己欲達而達人.."

6) 『論語』, 「顏淵」, "己所不欲勿施於人."

7) 『孟子』, 「梁惠王」, "數罟不入洿池 魚鼈不可勝食也 斧斤以時入山林 材木不可勝用也."

8) 『張載集』 「西銘」, "民吾同胞 物吾與也."

Ⅲ. 현대와 유교의 인간 이해

오늘날 인간에 대한 논의의 중심에는 여전히 '이성'이 자리하고 있다. 이것은 탈현대라는 과제도 '근대성의 탈피', 즉 근대에서부터 내려와 현대에 넘겨진 문제를 해결하는 데서부터 시작된다는 것을 의미한다. 왜냐하면 이성은 우리가 '중세로부터 근대'라는 새로운 시대를 열게 한 '핵심적인 개념'이기 때문이다.

그런데 지금에 있어서의 이성에 대한 논의는 극히 '대립적'인 견해를 보이고 있다. 한편에서는 오늘의 문제가 이성을 통한 현실의 인식과 규정에 있다고 비판하고, 다른 한편에서는 이성을 통한 주체성의 자각을 바탕으로 성숙한 시민문화가 형성되지 않고는 사회발전을 기대할 수 없다고 말한다. 후자에 따르면 우리는 한 번도 이성적 존재가 되거나 이성에 의해 결속된 집단을 가져본 적이 없으며, 그러기 때문에 '이성'이 오히려 '혁신의 원천'이 된다는 것이다(이종흡, 1998: 60-61). 그러나 전자는 이성이 실증주의의 시녀가 되어 모든 것을 '수량적 척도로 환원'하고 자연을 오직 정복과 지배의 대상으로 여길 뿐만 아니라, 인간의 행동과 관념까지도 어떤 목적에 대한 '유용성의 관점'에서 판단하여 인간까지도 조종과 지배의 대상으로 인식하게 했다고 말한다(전경갑, 1993: 293).

이성에 대한 이런 대립적 견해는 이성이 갖는 '양면성' 가운데 어느 한쪽을 부각시킨 결과라고 말할 수 있다. 칸트에 따르면, 인간에게는 스스로를 보편적 주체로 여기고 자유로운 사회적 삶을 영위하려는 초개인적超個人的, 초월적超越的 이성理性이 있는가 하면, 다른 한편으로는 자기보존의 목적에 따라 대상세계를 정복하고 지배하려는 ‘이기적이고 타산적인 이성’도 있다는 것이다(전경갑, 1993: 291-292). 이러한 구분에 따르면 전자는 이기적이고 타산적인 이성을 비판한 것이고, 후자는 초개인적, 초월적 이성의 성숙을 기대하고 있는 것이다.

이와 같은 이성에 대한 상반된 견해는 역사적으로 볼 때 모두 ‘일면의 타당성’을 갖고 있다. 종교적 독단을 깨트리고 주체적 개인으로 거듭나게 하고, 과학문명을 발전시켜 자연의 재해와 물질적 궁핍으로부터 벗어나게 한 것은 분명 이성의 공로이다. 하지만 이 이성은 인간이 대상을 자신의 목적에 맞는 ‘유용성’으로 판단하려는 은밀한 욕망을 제어하지는 못했다. 이처럼 우리가 사고를 통해 이성의 이러한 문제점을 파악한다는 것은 바로 ‘이성의 한계’를 의미하는 것이라고 할 수 있다. 다시 말해서 이성은 ‘투명하고 명석’하여 욕망을 바라볼 수는 있지만 그것을 ‘제어할 힘’을 가지고 있지 못하다는 것이다.

‘욕망’은 그것을 ‘인식’한다고 해서 ‘제어’되는 것이 아니다. 그것은 끊임없는 ‘수련’을 통해서만이 극복될 수 있다. 유교의 결론이 수양론修養論에 이르는 것은 이러한 이유 때문이라고 할 수 있다.

유교가 인간을 이해하는 핵심적인 개념은 심心·성性 이 두 가지라고 할 수 있다. 그러나 공자에게 있어서는 이 두 가지 개념이 아직 확립되어 있지 않았다. 단지 공자는 “타고난 성性은 서로 비슷하나 습속習俗이 서로를 멀어지게 한다.”[9]라고만 했다. 그리고 그의 제자 자공子貢 또한 “선생님께서 성性과 천도天道를 말씀하시는 것은

9) 『論語』, 「陽貨」, “子曰 性相近也 習相遠也.”

얻어 들을 수 없었다."[10]라고 했다. 이 말들을 종합해 보면 당시에도 인간의 본성에 대한 관심이 높았지만, 정작 공자 자신에게 있어서는 명확하게 정립되어 있지 않은 것으로 보인다.

하지만 공자의 말을 통해서 볼 때, 그는 인간의 타고난 본성本性이 선하며 그것의 '보존'이 중요하다고 생각하고 있었음을 알 수 있다. 왜냐하면 습속이 서로를 멀어지게 한다는 말은 잘못된 습속으로 서로 알아 볼 수 있는 본성을 가려서는 안 된다는 경계의 의미를 내포하고 있기 때문이다. 그래서 공자는 습속을 기르는 것, 즉 먹을 때 배부르기를 구하지 않고, 거처할 때는 편하기를 구하지 않고, 일을 할 때는 민첩하게 하며, 말을 할 때는 신중하게 하는 것이 바로 배우고자 하는 자의 근본적인 태도라고 말한 것이다.[11]

인간의 성性에 대한 논의가 본격적으로 이루어진 것은 『중용』에서부터라고 할 수 있다. 먼저 『중용』은 인간의 본성이 하늘로부터 부여받은 것이라고 규정한다.[12] 그러나 여기서의 하늘이란 초월적이거나 주재적인 하늘이 아닌 만물을 생성해 내는 유기체적有機體的 자연自然이다(김세정, 1999: 64-67). 이것은 인간이 천지만물과 합일合一할 수 있는 '가능성'을 부여받음과 동시에 스스로 그 가능성을 실천해야 하는 '당위성'을 갖게 하는 것이다. 『중용』에서 정성[誠]은 하늘의 길이며, 정성스럽고자 하는 것[誠之]은 인간의 길이라고 한 까닭도 여기에 있는 것이다.[13]

---

10) 『論語』, 「公冶長」, "子貢曰 夫子之言性與天道 不可得而聞也."

11) 『論語』, 「學而」, "子曰 君子食無求飽 居無求安 敏於事而愼於言 就有道而正焉 可謂好學也已."

12) 『中庸』, "天命之謂性."

이제 인간이 걸어가야 할 길이란 다름이 아닌 바로 하늘로부터 부여받은 본성을 충실히 따르는 것이며, 인간은 이 길을 벗어날 수도 없고 벗어나려 해서도 안 된다.[14] 따라서 인간의 모든 행위의 기준은 바로 여기에서 나오며, 사물과의 만남에도 이 기준에 따라 갈 때 비로소 그 길은 보편적인 길이 될 수 있다.[15] 그리고 이 길은 모든 존재가 자신의 자리에서 서로 조화하며 살아갈 수 있는 길이기도 하다.[16]

그런데 『중용』에서의 성性에 대한 규정은 한 가지 설명을 빠트리고 있다. 그것은 우리가 현실적으로 늘 경험하게 되는 인간과 인간, 그리고 인간과 사물 사이의 '대립과 갈등'에 대한 설명이다. 다시 말해서 우리 모두가 만물을 생성해 내는 하늘로부터 본성을 부여받았다면, 우리는 왜 서로 다투며, 왜 자연을 훼손하는 것일까 하는 것이다.

이 의문을 해결하고자 한 사람이 바로 맹자孟子이다. 맹자가 고자告子와 벌인 성性에 대한 논쟁도 바로 이 문제와 직결된다. 이 문제에 대한 맹자의 답은 그의 다음과 같은 말에서 찾을 수 있을 것이다.

> 입이 맛에 있어서나, 눈이 색에 있어서나, 귀가 소리에 있어서나, 코가 냄새에 있어서나, 사지가 편안함에 있어서는 성性이지만, 명命이 있는지라 군자는 그것을 성性이라고 하지 않는다.

---

13) 『中庸』, "誠者 天之道也 誠之者 人之道也."

14) 『中庸』, "率性之謂道 修道之謂敎 道也者 不可須臾離也 可離 非道也."

15) 『中庸』, "喜怒哀樂之未發謂之中 發而皆中節謂之和 中也者 天下之大本也 和也者 天下之達道也.."

16) 『中庸』, "致中和 天地位焉 萬物育彦."

> 인자함[仁]이 부모와 자식에게 있어서나, 의로움[義]이 임금과 신하에게 있어서나, 예절[禮]이 손님과 주인에게 있어서나, 지혜[智]가 현명한 사람에게 있어서나, 성인聖人이 하늘의 도道에 있어서는 명命이지만, 성性이 있는지라 군자는 그것을 명命이라고 하지 않는다.[17]

맹자의 이 말을 이해하는 핵심은 '명命'이라는 글자에 있다. 정자程子는 앞의 '명命'자를 '분수分數'로, 그리고 뒤의 것을 '부여받은[稟賦] 받은 기질氣質'로 해석했다. 이러한 해석에 따라 맹자의 뜻을 헤아리면 다음과 같이 말할 수 있다. 감각적 욕구는 누구나 가지고 바라는 것으로 '성'이라고 할 수 있으나, 그 욕구를 충족시키는 데는 태어날 때 부여된 분수, 즉 빈부에 의해 제약되기 때문에 이것을 '성'이라고 할 수 없다. 그리고 '내면적 덕행'은 타고난 기질에 의해 누구나 한결같이 행할 수는 없지만, 태어날 때 누구나 그것을 실천하고자 하는 '성'이 있기 때문에 그것을 기질의 탓으로 돌릴 수 없다.[18] 맹자의 이 말에 대한 주자의 이해 또한 이와 크게 다르지 않다.[19]

그런데 '명命'이라는 말을 태어날 때부터 가지고 나오는 분수와 기질, 즉 천명天命으로 이해하면 '인간 행위의 자율성과 당위성'을

---

17) 『孟子』, 「盡心下」, "孟子曰 口之於味也 目之於色也 耳之於聲也 鼻之於臭也 四肢之於安佚也 性也 有命焉 君子不謂性也 　仁之於父子也 義之於君臣也 禮之於賓主也 智之於賢者也 聖人之於天道也 命也 有性焉 君子不謂命也."

18) 『孟子集註』, 「盡心下」, "程子曰 五者之欲 性也 然有分 不能皆如其願 則是命也 不可謂我性之所有 而求必得之也 程子曰 仁義禮智天道 在人則賦於命者 所稟有厚薄淸濁 然而性善可學而盡 故不謂之命也."

19) 『孟子集註』, 「盡心下」. "愚按 不能皆如其願 不止爲貧賤 蓋雖富貴之極 亦有品節限制 則是亦有命也."

주장할 수 없게 된다. 왜냐하면 우리는 태어날 이미 천명에 의해 '성'을 발현할 수 있는 능력이 제약되어져 있기 때문이다.

우리가 우리 행위의 자율성과 당위성을 확보하기 위해서는 맹자가 말한 '명命'자를 글자 그대로의 의미로 받아들이지 않을 수 없다. 다시 말해서 '명命'은 '명령命令', 즉 외부로부터 주어지는 '강제적인 지시'로 이해할 때 행위의 자율성과 당위성이 훼손되지 않는다는 것이다.

'명命'을 명령으로 이해하면 맹자의 말을 이렇게 받아들일 수 있다. 감각적 욕구는 누구나 가지고 바라는 것으로 '성'이라 할 수 있으나, 그 욕구를 맹목적으로 따르는 것은 오히려 몸을 해치는 결과를 낳을 수 있어 '강제적으로 절제'하는 노력이 필요하기 때문에 그것을 '성'이라고 할 수 없다. 그리고 내면적인 덕행은 태어나면서부터 누구나 그것을 실천할 수 있는 것이 아니라 학습이나 스스로의 반성에 의해 비로소 행해질 수 있는 것이기는 하나, 어린 아이가 우물에 빠지려고 할 때 누구나 어쩌나 하는 측은함을 가지는 것과 같은 선한 '성'을 가지고 있기 때문에 그것을 강제적인 지시라고 하지 않는다.

우리가 태어날 때부터 가지고 있거나, 또는 우리 모두가 똑같이 바라는 것이라고 해서 '성'이 될 수 있는 것은 아니다. 맹자가 고자告子와의 '성'에 대한 논쟁에서 왜 '식색食色은 성性'이 아니라고 했는지 이 말을 통해서 알 수 있다. '성'은 언제나 선함과 함께 하는 것이어야 한다. 그러나 우리에게 주어진 선함은 단초端初일 뿐 완전한 것은 아니다. 그러므로 우리가 타고난 '성'을 완전하게 실현하기

위해서는 그 단초를 확장시키고 가득 채우는 노력을 하지 않으면 안 된다.[20]

맹자가 말한 것처럼 유교는 인간을 선한 본성을 가진 존재로 이해한다. 그러나 그 선한 본성이 완전한 형태로 주어지는 것은 아니다. 그것을 완전하게 하기 위해서는 부단한 노력이 필요하다. 그렇다면 그 노력은 어떤 것일까? 이것에 대해 맹자는 다음과 같이 말한다.

> 사람들은 닭이나 개를 놓쳐버리면 그것들을 찾을 줄을 알면서도, 마음을 놓쳐버리고서는 찾을 줄을 모른다. 학문의 길은 다른 것이 없다. 그 놓쳐버린 마음을 찾는 것일 뿐이다.[21]

우리는 욕망을 쫓다가 마음을 놓쳐버린다. 그러고서도 우리는 놓쳐버린 사실조차 모를 뿐만 아니라, 욕망 그것이 마음인 줄 알고 있다. 그렇다면 그 놓쳐버린 마음을 어떻게 찾을 것이며, 마음과 본성은 또 어떤 관계인가? 이 의문에 답하고자 한 사람들이 송대宋代의 신유학자新儒學者들이다. 그리고 이 답은 우리가 찾고자 하는 '유교의 수양론'이다.

---

20) 『孟子』, 「公孫丑上」, "所以謂人皆有不忍人之心者 今人乍見孺子將入於井 皆有怵惕惻隱之心 非所以內交於孺子之父母也 非所以要譽於鄉黨朋友也 非惡其聲而然也 由是觀之 無惻隱之心 非人也 無羞惡之心 非人也 無辭讓之心 非人也 無是非之心 非人也 惻隱之心 仁之端也 羞惡之心 義之端也 辭讓之心 禮之端也 是非之心 智之端也 人之有是四端也 猶其有四體也 有是四端而自謂不能者 自賊者也 謂其君不能者 賊其君者也 凡有四端於我者 知皆擴而充之矣 若火之始然 泉之始達 苟能充之 足以保四海 苟不充之 不足以事父母."

21) 『孟子』, 「告子上」, "人有雞犬放 則知求之 有放心 而不知求 學問之道無他 求其放心而已矣."

Ⅵ. 유교의 수양론과 탈현대

맹자는 어느 상인을 '천한 사나이[賤丈夫]'라고 비판했다. 왜냐하면 그 상인은 시장에서 높은 곳을 찾아 올라가 좌우를 둘러보고서 장사가 잘 될 길목을 골라 차지하고는 시장의 이익을 모조리 거두어 갔기 때문이다.[22] 그런데 만약 지금의 우리에게 이 상인을 평가하라고 한다면 아무도 맹자의 의견에 동의하지 않을 것이다. 오히려 우리는 그 상인을 영리하고 지혜로운 사람이라고 할 것이다.

맹자와 우리 사이의 이 차이는 '시장'이라는 개념에 대한 차이이다. 맹자에게 있어 시장은 자기가 가진 것을 가지고 가서 자기에게 없는 것, 즉 필요한 것을 바꾸는 곳이었다. 그러나 지금의 시장은 필요 여부를 떠나 가능한 한 많은 사람들로 하여금 자신의 상품을 사게 하여 많은 이익을 남기는 곳이다. 이처럼 지금의 시장에서는 그 효용가치를 알려 보다 많은 '이익'을 차지하는 것이 곧 선善이다. 이러한 시장의 논리는 비단 시장에만 적용되는 것이 아니다. 심지어 학문의 영역에서도 시장의 논리가 지배한다.

시장이라는 곳이 비록 사람에 의해 운용되는 곳이기는 하지만, 그곳의 주인공은 상품이지 결코 사람이 아니다. 그래서 시장의 논리 속에서 살아가는 우리는 자신까지도 상품화하여 자신의 필요성을 사람들에게 입증하지 못하면 그 존재 가치를 상실하게 된다. 이러한 현실 속에서 아무리 우리에게 초월적 이성, 즉 스스로를 보편적 주

22) 『孟子』, 「公孫丑上」, "古之爲市也 以其所有 易其所無者 有司者治之耳 有賤丈夫焉 必求龍斷而登之 以左右望而罔市利 人皆以爲賤 故從而征之 征商 自此賤丈夫始矣."

체로 여기고 자유로운 사회적 삶을 영위하려는 이성이 있다고 하더라도 현실은 이것을 용납하지 않는다. 현실은 우리가 이성을 자신의 목적을 이루기 위한 '도구'로 이용하는 것을 허용할 뿐만 아니라, 그렇게 하기를 요구하고 있는 것이다.

마음을 놓쳐버리고서도 찾을 줄을 모른다고 맹자가 탄식한 것처럼 지금 우리는 우리 자신을 놓쳐버리고서도 찾을 줄도 모른다. 우리가 놓쳐버린 우리 자신을 찾는 일은 우리의 '진정한 가치'가 어디에 있는가를 밝히는 데서부터 시작될 것이다. 유교에서는 그것이 우리 '자신' 속에 있다고 말한다.

주자朱子는 우리의 행위가 어디에서 어떻게 나오는지를 다음과 같이 설명한다.

> 정情은 성性에 반하는 것이 아니라, 곧 '성'이 드러나는 곳이다. '성'이 물과 같다면, '정'은 그 물의 흐름과 같다. '정'이 이윽고 드러나면 선한 것도 있고, 선하지 못한 것도 있다. 그것은 사람이 어떻게 하느냐에 있을 뿐이다.[23)]

사람의 모든 행위는 성性과 정情이 결합된 것이다. 다시 말해 불쌍한 사람을 만나면 자신도 모르게 안타까운 마음이 들면서 도와주는 일련의 행위가 곧 '성'과 '정'에서 비롯된다는 것이다. 이 행위 속에서 불쌍한 사람을 만날 때 생겨나는 안타까운 마음이 '정'이고, 그 안타까운 마음을 들게 하는 것이 '성'이다. 이렇게 보면 샘에서 물이 솟아나오듯 모든 행위의 근원은 '성'에 있다고 할 것이다.

---

23) 『朱子語類』, 卷五十九, "情不是反於性 乃性之發處 性如水 情如水之流 情旣發 則有善有不善 在人如何耳."

그렇다면 인의예지仁義禮智를 근본으로 하는 '성'이 어떻게 선하지 못하는 행동으로 나타날 수 있는가 하는 의문을 갖게 된다. 그것은 사물과의 만남에서 생겨나는 '정'에 사사로운 욕심이 개입되기 때문이다. 여기서의 사욕私慾이란 '대상'과 '자아' 사이의 '균형'을 잃었다는 것을 뜻한다. 예를 들어 불쌍한 사람을 만났을 때 자신이 가진 것을 나누어주지 않는 것은 자기에게 치우쳐 있다는 것이다. 그래서 주자는 선하고 선하지 못함은 그 사람들이 어떻게 하느냐에 달려 있다고 한 것이다.

그럼 이제 우리에게 주어진 과제는 선한 '성'이 발현할 수 있도록 사욕을 개입시키지 않는 것이다. 주자는 그러한 역할을 담당하는 것이 곧 마음이라고 말한다.

> 마음은 일신一身의 주인이다. 그 본체가 되는 것은 성性이며, 작용이 되는 것은 정情이다. 그러므로 마음은 고요한 '성'과 움직이는 '정'에 두루 하여 있지 않을 때가 없다.[24]

마음이 그 자신의 주인이라는 것은 '사욕'을 개입시키는 것도 마음이지만, '사욕'을 개입시키지 않게 할 수도 있는 것도 마음이라는 것이다. 즉 '순수 선'인 '성'이 사물과 만났을 때 생겨나는 '정'이 선한 것으로 되게 하는 것도 마음이고, 선하지 못하게 하는 것도 마음이라는 것이다. '마음이 동정動靜을 관통貫通한다'는 것은 바로 이런 의미이다. 따라서 마음으로 하여금 '대상'과 '자아' 사이의 '균형', 즉

---

24) 『性理大全』, 卷三十二 心篇, "心主於身 其所以爲體者性也 所以爲用者情也 是以貫乎動靜而無不在焉.".

'사욕에 의해 순수 선인 성의 발현이 가려지지 않도록 하는 것'이 수양론修養論의 핵심核心이다.

그런데 우리가 일상적으로 경험하는 일이지만 마음은 가장 '불안정'한 것이다. 다시 말해서 우리 자신의 마음이기는 하지만 우리의 의지대로 움직일 수 없는 것이 바로 마음이라는 것이다. 그래서 퇴계는 마음을 온갖 못된 생각들이 자꾸만 몰려들어서, 마치 무자위가 빙글빙글 돌듯이 잠시도 가만히 있지 못하는 것이라고 표현했다(퇴계학연구원, 1999: 38). 이처럼 어지럽고 혼란스러운 마음을 안정시켜 선한 본성이 '발현'하도록 하는 수양의 방법이 '경敬'이다. 이 방법은 '외적外的인 규제'로서의 '거경居敬'과 '내적內的인 각성覺醒'으로서의 '궁리窮理'로 나누어진다.

먼저 거경의 방법은 일상적인 생활 속에서 이루어지는 것이다.

> 경敬을 보전하는데 대한 설명은 많은 말이 필요 없다. 다만 몸을 가지런하고 엄숙하게 하며, 태도를 위엄 있고 공손하게 하여 얼굴 표정을 다스리고, 생각을 바로잡고, 의관을 바르게 하고, 바라보는 시선을 존중하듯이 하는 것을 익숙하게 하는 것이다. 이와 같은 것들을 자주 말하고 실제로 충실함을 더하게 되면 이른바 안[內]이 곧게 되며, 마음이 하나로 되어서 자연스러워 애써 안배할 것도 없으며, 몸과 마음이 숙연해지고 안과 밖이 한결같이 된다.[25]

주자는 '경敬'을 두려워한다는 뜻의 '외畏'자로 해석했다.[26] 그 두려움의 대상은 사물이 아니라 바로 자신의 마음이다. 다시 말해서

25) 『朱子語類』, 卷十二., "持敬之說 不必多言 但熟味整齊嚴肅 嚴威儼恪 動容貌 整思慮 正衣冠 尊瞻視 此等數言而實加功焉 則所謂直內 所謂主一 自然不費按排 而身心肅然 表裏如一矣."

26) 『朱子語類』, 卷十二, "敬只是一個畏字."

퇴계의 말처럼 온갖 나쁜 생각들로 어지럽고 혼란스러운 마음이 선한 본성을 가리는 것을 두려워한다는 것이다. 그러기 위해서는 내 자신의 몸부터 가지런하도록 단속을 하지 않으면 안 된다. 우리가 단정한 옷차림을 하면 더러운 곳을 함부로 내딛지 않는 것과 같이, 몸가짐과 태도를 엄숙하고 공경스럽게 하는 것은 다른 사람들에게 보이기 위한 것이 아니라 바로 자신의 마음을 바로잡기 위한 것이다. 이것은 "먹을 때 배부르기를 구하지 않고 거쳐할 때 편안하기를 구하지 않는 것"[27]과 같은 것을 공부의 기본적인 자세라고 말한 공자의 생각과 그 맥을 같이하는 것이다.

이와 같은 외부로부터의 규제, 즉 거경의 방법은 허령虛靈(마음의 맑은 상태)·지각知覺의 속성을 가진 마음을 닦는 첩경이 된다. 왜냐하면 가지런한 몸가짐과 공손한 태도는 욕망의 근원인 나태와 안일을 막아 마음을 허령하게 하고, 그렇게 허령해진 마음은 사물을 명료하게 지각하게 해주기 때문이다. 우리가 마음에 욕망, 즉 우선하는 목적을 둔다면, 사물은 그 목적에 의해 왜곡되어 바르게 지각될 수 없다. 따라서 거경의 방법은 단순한 '도덕적 의미'만이 아니라 '인식론적 의미'도 함께 내포하고 있다.

그러나 거경을 통해 얻어진 허령한 마음이 이르고자 하는 것이 단순히 명료한 지각에 있는 것이 아니다. 이것은 다음 단계로 가기 위한 하나의 과정일 뿐이다. 이 마음의 궁극적인 목표는 '궁리', 즉 '사물의 이치를 궁구窮究'하는데 있다.

---

27) 『論語』, 「學而」, "子曰 君子 食無求飽 居無求安 敏於事而愼於言 就有道而正焉 可謂好學也已."

> 이치를 궁구하는 것은 사물이 그러하게 된 까닭[所以然]과 마땅히 그러해야 하는 바[所當然]를 아는 것뿐이다. 사물의 그러하게 된 까닭을 알기 때문에 뜻이 미혹되지 않고, 사물의 마땅히 그러해야 할 바를 알기 때문에 행동이 그릇되지 않는다.[28]

강요된 진실은 우리를 힘들게 할 뿐만 아니라, 마음까지 병들게 한다. 스스로 사물이 그러하게 되는 까닭을 깨달을 때, 우리는 비로소 우리가 마땅히 해야 할 바를 알게 되고 어떤 유혹에도 흔들림 없이 기쁜 마음으로 행동에 옮길 수 있다. 그러기 위해서는 우리가 먼저 마음을 허령하게 해야 한다. 마음을 허령하게 한다는 것은 곧 '사욕'을 거두어들이고 '배려'하는 마음을 갖는다는 것이다. 이것은 손님이 들어올 수 있도록 방을 치우고 문을 열어주는 것과 같은 것이다. 그렇게 해서 들어온 사물은 자신의 본 모습을 우리 마음에 드러내고, 마음은 그것의 그렇게 됨과 그것에 대해 해야 할 바를 지각하게 된다. 따라서 유교의 수양법인 '경'의 이러한 일련의 과정은 유교의 전통인 인간의 선한 본성에 근거한 '배려'하는 마음을 이어온 결과라고 할 수 있다.

Ⅴ. 유교 수양론이 탈현대에 기여할 수 있는 것

우리는 지금까지 '유교의 수양론'이 '탈현대'라는 과제에 어떤 의의를 가질 수 있는지 살펴보았다. 현대문명이 지금의 위업을 이룰 수 있게 한 동력과 지금의 문제를 발생하게 한 근본 원인은 '대립적

---

28) 『性理大全』, 卷四十八, "窮理者 欲知事物之所以然與所當然者而已 知其所以然 故志不惑 知其所當然 故行不謬."

對立的 관념觀念'에 있다고 할 수 있다. 즉 외면적으로는 자연과 인간, 그리고 인간과 인간이 대립하며, 내면적으로는 이성과 감성이 대립하고 있다는 것이다. 이러한 대립은 우리가 지금까지 누려보지 못한 놀라운 물질적 풍요를 가져다주었다. 하지만 다른 한편으로는 환경의 파괴와 오염, 인간 상호간의 갈등, 그리고 인격 장애자의 급증이라는 심각한 문제를 낳았다. 그리고 근대 이래로 '인간의 본질'이라고 말해져 온 '이성'조차도 자신의 목적에 따라 이용되는 한낱 '도구'로 전락하는 것을 당연시 여기게 되었다.

이러한 대립의 관념 속에서는 진정한 행복과 평화를 구할 수 없다. 왜냐하면 대립은 상대를 정복할 때만이 종식되지만, 상대는 늘 존재하기 때문이다. 우리가 경험적으로 알고 있는 사실 중의 하나는 행복과 평화는 '화해와 공존' 속에 있다는 것이다. 그리고 화해와 공존이 가능하기 위해서는 상대에게 자신을 용납해주기를 바라기 전에 먼저 자신이 상대를 '배려'하는 마음을 가져야 한다. 유학이 탈현대의 과제에 의의를 가질 수 있는 것은 바로 이러한 '배려'하는 마음을 그 이념으로 하고 있기 때문이다.

그러나 현실적으로 우리는 상대를 배려하기보다는 자신의 이익을 앞세운다. 유교는 이것을 우리의 본성이 선하지 못해서 그런 것이 아니라 사사로운 욕심이 선한 본성을 가리기 때문이라고 말한다. 그래서 '유교의 수양론'에서는 바로 '선한 본성이 사욕에 의해 가려지지 않도록' 하는데 그 핵심을 두고 있다.

그러기 위해 먼저 '거경', 즉 외부로부터 가해지는 규제는 일상생활 속에서의 몸가짐과 태도를 가지런하고 공손하게 하는 것이다. 이

과정은 바로 '사욕을 제어하는 수련의 과정'이라고 할 수 있다. 왜냐하면 나태와 안일은 욕망에서 비롯되는 것이기 때문이다. 우리 마음속에서 '욕망'이 제어되었을 때 마음은 '허령虛靈'하게 되어 비로소 사물의 본 모습을 지각知覺할 수 있게 된다.

그러나 지각은 지각 그 자체로 의미 있는 것은 아니다. 지각이 이치를 궁구하는 데까지 이를 때 그 목적은 완수될 수 있다. 다시 말해서 '사물이 그러하게 된 까닭'과 이것을 통해 우리가 '마땅히 그러해야 바'를 알 때 비로소 지각은 완성된다는 것이다. 이것이 곧 유교 수양론의 또 다른 한 가지 방법인 '궁리'이다. 이러한 과정을 필요로 하는 까닭은, 이러한 경지에 이르렀을 때만이 욕망의 온갖 유혹을 떨치고 뜻을 굳건히 세울 수 있으며, 기꺼운 마음으로 행동할 수 있기 때문이다.

이것을 보면 유교가 예禮라는 규범을 일방적으로 강요하는 것이 아님을 알 수 있다. '예'는 바로 '상대를 배려하는 마음'에서 비롯되는 것이다. 그것을 스스로 체득體得할 수 있도록 하는 것이 '유교의 수양론'이며, 그리고 이것이 탈현대의 사상적 기반 중 하나로서 의의를 가질 수 있는 '유교의 일면一面'이라고 할 수 있을 것이다.

참고 문헌

『論語』

『孟子』

『中庸』

『性理大全』

『朱子語類』

김만겸. 2004. 『장자철학의 세계』. 이문출판사.

김세정. 1999. “중용의 유기체적 세계와 인간.”, 『東洋哲學硏究』 20: 60-82.

라오스광(勞思光). 1986. 『中國哲學史』(고대 편). 정인재 역. 탐구당.

오영환. 1997. 『화이트헤드와 인간의 시간경험』. 통나무.

윤평중. 1999. “근대성의 철학적 성찰.” 『現代文學理論硏究』 10: 31-49.

이종흡. 1998. “토머스 홉스와 근대성.” 『西洋史論』 59: 31-61

전경갑. 1993. 『현대와 탈현대의 사회사상』. 한길사.

퇴계학연구원. 1999. 『퇴계선생언행록』. 퇴계학연구원출판부.

張載. 1984. 『張載集』. 漢京文化事業公司.

韓嬰. 2005. 『韓氏外傳集釋』. 許維遹 校釋. 中華書局.

유교와 탈현대성

- 탈현대시대의 현대성 발현을 위한 유교적 관심에서

신종화

Ⅰ. 유교와 탈현대성의 비교가능성

이 글의 목적은 동양사상, 특히 유교(유학)의 현대적 재해석을 위한 노력의 일환으로, 현대 서구사상의 주목할 만한 학문적 조류들 중의 하나인 탈현대성脫現代性(postmodernity)에 대한 분석을 시도하는 데 있다. 첫째, 탈현대성 담론에 녹아 있는 여러 가지 문제의식들을 확인하고, 둘째, 이러한 문제의식들을 어떠한 방식으로 실천적인 항목들로 외화시키고 있는지 파악하며, 셋째, 이러한 실천적 지향들에 대한 의미재구성을 시도한다.

이러한 목적을 위하여 몇 가지 분석적 방법들을 우선 마련하고자 한다. 첫째, 탈현대성 담론의 지성사적 지위를 파악한다. 탈현대성 담론은 서구 지성사의 커다란 두 개의 산맥, 철학과 사회과학 양자에 걸쳐 있는 대단히 포괄적이며, 추상적인 지적 논의의 형태를 띠고 있다. 아울러, 서구 지성사의 장기간에 걸친 축적된 역량을 바탕으로 하고 있기 때문에, 탈현대성에 대한 분석은 불가피하게 탈현대성으로 축소될 수 없는 서구 지성사, 적어도 근대적 사상의 흐름에 대한 관점 있는 진단이 필요하다. 이러한 관점의 확보에서만 탈현대성에 대한 지성사적 의미부여가 색깔을 갖는 셈이다. 짧은 지면을 통해서 설득력 있는 내용제시와 풍부한 설명은 불가능하겠지만, 최소한의 압축적인 요약의 형태로 근대 서구 지성사 안에서의 탈현대성의 지위를 확인한다. 둘째, 탈현대성 연구를 통한 유교사상 연구의 내용적인 풍부함을 기르기 위해서, 우선 탈현대성과 유교 양자로부터 인식론적 거리두기를 실용적으로 시도한다. 이러한 태도는 이른바 비교연구를 위한 사회과학적 자세로 이해될 수 있을 것이다. 다른 말로 하면, 유교의 관점에서 바라본 탈현대성이나, 탈현대성의 관점에서 바라본 유교가 아닌 유교와 탈현대성 양자의 의미와 해석의 지평을 동일한 인식론적 비교방법을 통해서 살펴본다는 것이다.[1] 셋

1) 흔히 비교지향적인 사회과학적 연구에서 발견되는 방법론적 문제점들 중의 하나는 비교의 관계에 놓이는 대상들 모두로부터 범주적 거리를 유지하지 못하고, 어느 특정 대상의 내적인 속성을 '기준으로 삼아' 다른 대상의 현상적 특징들을 추출하는 방식이다. 개념 자체나 이론을 포함한 어떤 연구대상의 이해를 위한 다양한 시도들 중의 하나라는 측면에서는 그 시도의 의미는 충분하다고 할 수 있으나, 특정 대상의 속성을 잣대로 비교를 하게 될 경우, 정상성과 병리 혹은 변이라는 관계로 비교 대상들의 위치가 파악될 것이다. 예를 들어, 서구에서의 근대화와 한국에서의 근대화를 비교한다고 할 때, 서구의 경험에 '비해서' 빠른 속도와 시간 단축을 보였음을 강조할 경우에 한국의 근대화를 '압축 / 고도'의 의미론적 해석틀 속에서 이해하게 되고, 이러한 인식 안에서 서구는 일반적인(General / Universal), 한국은 특수한(Special / Particular) 지위를 갖게 된다. 단순한 대조 이상으로 어떤 유사함까지 발견하기 위해서는 비교 대상들 모두를 개별적인, 특수한 것들로 이해해야 한다.

째, 이러한 비교방법을 위한 학문적 수단으로 '사회학'을 활용하고자 한다. 사회학은 인식론적으로 다른 층 위에 존재하는 철학적 사유방식과 경험과학적 관찰과 일반화들 사이에 놓여 있는, 양자를 매개할 수 있는 학문이다. 실증주의적 철학사조에서 태어나서, 철학의 한계로부터 벗어나기 위하여 실증적인 연구태도를 발전시켜 왔던 사회학의 연구전통을 활용하여 탈현대성과 유교를 비교하고자 한다.[2)] 넷째, 사회학적 전통의 활용은, 현대사회학이 드러내고 있는 문제점-실증적인 양적 연구 성과들에 비해 상대적으로 부족한 성찰적 연구 작업들-에 대한 사회학 내부의 자성적 비판의 태도를 보다 명확히 드러내는 비판적 방식으로 진행된다. 유교와 탈현대성 양자 모두 풍부한 성찰적 연구 성과들을 내온 규범지향의 학문연구임은 당연히 받아들여지는 사실이다. 특히, 탈현대성의 현대사회비판에 담겨 있는 지식생산과 유통, 소비의 문제는 사회학적 지식담론에 대한 일종의 경고가 아니던가?

한편, 이 글은 이러한 연구 분석 방법들이 일정한 순서를 갖고 단계적으로 설명력을 높이는 방식을 취하지는 않는다. 예를 들어, 첫째

2) '양자를 매개할 수 있다'는 뜻은 사회학이 철학과 사회과학 바깥에 존재하는 제3의 학문을 의미하지는 않는다. 오히려 철학적 전통 위에 사회과학적 방법론을 발전시킨, 철학과 사회과학의 공통된 부분을 차지하는 학문영역이다. 그러나, 철학과 사회과학의 공동부분의 확보는 결코 쉬운 작업이 아니다. 철학과 사회과학의 내적 원리는, 특히 사회과학의 입장에서 보면 철학으로부터의 거리두기를 위한 배타적인 근거들을 확보하는 과정에서 만들어진 것이기 때문이다. 사회학의 창시자라 불리는 콩트(A. Comte)의 실증주의 철학을 비판했던 사회학의 기초자 뒤르켐(E. Durkheim)의 실증방법의 강조의 경우처럼(뒤르켐, 2001), 철학과의 단절을 의도했던 그 긴장감이 사회학의 내부에서는 지속되고 있다.

부터 시작하여 넷째까지 내려오면서-지성사에서 사회학의 문제로- 초점을 보다 미시화하는 순차적인 방식이나, 또는 넷째부터 시작하여 첫째로 수렴되는-양적 연구 한계 지적에서 비롯된 실증주의 비판으로의 확대- 방식으로 등장하지는 않는다. 단지, 탈현대성에 대한 이해의 폭을 넓히는 과정에서 일정한 형식 없이 배치될 것이다. 이 글의 Ⅱ장은 탈현대성의 '글쓰기 방식'을 이해하기 위한 기초 작업으로, '과학적' 태도에서 '규범적' 태도로의 관점의 이동이 필요함을 제시한다. '사회학자들에게 있어서 윤리와 규범의 문제는 어떤 위치를 차지하는가'에 대한 입장 표명이 곧 탈현대성 담론의 주요 논자들의 문제의식을 파악하는 방식의 방향과도 연관되어 있기 때문이다. Ⅲ장에서는 서구 지성사에서 탈현대성의 '지위'를 파악한다. 여기서 지위라 함은 탈현대성의 지적 영향력의 수준을 일컫는 단어가 아니라, 근대 서양 지성사의 '흐름', 다시 말하면 지성사적 계보에서의 '지리학적' 위치를 알리기 위해서 사용된다.[3] 아울러, 시대정신으로의 탈현대성과 시대로서의 탈현대에 대한 해석적 관계에 대해서 비판적으로 검토한다. Ⅳ장에서는 탈현대성의 내용적 특징들을, Ⅴ장에서는 유교의 특징들을 각각 비교론적으로 구체화시킨다. 이것을 통해서, 유교와 탈현대성의 사상적 차이점과 유사점들을 파악한다. 이 글의 결론에서, 필자는 시대적 문제의식의 발현으로서 등장하는, 혹은 다

3) 탈현대성의 지성사적 맥락이 어떤 계보에 놓이는지, 어떤 사상(들)을 계승하고 있는지에 대한 언급은 매우 심각한 오해를 가져올 수 있다. 탈현대성에 대한 상이한 찬·반 입장은 곧, 연구자들이 이해하는 서구 지성사의 각 단면들을 반영하기 때문이다. 우선, 객관적인 사실로 받아들이기 이전에, 해석의 지평 안에서 가능한 탈현대성의 기원과 역사의 일부분으로서 이해되어야 할 것이다.

시 등장하는 사상적·사회이론적 논의들이 지성사적으로 어떤 위치를 차지하는가에 대한 이론사적 고민은 결국 당면한 시대적 과제들과 실천적으로 결합하는 한, '현대성'의 다른 표현임에 불과하다는 주장을 펼친다.

Ⅱ. 윤리담론 복원의 문제: 사상의 요소로서의 윤리는 '다시' 사회학적 연구주제가 될 수 없는가?

이 질문은 "사회학의 학문적 여정이 시작된 이후, 언제라도 한 번이나마 윤리에 대한 문제의식을 외면한 적이 있던가?"라는 반대의 질문을 받을 것이다. 잘 알다시피, 콩트(2001)가 자연과학의 발전의 시대상황 속에서 형이상학적 전통의 철학을 비판하면서 주장했던 실증주의는 과학적 탐구방식을 통해서 인간의 도덕성회복을 의도했었다. 한편, 보다 완성도 높은 실증적 탐구방법의 제시를 통해서, 콩트의 실증주의적 주장과 실증철학의 관념성을 극복하고자 했던 뒤르켐(2001)은, 19세기 '현대사회'의 사회적 변동 속에서 발생하는 '사회적' 자살의 문제를 해결하기 위해서 전통사회의 유기적 연대의 해체 −기존의 '도덕공동체'의 해체로서− 과정 이후의 대안을 모색했다(1994). 이러한 문제의식은, 뒤르켐으로 하여금 '현대사회의 개인들을 위한 국가의 역할'과 '사회 속에서의 개인들에게 필요한 도덕적 내용'들에 대한 윤리적 고민을 하게 하였다(1998).[4] 그리고, 자본주의 정치

4) "우리는 도덕(la moralité)의 새로운 영역에 이르렀다. 앞 강의에서 우리는 사람들이 어떤 한정된 사회집단에 속하거나 동일한 가족, 길드, 국가의 일부이기 때문에 서로에 대해 갖는 의무를 연구했다. 그러나 어떤 특수한 집단과도 무관한 다른 의무들이 있다. 나는 생명, 재산, 동료 인간의 명예를 존중해야

경제학 비판으로 최종적으로 수렴되는 마르크스(K. Marx)의 인간 소외론과 자본주의 아래에서의 노동자의 삶에 대한 묘사는, 자본주의의 '반-인륜적' 성격에 대한 사회학적 고발임을 후배 사회학자들은 무리 없이 받아들이고 있다.

그럼에도 불구하고, 도덕과 윤리, 인간주의적 기초 위에서 시작된 사회학은 과학주의와의 접목 속에서 사회학적 연구대상을 과학의 틀 안에서만 분석 가능한 것으로 한정시켜 왔다. 유물론에 대한 비판에서 콩트(2001)는 신의 존재의 유무에 대한 논쟁이 증명과 경험제시가 불가능한 것에 대한 집착으로 형이상학적 단계 이상으로 뛰어넘지 못한다고 지적하였다. 엥겔스(F. Engels, 2002)는 19세기의 인간주의적, 혹은 자선적 성격을 띠는 사회주의를 '공상적 사회주의'라고 비판하면서 '역사적 필연으로서의' 자본주의의 모순의 격화를 설명하고, 사회주의의 도래를 과학적으로 설명하고자 하였다. 뒤르켐(1994, 1998, 2001)에서 사회학적 연구대상으로서의 '사회적 사실'에 대한 개

한다. 이것들이 내 가족이나 내 나라에 속한 것이 아닐 때도 말이다. 이것은 **윤리(l'éthique)** 전체의 가장 일반적인 영역인데, 왜냐하면 어떤 지역적 내지 종족적 조건과도 무관하기 때문이다.……우리가 검토하려는 의무들은 모든 문명화된 사람들이 모든 의무 가운데 가장 일차적이고 가장 강제적인 것으로 간주한다. 최고로 비도덕적인 행동(l'acte immoral)은 모살(murder)과 절도이며, 이 행동들의 **비도덕성(l'immoralité)**은 이것이 다른 나라 사람들에게 저질러졌을 때도 결코 줄어들지 않는다."(뒤르켐, 1998: 186) "이와 관련하여 **오늘날의 도덕(la morale moderne)**은 고대의 도덕과 완전히 대비된다.……처음에 최저점에 있었던 어떤 것을 도덕(la morale)의 최고점으로 격상시킨 결과를 낳은 이 전개는 우리가 자주 지적했던 집합적 감성 속에서 일어난 유사한 전개의 결과였다."(뒤르켐, 1998: 187) "따라서 지금 우리가 다루고 있는 **윤리(l'éthique)**라는 부문의 일반적 특징이 설명된 셈이다. 다음으로 우리는 윤리가 정해 놓은 주요 규칙, 즉 주요 의무를 연구하기 위해 세부사항을 연구해야 한다."(뒤르켐, 1998: 189)

념화를 시도하면서, 경험적·실증적 연구 방법을 강조함과 동시에 비과학적인 철학적 사유를 벗어나려고 하였다.[5)] 특히, 뒤르켐의 『자살론』(1994)과 『사회학적 방법의 규칙들』(2001)에서는 20세기 사회학의 연구태도들과 방법론적 근거들에 결정적인 영향을 끼치는 과학주의적 접근과 분석을 강조한다. 20세기의 후배 사회학자들이 그들의 선배 사회학자들–마르크스, 베버, 뒤르켐 등–을 19세기까지의 정치철학자·정치사상가로부터 분리시켜서 이해하는 바로 그 기준, 다시 말해서 사회학적 연구방법의 내적인 특징과 구성요소로 간주하는 실증주의적 과학적 연구방법은, 19세기의 자연과학의 발전 속에서 등장하는 많은 사회사상들을 둘러싼 격렬한 논쟁 속에서 강한 생명력을 갖고 살아남은 것이었다. 사회문제들을 체계적으로 설명하고, 또 그 심각성의 정도를 진단하며, 또 그것의 해결 방안을 모색하는

5) "요약하면 우리 방법의 뚜렷한 특징은 다음과 같다. 첫째, 철학으로부터 완전히 독립하고 있다.……사회학은 형이상학자들을 구분 짓는 大가설들 가운데서 선택할 필요는 없다."(뒤르켐, 2001: 209) "다만 결정주의와 마찬가지로 자유의지를 사회학에 포함시킬 필요는 있다. 사회학이 요구하는 것은 사회현상에 적용되는 인과성의 원리이다. 다시 말해 이러한 원리는 합리적인 필요성에서가 아닌 합법적 귀납법에 의해 경험적 가정으로서 사회학을 설명하기 위한 것이다.……사회학의 이러한 이탈은 결정적으로 철학에 도움이 된다. 왜냐하면 사회학자가 사회과학으로부터 철학을 충분히 제거하지 못하는 한, 사회학자는 단지 사회적 사실의 일반적인 관점, 즉 사회적 사실들이 세계 속의 다른 사물들을 대개 닮았다는 관점에서 사회적 사실을 고찰하게 된다.……이러한 관점에서 기본 사실들을 다루기 위해, 우리는 일반성을 제쳐 놓고 사실의 세부적인 사항에 들어가야 한다. 이렇게 사회학이 전문화됨으로써 사회학은 철학적인 성찰을 위해 더욱 독창적인 재료를 제공하게 될 것이다."(뒤르켐, 2001: 210) 뒤르켐은 철학과 사회학을 분리시킴으로써–다시 말해서, 사회학의 방법론적 기초를 철학 밖에서 구성함으로써– 사회학과 철학의 상호 기능적 보완을 가정한다.

과정에서 객관성의 확보라는 해석적 자기 정당성의 길을 경험적 논증과 풍부한 자료제시를 통해서 마련한 셈이다.

이러한 연구방법의 모색은, 다른 한편으로, 19세기와 20세기 초의 이데올로기적 대립을 비판적으로 바라보는 태도에서 기인한 것이기도 하다. 프랑스 혁명을 시작으로 전개된 절대왕정의 몰락과 민족국가와 시민권의 등장, 입헌군주와 황제권을 둘러싼 대립들, 공화정 제도와 대중 민주주의의 실험들, 강력한 민족주의의 등장과 사회주의와의 갈등, 노동운동과 사회주의운동의 결합과 이념적 급진주의의 확산 등은 19세기를 통하여 역사철학적 인식과 결합되면서 강력한 이데올로기들을 만들어 냈다. 이러한 이데올로기적 대립의 학문적 여파 속에서 뒤르켐과 베버는 인과원리의 탐구에 부합하는 객관성 확보를 위한 방법론 마련에 심혈을 기울인 것이다.

이러한 탈이념적 방법론에 대한 천착의 경험은 20세기 후반의 한국 사회학의 경험에서도 흔히 등장하는 것이었다. 한때는 많은 사회학적 주장들의 옳고 그름을 가르는 기준잣대로서, 수용을 할 것인지, 학문적으로 무시할 것인지의 판단의 과정에 특정 이론의 이데올로기적 지위에 대한 평가가 흔히 이루어지도 했다. 급속한 근대화를 위해서 학문적인 기여를 마련하려 했던 20세기 후반에는 발전론에 입각한 민족주의에 대해서 학문적 비판을 가하기는 쉽지 않았다. 한편, 독재 권력과 급속한 산업화 속에서 등장한 계급적 갈등의 첨예화 속에서 이른바 '진보이념(들)'의 학문적 확산은 그 진보이념(들)이 가지는 윤리적·도덕적 기초의 선명성에 의해서 다른 많은 이론들을 손쉽게 재단하기조차 하였다. 하지만, 1990년 들어서는 동유럽의 국가사회주의 체제들이 붕괴되고, 현 사회주의국가들의 친자본주의적 경제체제의 도입 이후 진보이념들에 내재된 윤리적 기초는 그 자체가 가지는 강력한 평가능력을 많이 상실하였다. 사회구성원의 경제적 양극화 현상이 심화되고 있는 2006년 현재의 한국 상황에서 보면, 민족주의(애국주의)는 적어도 학문적으로는 지난 10년 전보다 많이 비판의 목소리를 받고 있다. 21세기적 세계질서 안에서의 지속적 경제성장을 위한 불가피한 수용전략으로서의 '세계적 표준'(Global Standards)와 그것의 실질적 평가기준인 '세계 속의 지위'에 대한 지나친 관심은, 이러한 새로운 발전전략이 현재 한국 사회에 끼치고 있는 '양극화' 현상에 대한 윤리적 비판을 '보완과 대책마련'이라는 실천적인 수준에서의 미비함에 대한 질책으로만 간주하는 듯한 인상 또한 짙게 풍기고 있다.

경험과학에서 많은 이론적 제언들에 대한 엄밀한 논증은 그 이론을 구성하고, 경험적 자료들을 분석하는 기술(techniques)의 타당성에 대한 논의로 축소되어지는 경향이 심하다. 이론적 제언에 대한 평가기준의 다른 한편에는, 그 이론의 현실적 적용가능성에 대한 실용적 가치여부가 있다. 그 실용적 가치는, 안타깝게도, 지식의 생산성과 수익(률)에 의해서 평가된다. 사회학적 글쓰기에서의 윤리학과 도덕적 담론의 지위는 비현실성과 추상성 사이를 왔다 갔다 하는 추운동처럼, 때로는 암묵적으로 때로는 노골적으로 드러났고, 평가절하와 무관심의 대상이 되기도 하였다. 그 이유는 바로 사회학이, 철학과 윤리학으로부터 사회과학이 경계를 긋게 되는 '경험적' 자료에 기초한 논증의 방식을, 분과학문으로서 사회학의 독립적 근거로 삼았기 때문이다. 콩트 이래로 과학을 목적이 아닌 인간을 위한 도구로 삼았던 전통은 과학적 연구방법의 강조라는 또 다른 지적인 전통 속에서 점차 그 지위가 축소되고 있는 것이다.

그렇다면, 실증주의적 연구방식을 근거로 삼는 사회과학의 출현 이후, 좁은 의미에서 철학적 사유와 생산물의 배타적 영역이 아닌, 사회과학적 사유의 하나의, 아니 근본적인 틀로서의 '사회사상'(Social Thought)은 실증주의 틀 안에서의 경험적 논증만을 바탕으로 거시사회변동 속에서 살아가는 인간들의 사회활동에 대한 도덕적 묘사만을 해야 하는 것일까? 아니면, 도덕적인 함의를 가진 현대사회에 대한 관찰조차 사회사상의 영역이 될 수 없는가? 사회사상이 도덕과 규범에 대한 비경험적, 다시 말해서, 과학적이기보다는 사색적이고 반성적인 제언들을 하는 한, 사회학에서 더 이상 사회사상적 연구의 지위는 보장될 수 없는 것인가? 이러한 질문들은 곧, 탈현대성 담론과 유교사상이 어떻게 사회학적 위치를 확보할 것인가의 문제이기도 하다.

탈현대성과 유교사상이 사회학과 결합되는 방식은 3가지의 가능성으로 추론될 수 있다. 첫째, 실증적인 경험연구의 차원에서 영향력 있는 방법론으로 활용될 수 있는가의 여부, 둘째, 비판 사회학적 전통과 결합하여 현대사회의 다양한 수준에서 발생하는 (구조적) 사회문제들을 규명하고, 사회적인 환기와 경각심을 불러일으킬 수 있는가의 여부; 셋째, 사회과학적 연구방법과 철학적 사유 방식을 혼합한 '사회이론'의 형태로 도덕담론을 주도적으로 이끌 것인가의 여부 등이다. 첫째 가능성과 관련하여 살펴보자면, 연구의 주제 선정과 결론적 주장 제시 이전의 방법론적 수준에서, 탈현대성과 유교가 사회학적 연구방법과 결합되는 과정은, 이 양자와 관련된 연구를 위하여 사회과학적 방법론을 도구적으로 사용하거나, 혹은 면접을 포함한 사회조사와 내용조사를 위한 개념도구들을 제공하는 것 이상의 대안을 만들고 있지 못하고 있다.[6] 둘째와 셋째 가능성과 연관하여 살펴보면, 이미 탈현대성과 유교가 그 역할을 수행하고 있다고 보여진다. 탈현대성 논자들이 현대사회의 누적된 사회문제들을, 이른바 '현대성의 한계라고 일컬어지는 이성주의적 계몽주의 프로젝트의 실패'의 예로서 비판하고 있기 때문이다. 설령, 일면적으로 진단을 할 뿐, 성공적으로 해결하지 못할지라도 말이다. 이 문제는 아래의 3장과 4장에서 더 자세히 설명할 것이다.

Ⅲ. 탈현대성의 근대 서구 지성사에서의 지위에 대하여

1. 탈현대와 탈현대성의 개념적 구분의 필요성

2장에서는 보다 구체적으로 탈현대성 담론을 살펴보고자 한다. 탈현대성 담론 이해의 출발점이라고 할 수 있는 탈현대성(postmodernity)에 대한 개념적 이해에는 크게 세 가지 걸림돌이 존재한다. 첫째, 탈현대성은 현대성과의 관계설정 방식에 따라서 많은 저자들에 의해서

6) 현재적 상황에 대한 이러한 결론은 필자의 좁은 연구 활동 폭에서 비롯되는 것이기도 하다. 경험적 방법론을 위한 탈현대성과 유교의 기여가, 조사연구를 위한 개념과 범주적 용례 이상으로 발전된 경우가 있다면 - 당연히 이것을 필자는 기대한다 - 그것은 지식의 자기 정당화 기제의 다양화를 통한 언어게임의 한계를 발견한 리오타르(J. F. Lyotard)의 인식론적 근거가 부정되면서, 탈현대성 담론의 자기 비판과 한계극복이 되는 것이다.

다양한 관점으로 쓰이고 있다. 따라서, 탈현대성 개념에 대한 합의를 발견하는 것은 거의 불가능하다. 둘째, 일부 학자들은 이 다양한 관점의 극단에서 현대성과 탈현대성의 차이를 강조한다. 곧, 현대성과 탈현대성의 관계 또한 대단히 복잡하게 제시된다. 셋째, 탈현대성과 탈현대주의(postmodernism)와의 관계이다. 예술·문학·건축 사조로서의 현대주의(모더니즘, modernism)를 염두에 두고 논지를 전개하는 많은 경우에는 탈현대성보다 탈현대주의(포스트모더니즘)가 선호될 것이다. 그러나, 사회과학과 철학에서 현대성에 대한 비판적 입장을 견지하는 많은 학자들은 탈현대성(포스트모더니티)을 상대적으로 선호할 것이다.[7)]

하나의 용어, 또는 일종의 어떤 집합의 상징적 개념으로 간주될 수 있는 탈현대성은 그 용어에 대한 세밀한 점검을 통해서 용례에 대한 합의를 도출해야만 혼란을 최소화시킬 수 있다. 이러한 목적을 위하여, 이 글에서는 첫째, 포스트모더니티의 번역어로 혼용되어 쓰이는 탈현대성과 탈근대성, 그리고 후기현대성 / 후기근대성에 대한 의미차이는 무시하려고 한다. 이 글에서 인용되는 저자들의 글 속에

---

7) 그러나, 중요한 것이 postmodern'ISM'이나 postmodern'ITY'가 아니라, 만약 'POSTMODERN'ism, 혹은 'POSTMODERN'ity라면 그 차이는 부각될 필요가 없는 듯하다. 바우만은 주로 탈현대성이라는 개념을 통해서 현대성 비판을 수행했지만, 리오타르에게는 그 차이가 중요하지 않았다. "포스트모더니티(제목임) 그러면 포스트모던한 것은 무엇인가? 그것은 이미지와 서술 규칙에 던져진 어지러운 의문들에서 어떤 위치를 차지하고 있는가, 또는 차지하지 못하는가? **포스트모던은 근대성의 일부임에 분명하다.**……(모더니즘 계열의 미술가들 설명)……한 작품은 먼저 포스트모던한 경우에만 근대적일 수 있다. 그러므로 우리가 이해하고 있는 포스트모더니즘은 끝나는 상태의 모더니즘이 아니라 생성상태에 있는 모더니즘이고 이 상태는 항구적이다."(리오타르, 1992: 177, 강조가 추가됨)

서 '포스트모더니티' 혹은 '탈근대성'이라고 개념이 사용되는 경우를 제외하고, 이 글은 '탈현대성'으로 개념어 사용을 통일하고자 한다. 포스트모더니즘은 탈현대주의라고 번역하여 사용한다. 마찬가지로 모더니티는 현대성으로, 모더니즘은 현대주의로 개념어를 통일하고자 한다.

둘째로, 현대와 탈현대와 현대성과 탈현대성에 대한 개념적 차이는 보다 명확해질 필요가 있다. 사실, 시대로서의 현대와 탈현대와 시대적 특징과 성격으로서의 현대성과 탈현대성에 대한 인식론적 구별은 결코 주의를 소홀히 한 채, 쉽게 합의를 내와서는 안 된다. 왜냐하면, 그 차이는 대단히 중요한 이론적 함의를 지니고 있기 때문이다. 현대 / 탈현대(the modern /postmodern age)라는 시대적 명칭의 사용은 우선 사회변동과 새로운 경험적 지표들을 제시할 수 있는 과학적 역사인식의 기초 위에서 가능하다. 어떤 시대를 현대인가 혹은 탈현대인가라고 명명하기 위해서는 그 시기적 · 시대적 특징들을 역사사회학적으로 해석하여 다른 시대와의 차이점을 제시할 필요가 있는 셈이다. 한편, 현대성과 탈현대성은 어떠한 방식으로라도 현대 / 탈현대라는 시대들과 관련성을 맺고 있는 용어로서 역동적인, 혹은 고정화된 사상적 조류이거나 이것의 제도화된 발현의 양식들로 구체적인 사례를 포괄하는 추상적 개념이다. 여기에 담겨진 의미는, 발현되어야 할, 혹은 발현된, 아니면 적어도 현재적으로 발현되고 있는, 규범성의 내용적 총합을 포괄하는 개념이라는 것이다.[8)]

8) 일반적으로 한국의 많은 사회과학자와 인문학자는 현대 / 탈현대와 현대성 / 탈현대성의 의미적 차이를 크게 부각시키지 않고 사용하고 있다. 현대 다음에 오는 새로운 시대로서 탈현대를 이해하고, 현대성의 문제점들을 극복할 수

영국의 사회학자 터너(B. Turner)는 사회학과 탈현대성과의 결합 방식에 대한 형태론적 분류로, 탈근대 사회학(a postmodern sociology), 탈근대성의 사회학(a sociology of postmodernity), 포스트모더니즘의 사회학(a sociology of postmodernism)을 제시한다(2005: 32). 터너는 하버마스의 탈현대성 비판의 근거[9]를 수용하면서, 우선 탈근대 사회학이 불가능하다고 본다. "간단히 말해 탈근대 사회학이 정당한 자격을 확보하기 위해서는 역설적으로 이성의 토대에 대한 모더니즘적 비판이 요구된다는 것이다." 한편, "이와 대조적으로 탈근대성의 사회학은 근대화의 발전을 분석함으로써 근대체계 발전의 한 단계로서 탈근대와 하나의 특별한 문화형태로서 포스트모더니즘, 그리고 오늘날의 경험적 분열을 설명하는 하나의 심미 패러다임으로서 탈근대적 감성에 대한 이해를 도모하려고 한다." "그리하여 포스트모더니즘의 사회학은 후기 자본주의에서 생산과 소비주의의 발전결과로서 탈근대성과 포스트모더니즘을 분석한다."[10]

있는 새로운 시대적 원리로서 탈현대성을 파악하는 정도의 일면성을 극복하지 못하고 있다. 물론 그들에게 있어 탈현대는 새롭게 출현하는, 시작되는 시대로서의 의미가 크게 부각되거나, 그러한 의도로 사용되는 용어임에도 불구하고, 새로운 시대를 알리는 거대한 사회변동의 징후들과 이것들을 이끌어 내는 행위자들의 세계관의 전환에 대한 적절한 설명이 부족한 경우가 많다. 이러한 문제는 근대 사회의 출현과 발전에 관련된 인지적인 습득을 서구 사회학자들에게 빚진 것처럼, 탈현대사회의 도래에 관련된 지식의 내용을 역시 그들에게 의존하는 측면을 간접적이나마 드러나게 한다.

9) "이유인 즉 사회학적 이성에 대한 탈근대적 비판은 근대성의 논리적 기준에 의지하거나 그것을 전제하지 않을 수 없기 때문이다."(터너의 하버마스 인용(Habermas, 1987)으로부터 직접 발췌. 한국번역본으로는 하버마스(1994)를 보라)

10) 터너의 페더스톤 인용(Featherstone, 1990)으로부터 직접 발췌. 한국번역본으로

터너의 유형구분은 1980~1990년대의 사회과학과 인문과학 내부에서의 문화영역에 대한 연구관심의 증가를 반영한 것이라고 볼 수 있다. 예를 들어, 제임슨(F. Jameson, 1991)의 '탈현대주의' 이해방식의—후기 자본주의의 문화논리로서—수용을 통해서, 현대사회의 문화적 특징들을 포착하는 노력으로서 탈현대성에 대한 사회학적 접근을 시도한다. 한편, 이러한 사회학적 접근에는 예술 작품을 포함하는 대량생산되는 상품들의 소비과정에 담겨 있는 미학적, 사회심리학적, 그리고 문화적 가치관들에 대한 집중적 분석의 의도가 존재한다. 사실, 탈현대성 담론을 이끌어 냈던, 리오타르에게 있어서 예술, 특히 미술 사조로서의 현대주의에 대한 해석 작업은 —현대주의는 그 시작에서는 탈현대적이었다는 의미파악의 설명과 더불어— 중요한 의미를 가지고 있다. 하지만, 탈현대성은 새로운 형태의 자본주의 문화비판 이상의 철학적·문명사적 전환을, 현대성 안에서 싹터서 결국 현대성을 대체하는 이성비판의 함의를 무엇보다도 지닌다.

2. '탈현대성'의 사상적 기원에 대하여

17세기의 종교전쟁 이후 18세기 중반까지, 철학자들이 철학이라는 이름으로 기존의 권위로부터 비롯되는 원칙과 가치들을 부정하는 이성 중심적 합리주의가 유럽사회에 커다란 영향을 끼쳤다. 합리주의적인 철학적 태도와 더불어, 국가제도와 인간의 삶의 문제를 보다 구체적으로 실증적인 예를 통해서 다루려고 하는, 경험주의적 연구태도가 크게 발전한다. 다른 말로 하면, 영원성과 본질적인 차원에서

는 페더스톤(1994)을 보라.

의 인간본성의 문제를 다루었던 17세기적 관심은 인간성이 발현되는 사회제도, 문화적 관습, 종교적 참여, 문명적 상황에 대한 18세기적 철학과 사상적 태도로 대체되었다. 도덕의 문제를 다룸에 있어서도, 17세기 스피노자(2002)의 범신론적 입장을 계승, 발전시켜 인간과 개인을 중심에 놓고 도덕과 윤리에 대한 해석을 발전시킨다. 이러한 인간 중심적 태도는, 인간의 자기 완성을 위한 끝없는 지속적인 노력을 강조하는 계몽주의의 백과전서파의 활동을 통해서 18세기의 종교적 보수주의와 갈등을 빚으면서도, 점차 그 사유의 급진성을 확대시켜 나갔다. 그럼에도 불구하고, 계몽주의자 볼테르(F. M. Voltaire)와 대립했던 루소(J. J. Rousseau)는 전통체제를 비판함에 있어서 그 방향을 계몽주의와 달리하였다. 인간이 경험하는 불평등과 억압의 구조는 자연 상태에서 발생되었고, 그렇기 때문에, 결국 수용하여야 할 것이라고 여기지 않았다. 오히려 국가와 사회, 그리고 법률과 같은 사회제도 속에서 시작되었음을 강조[11]하면서, 일종의 상류층 중심의 문명을 비판한다.[12] 이러한 루소의 국가와 사회 비판은 이후 프

11) "사회와 법률의 기원은……이 사회와 법률은 약자에게는 새로운 구속을 부여하고 부자에게는 새로운 힘을 부여해 자연적 자유를 영원히 파괴해 버리는가 하면, 소유와 불평등의 법률을 영구히 고정시키고 교활한 횡령을 당연한 권리로 확립시켜 그 후 온 인류를 몇몇 야심가들의 이익을 위해 노동과 예속과 비참에 복종시킨 것이다."(루소, 2005: 116) "이러한 모든 변천 가운데서 불평등의 진행을 따라가다 보면, 법과 소유권의 설정이 제1단계이고, 행정 권력의 제도화가 제2단계이며 합법적인 권력에서 독단적인 권력으로 변화하는 것이 제3단계임을 알 수 있다."(루소, 2005: 130쪽) "불평등은 자연 상태에서는 거의 찾아볼 수 없으므로 인간 능력의 발달과 정신의 진보에 따라 성장하고 강화되며 소유권과 법률의 제정에 따라 안정되고 합법화된다고 결론내릴 수 있다."(루소, 2005: 140)

12) 엘리아스(N. Elias, 1996)가 소개하는 서구 문명사에 내재해 있는 (상류층 / 도

랑스 혁명과 같은 근본적인 정치체제의 전복을 꾀하는 대중적 정치 운동의 이론적 자원으로 활용될 수 있었다.

하지만, 절대왕정의 붕괴와 귀족제도의 몰락 이후 새롭게 등장하는 정치세력으로서의 부르주아지가 가졌던 민주주의적 한계가, 즉 신분제가 붕괴되었음에도 불구하고 계몽주의와 루소가 지향했던 인간의 해방이 아닌 또 다른 계급적 갈등 속에서의 억압구조의 잔존이, 드러나게 되었다. 이러한 상황에서, 헤겔철학의 전복을 통한 자본주의 계급관계를 분석한 마르크스처럼, 19세기의 자본주의와 부르조아 정치체제를 근본적으로 비판한 역사유물론적 사회사상의 등장과, 콩트와 같은 실증주의 철학의 강조, 스펜서(H. Spencer)와 같은 생물학적 진화론을 사회연구에 도입한 사회유기체론, 뒤르켐의 사회과학적 방법론의 수립 등으로 이어지는 사회학적 전통의 수립과정이, 연구대상으로서의 '개인을 뛰어넘는 사회'를 설정하고, 이 사회의 내적인 체계와 구조에 대해서 깊은 관심을 보여 왔다. 다른 한편으로는, 낭만주의(Romanticism)적 전통이 문학과 예술 분야에서 크게 성장했다. 고전주의적 작품들이 갖는 긴장된 형식의 강조와 세련된 구성보다 개인과 사회의 자유성의 표현을-비록 그것이 거친 표현일지라도 말이다- 강조한 질풍노도와 같은 작품구성을 추구한 낭만주의는 개성과 구체성의 확보를 문학활동 안으로 끌어들였다. 작품의 소재와 인물들이 다양화되고, 보다 현실적인 내용들이 강조되는 섬세한 묘사의 사실주의(Realism), 그리고 다시 생물학적 사회환경 요인들을 강조하

시 중심적) 문명(civilization)과 (농민 / 농촌 중심적) 문화(culture)의 대립이라는 측면에서 보면, 루소는 파리를 중심으로 하는 귀족적 상류층 문화에 동화된 개혁세력들과 대립했던 것이다.

는 자연주의(Naturalism)에 이르기까지 19세기의 문학은 붕괴되는 기존질서와 끝없는 사회의 혼돈 속에서의 인간의 모습들과 심리를 포착하려 하였다. 단순화의 오류를 무릅쓰고 정리하자면, 사회과학에서의 사회에 대한 관심과 문학과 예술에서의 개인에 대한 관심은 19세기의 엄청난 사회변동 속에서 제기된 시대적 과제들을 과학에 기대어, 사회정책의 형태로 사회모순을 노골적으로 드러내면서, 국가와 사회에 대한 지지와 공격으로 인간성 회복에 대한 강조를 역설적이게도 인간들의 비참한 모습과 이기적인 행동 속에서 수행했던 것이다. 이러한 19세기의 사회모습은 흔히 말하는 이성 중심의 세계관의 제도적 발현으로 요약될 수 없는 가능성과 좌절, 혼돈 상황, 질서의 추구, 이러한 의지를 부정하는 허무주의 등이 드러나는 복잡한 형태를 띤다.

한편, 20세기 전반의 사회주의 혁명을 통한 국가개혁의 실험, 민족국가들 간의 격렬한 충돌 속에서 드러난 집단주의적 이데올로기와 도구적 합리성과 과학주의에 대한 비판, 프로이트의 정신의학적 발전에 영향을 받은 초현실주의적인 탐미적 관심과 실험적 탈권위주의운동, 전쟁 이후의 실존에 대한 천착 등은 지난 세기들의 전통과 문제의식을 한 발자국 전진시킨 성격이 크다. 물론, 이 시대에는 인간 진화론과 역사적 진화주의에 대한 구체화와 비대해진 근대적 조직들의 관료제에 대한 회의, 그럼에도 불구하고 전쟁 전후의 동원경제와 국민통합을 위한 계량적 정책들의 발전들이 함께 진행되었다. 한편, 조직화되어 가는 사회와 국가체제에 대한 비판의 전통은 자본주의와 기술지향적 사회의 비판과 더불어 20세기 서구 지성사의 비판담론을 발전시켜 왔다. 리오타르가 비판의 대상으로 삼고자 했던 20세기 중·후반의 현대사회의 지식의 문제는 곧, 계몽주의적 전통의 지속 속에서 유지되고 있는 '신화적' 차원의 완전한 설득과 동의확보를 위한 지식의 정당화 기제에 대한 역사적 조건의 분석이다.[13] 과학적 진보에 대한 탈현대적 입장은 곧 탈현대적 사유가 과학의 진보의 결과에 대한 비관적인 관찰의 결과임을 드러내면서, 탈현대성이 20세기의 과학비판임을 주장한다.[14]

이렇게 정리된 근대 서구 지성사의 흐름에서 보면, 이른바 탈현대

---

13) "이 저술(『포스트모던 조건』)의 연구대상은 가장 고도로 발전한 사회에서의 지식의 조건이다. 나는 이 조건을 기술하기 위해 포스트모던(postmodern)이라는 용어를 쓰기로 했다. 이 용어는 현재 미국의 사회학자와 비평가들 사이에서 통용되고 있다.……과학은 언제나 서사와 갈등관계 속에 있어 왔다. 과학의 잣대를 들이대면 대부분의 서사는 우화이다. 그러나 유용한 규정들의 진술에만 자신을 한정시키지 않고 진리를 추구하는 한, 과학은 자기 자신의 게임규칙들을 정당화하지 않으면 안 된다. 그래서 과학은 스스로의 지위에 관한 정당화의 담론, 즉 철학이라 불리는 하나의 담론을 생산한다. 나는 이런 종류의 메타담론에 근거해서 스스로를 정당화시키고, 모종의 대서사에 공공연히 호소하는 모든 과학을 지칭하기 위해 '근대적(modern)'이라는 용어를 쓰겠다.……대서사에는 정신의 변증법, 의미의 해석학, 이성적 주체 혹은 노동주체의 해방, 또는 부의 창조 등이 있다.……아주 단순화시켜 표현하면, 나는 '포스트모던'을 대서사에 대한 불신과 회의라고 정의한다."(리오타르, 1992: 33-34)

14) "(대서사에 대한) 이 회의는 의심할 여지없이 여러 가지 과학 진보의 산물이다. 그러나 과학의 진보 또한 회의를 전제한다. 메타서사라는 정당화 장치의 퇴화에 가장 두드러지게 상응하는 것은 형이상학과 과거 그것에 의존했던 대학제도의 위기이다.……각각의 (서사적 언어 요소들의) 구름 속에는 그 종류의 구름에만 고유한 화용적 결합가(pragmatic valencies)들이 실려 있다. 우리들 각자는 이들의 교차점에 살고 있다. 하지만 우리가 반드시 안정된 언어적 결합들을 성립시키는 것은 아니며 우리가 성립시키는 결합들의 속성이 반드시 소통가능한 것도 아니다."(리오타르, 1992: 34)

성이 추구하는 계몽적 서사에 대한 비판은 '합의(Consensus)의 가능성에 대한 승인'에 대한 회의를 통해서, 전체주의적 성격을 갖는 집중화된 단일 의제나 조직화된 실천의지의 발현에 대해서 부정적이다.[15] 합의의 불가능성 문제를 통해서 계몽주의적 기획에 대한 부정을 하는 것이다. 탈현대적 시대적 상황의 전개를, 이러한 합의 불가능성의 사회적 조건으로서의 과학적 지식의 파편화된 정당화 기제들과 각 영역을 넘나드는 의사소통구조의 확립의 어려움을 예로써 설명한다. 이러한 조건은 각 영역에서 통약불가능성에 대한 관용을 강조하게 됨을 리오타르는 지적한다. 이른바 차이의 조건이 무르익은 상황에서 발생하는 합의 도출의 어려움을 인정하자는 것이다. 차이의 조건에 대한 현대사회의 과학기술 발전에 관한 사회학적 묘사방법은 리오타르로 하여금 단순히 형이상학적 선언이상의 경험적 논증을 동원한다. 리오타르가 이야기했던 탈현대적 조건이라는 것을 탈현대시대의 출현에 관한 상황묘사라고 이해할 경우, 우리는 이미 개별 지식들 사이의 완전한 소통이 불가능한 탈현대시대에 살고 있는 셈이다.

그럼에도 불구하고, 탈현대시대에 대한 비판적 묘사를 곧바로 탈

15) "예를 들어, 진리치를 갖는 어떤 진술의 발신자와 수신자 간의 합의(consensus)라고 하는 규칙은 합리적 정신들 사이에 만장일치가 가능하다는 조건 속에서만 받아들일 수 있는 것이 된다. 이것이 계몽서사이다. 계몽서사에서 지식의 주인공은 보편적 평화라고 하는 선의의 윤리-정치적 목적을 지향한다. 이 예에서 볼 수 있듯이 만약 역사철학을 시사하는 하나의 메타서사가 지식을 정당화하기 위해 사용될 경우, 사회적 유대를 지배하는 사회제도들의 타당성에 관한 질문들이 제기되고 그 제도들도 동시에 정당화되어야 한다. 그러므로 진리와 마찬가지로 正義 역시 대서사에 부여된다."(리오타르, 1992: 34)

현대성이라는 추상적 개념으로 활용하기에는 몇 가지 어려움이 발생한다. 왜냐하면, 탈현대성의 비판과 극복대상이 되는 현대성은 결코 이성 중심의 세계관의 제도적 발현과 이것을 위한 과학적 서사방식으로 축소될 수 없는, 서로 다른 지향을 가진 복수의 행위자들의 관계에 의한 구성물과 리오타르의 표현을 빌자면, '이미 시작부터 여러 서사방식에 의해서 긴장관계를 내포하는' 서사들의 집합이기 때문이다. 예를 들어 과학적 정당화 기제의 등장과 확산과정은 과학적 정당화 기제를 도구적으로 활용하여 설득력을 높이고자 했던 실증적 태도를 가진 지식공동체의 활동에 불과하기 때문이다. 비록 이러한 활동이 '폭력적인 힘'을 발휘하면서 지식 수용을 강요하는 사회적 분위기를 생산하는 있고, 언어게임'들'의 규칙까지 위협받고 있지만, 이러한 상황의 경고를 시도하는 탈현대성 논자들의 개입까지 현대성의 지식 발전과정에 포함시켜야 하지 않을까? 이것이 18세기~19세기 초반에 계몽주의 비판을 시도했던 다양한 흐름들의 비판적 전통이 탈현대성 논자들에 의해서 계승되는 것이 아닐까? 그렇다면, 이성적 계몽주의만을 떼어서 현대성이라 명명할 수 없듯이, 계몽주의 비판의 전통 위에 있는 탈현대성을 지속되는 현대성의 지식 생산 담론에 포함시켜야 될 것이다.

Ⅳ. 사상과 이론 사이에서의 윤리의 지위: 포스트모더니티의 경우

만약 사회학이 윤리[16]에 대한 사색적 언급을 배제하지 않는다면-

16) 윤리, 도덕, 규범 등의 개념에 대한 치밀한 정의적 접근을 통한 셋 사이의 관

Ⅱ장에서 언급한 탈현대성과 유교의 사회학과의 결합 가능성에 대한 3가지 논의를 환기하면서, 그래서 사회학의 경험과학적 근거를 부정하지 않으면서도, 윤리에 관련된 사회학적 접근이 가능하다면, 그 방식은 어떤 것이 될 수 있을까? 이러한 질문은 곧 특정한 사상에 대한 '사회학적' 이해의 내용은 무엇인가라는 질문과 같은 종류의 것이며, 따라서 답변은 두 질문에 동시에 답하는 것이 될 것이다. 사회학'이론'이 그 함의에서, 그 실천적 영향력 아래에서 은유적으로, 간접적으로 '윤리적인 성격'을 드러낸다면, 사회'사상'은 보다 분명하게, 그리고 보다 직접적으로 '윤리적 태도'를 드러낸다. 탈현대성과 관련된 사회학적 이론과 사회사상의 차이는, 탈현대성의 출현에 대한 경험적 논증과 사회적 변화에 대한 논의-다시 말하면, 현대적 사회환경의 시대적 변화모습-에 대해 집중하는가 아니면, 이러한 사회적 상황이 가지고 있는 윤리적 의미를 포함하고 부각하는가에서 드러난다.

탈현대성 담론은 현대사회의 제도적 한계와 그 내용적 문제를 통해서 현대사회의 가치관에 대한 비판을 수행한다는 측면에서 보면, 대단히 사회학적인 담론인 셈이다. 탈현대성 담론을 이끌어 낸 리오타르(Lyotard, 1992)와 바우만(Z. Bauman, 1989)의 현대성 비판은 이성

계와 비교는 이 글에서 발전시키지 않으려 한다. 이 글에서는 세 개념의 차이를 무시하고 개념들을 동일한 내용에도 불구하고 문맥에서 드러나는 어떤 느낌의 차이(sentimental difference) 수준에서 사용할 뿐이다. 이러한 태도는 적어도 사회학 바깥에서 발전해 왔던 '윤리학'적 연구전통에서 형이상학적 접근과 신학적 접근, 그리고 비역사적 태도의 철학으로부터 거리를 유지하는 한 크게 문제될 것 같지 않다. 물론 3장에서 소개되는 윤리와 도덕에 대한 탈현대성 논자의 구분 방식은 의미 있게 추적한다.

적 세계구축의 실천적 발현이 가져온 기술지향적 제도정착과 인종 학살의 문제를 치밀하게 논증한다. 리오타르에게 있어서 거대서사(Grand narrative)에 의한 사회의 재편과정은 각 행위자들이 가진 내적 정당성의 언어적 표현의 차이에 의해서 합일되지 못하는 한계를 지니고 있다. 과학적 지식 또한 과학적 지식의 확산으로 합의에 도달할 수 없는 사회적 환경 속에서 다른 서사들과 긴장관계를 이루게 된다. 총체성을 지향하는 수렴과정은, 지식과 과학의 차이에 의해서 발생하는 지식의 도구화 과정들과 사회적 인식론에 기반을 둔 정당화논의를 피할 수 없는 과학과 다른 서사들과 충돌하면서, 불가능하게 전개된다고 리오타르는 보았다. 바우만에게는 총체성의 수렴과정의 사회적 실천은 다름 아닌 '전체주의적 실천'으로 등장한다. 2차 세계대전에서 학살당한 유태인들은 보다 완성도 높은 단일한 사회를 만들기 위한 기술적인 대응전략의 일환이었다고 본다. 발전된 사회에 대한 믿음은 곧 이성의 발현에 대한 계몽주의적 신뢰에서 기인한 것이며, 유태인의 인종 학살은 곧 그 과정에서 불가피하게 발생하는 실천적인 문제였을 뿐인 것이다. 이러한 관점에서 보면, 그들은 대단히 사회학적 방식으로 비판의 대상으로서 현대성의 발현에 대해서 묘사하고, 그 비판 속에서 탈현대적인 내용을 도입하고 있는 것이다.

그럼에도 불구하고, 리오타르와 바우만의 현대적 세계 질서에 대한 비판은 그들이 지향하는 도덕적 지향의 철학적 배경의 소개 속에서 적극적으로 윤리적인 담론을 끌어들인다. 이것은 사회변동에 의해서 새롭게 등장하는 윤리적 환경의 소개와 더불어 '비시간적 기초

(atemporal foundation)의' 윤리학적 논의를 함께 진행시킨다. 철학자로서의 리오타르는 계몽주의적 세계관으로부터의 단절을 시도하는 데 있어서, 서로 다른 지향을 가진 행위자들과 그들의 지적정당화 기제들의 화해불가능성을 제기하면서 '차이와 다양성에 대한 인정의 불가피성'을 주장한다. 이러한 다양성과 '우리'로 상징되는 동일정체성을 소유한 '근대의' 집단적 단위의 사회적 역할에 대한 비판은, 리오타르에게 있어서 현대성 비판은 곧 계몽주의적 태도의 종결을 의미하는데, 그 종결의 의미 속에서 탈현대라는 새로운 시작의 의미가 일부 역사적으로 부여되기도 하지만, 탈현대적 질서가 근대처럼 '결국' 사라질 것인가에 대한 주장은 찾아보기 어렵다. 이 지점에서 리오타르는 어찌 보면 해석학과 해체주의적 입장처럼 현대성 비판의 역할로서의 탈현대적 질서를 주장한다는 변론 또한 가능한 것도 사실이다.

바우만에게 있어서, 탈현대적인 윤리적 기초는 타자에 대한 인정과 타자와의 관계성의 새로운 정립에 있다. 바우만은 윤리적인 규칙 혹은 합의 없는 도덕(morality without ethical code)을 탈현대성을 위해서 주장한다(1993: 31-36). 바우만에게는 집단적인 합의 혹은 외부로부터 강제된 혹은 수입된 윤리적 규칙은 그것의 사회적 집행과 영향력의 행사과정에서 강제력을 행사하게 되는데, 이것이 바로 탈현대시대 이전에 존재하던 윤리학의 큰 특징이다. 이러한 탈현대성과 현대성의 윤리적 차이를 위해서, 도덕은 존재자가 있게 되는 바로 그 상황에서부터 발생한다는 레비나스(E. Levinas, 2001, 2003)의 '타자인정' 철학을 수용한다. 사회적 쟁점들과 타자의 존재들을 위협하는 사회상황 등에 개입해야 하는 요구된 '책임감'(대응성, responsibility)의 기초는 바로 개인들의 존재 그 자체로부터 나온다는 것이다.

정리하자면, 탈현대성의 사상적인 기초-그런 의미에서, 당연히 윤리적인 기초까지-를 만든 리오타르와 바우만에게 있어서 윤리적 혹은 도덕적 관심은 현대사회를 유지하는 현대성 비판과 깊은 관련이 있다. 현대성과의 단절을 위해서-아니면, 적어도 급진적인 개혁을 위해서- 그들이 침잠했던 것은 바로 주체/자아와 타자와의 관계성에서의 불가피한 다양성과 차이의 인정이었다. 따라서, 이러한 함축적인 윤리적 대안을 위해서 그들은 계몽주의와 총체성과 보편성의 관철이라는 근대적 철학관을 부정한 것이다. 한 가지 중요한 점은 리오타르와 바우만이 근대적 질서의 출현과정에 부여된 (근대 이전 사회와 비교하여) 세계관적 우월성에 대한 지적 연장선으로서의 탈현대적 우월성을 주장하는 인상을 준다는 것이다. 현대성 안에서의 급진성의 유지로서의 탈현대성 혹은 급진적 현대성의 한 형태로서의 탈현대성에 대한 그들의 관점이 그렇기 때문이다.

V. 사상 안에서, 그러나 이론 밖에서의 윤리의 지위: 유교의 예

탈현대성의 윤리적 태도와의 비교라는 측면에서 보면, 유교적 전통에서의 윤리적 내용 전체에 대한 요약적 언급은 이 글의 근본 목적과 부합하지 않는다. 나아가, 유교사상의 역사 속에서 등장하는 윤리와 도덕적 심성론의 깊이와 폭을 최근의 서구 지성사의 하나의 흐름인 탈현대성의 그것들과 비교하려 한다는 것은 격이 맞지 않는 두 대상을 애써 하나의 같은 지위에 올려놓는 우스꽝스러운 시도인지

모른다.[17)]

유교사상을 '위한', 그런 목적에서 '방법론적으로' 탈현대성의 내용 제시를 통해서 유교의 사상적 내용들 중의 일부분들을 부각시키기 위해서, 탈현대성 중심적인 관점에서 유교를 살펴보면, 이 두 사상적 조류에 대한 몇 가지 차이를 발견할 수 있다. 크게 두 가지를 살펴보자.

첫째, 탈현대성이 현대성과 관계하는 방식에 비추어 유교를 살펴보면, 유교 내부의 급진적인 제언들은 윤리적 내용의 초역사적인 함의에 주로 기초한다. 초역사적이라는 뜻은, 자연계의 질서 속에서 인간이 차지하는 그 지위와 역할에서 비롯되는 것으로, 자연의 이치와 천명天命으로 해석되는, 우주론과 존재론의 단일한 영역에서 인간의 윤리적, 인간에게 필요한 윤리학적 주장들이 등장한다는 의미에서이다. 이러한 초역사적인 혹은 비시간적인 영원성의 기초 아래서의 윤리적 내용들에 대한 언급은 '인간'의 근원적 본성에서 그 기원을 찾는다. 인간들 사이의 상호의존성에 대한 레비나스의 타자성 철학이 바우만의 탈현대성의 윤리적 기초에 중요한 역할을 하였을 때, 그는 인간 존재의 의미와 역할을 타자들로부터 확인하였다. 그러나, 레비나스의 타자성이나 바우만의 '윤리적 규칙 없는 도덕성'의 확보에

17) 긴 시간대를 통해서 축적되고 있는 유학전통의 수많은 저작들 중에서 몇을 선택하여 유교에서의 윤리적 제언들의 역사성 문제를 제기하는 것은 그리 바람직한 일은 아닐 것이다. 이 글에서의 비교 대상인 탈현대성 계열의 몇 선구자들과 유교의 핵심적 성현들의 저술을 비교하는 것 또한 어찌 보면 올바른 비교의 방법이 아닐지 모른다. 그래서 이 글에서는 보다 일반론적으로 논의를 전개하는 방식을 취한다. 어느 논평자가 지적했듯이 이 글에서는 유교의 윤리담론에 대한 내용은 함량미달임을 인정한다.

대한 문제의식은 (전통적인) 유교에서 크게 부각되지 않았던 '사회적인 관계 자체의 잠재적 폭력성에 대한 비판'에서 비롯된다.[18] 이런 문제의식에는 탈현대성 담론에는 유태인 학살과 2차 세계대전의 교훈이 존재하기 때문이다. 유교의 윤리적 규칙들은 사회적인, 혹은 인간의 근원적인 관계방식 그 자체에 의해서 그 구성원들의 도덕적 역할과 책임을 부여한다는 측면에서 잠재화된 강제력 - 다른 말로 하면 자율적 규제 - 의 근원이 될 수 있다. 차이와 다양성을 위해서 자아와 주체 그리고 다른 한편으로 타자에게 부여된 자율권-다른 존재들과 충돌을 최소화해야 한다는 의미에서 자유보다 책임이 우선인-은 관계 내부에서 구현되는 구성원들의 지위에 대한 유교적 입장과 윤리 생산의 틀이 크게 다르다. 하지만, 일반적으로 유교와 탈현대적인 윤리의 사회적 발현과정은 자기 제한적인 사회적 책임감을 강조한다는 측면에서는 유사하다. 만약, 어떤 총체적인 질서와 규율, 방향성을 설정하고 이것의 사회적 실천의 압력을 행사하는 제도적 힘이 있다면, 이것은 탈현대성에 의해서 비판을 받는 집단주의적 윤리로서 위치 지워질 것이다. 유교적 전통에서의 '통일統一'관은 탈현대성의 합의의 조건의 상실에 대한 주장과 크게 다르게 나타날 수 있기 때문이다.

둘째, 탈현대적인 윤리 제안은 분명히 현대성의 급진적 개혁을 시도한다고 할 때, 불교 중심의 세계관로부터 벗어나 보다 현실주의적인 사회개혁의 측면이 크게 강조되었던 주자학적 윤리관과 유사한

18) 여기서, 전통적이라는 수식어를 붙인 이유는 한국 사회의 권위주의와 사회적 차별, 근대화시대에 발현된 동원적 집합주의에 대한 비판에서는 '유교문화'의 영향을 지적하는 흐름이 이미 존재하기 때문이다.

점이 있다. 예를 들어, 한국 역사에 등장하는, 고려 말기의 신진사대부의 한 사람인 정도전의 『불씨잡변』(2006)은 불교비판 내용의 타당성에 대한 견해를 떠나서 살펴보면, 현실 지향적 개혁의 일환으로 이해될 수 있기 때문이다. 그러나 21세기 현재에서 바라보는 역사적 이해라는 측면에서 살펴보면, 주자학에 입각한 유교적 윤리관의 사회화과정은 역사적으로 13세기 이후 동아시아에서 이미 구현된 역사적 경험이 있지만, 탈현대성은 비판과 반성을 주된 영향력으로 행사하는 새롭게 등장하는 사상적 조류로서 그 실천적 외화물을 역사 속에서 검증하고 있지 못하다는 차이가 있다. 이러한 단순한 사실적 차이는 탈현대성 담론에 대한 비판적 입장과 거칠게나마 직접적으로 관계된다. 탈현대성에 대한 많은 비판들 중의 하나가 바로 제도적 대안의 구체적 확보에 대한 회의적 시각이기도 한 점에서 보면, 탈현대성의 사상적 힘을 유교의 역사적 경험과 비교하기는 어렵다. 물론, 탈현대적 사회적 삶을 위한 제도적 방식은 현대성에 기초한 이성적 실천의 방식처럼 조직적이거나 일사불란하지는 않을 것이다. 내부적으로 위계질서와 집중적 수렴에 대한 비판의 가능성이 크기 때문이다. 그러나 한 가지 분명한 차이는 탈현대성의 윤리적 제언들이 과거와의 절대적 혹은 점진적 단절을 시도하는 점에 비해서-아마도 끊임없는 단절과 극복을 취하는 현대성의 연장선 아래에 있기 때문일 것이다-, 유교는 과거의 일정 시점으로의 회귀지향을 내부적인 동력으로 가지고 있다.[19] 서구에서의 14세기 이후의 부흥(renaissance)이

19) 이 말은 유교가 단순히 복고지향적이라는 것은 아니다. 정약용의 『경세유표』(1997)에서 등장하는 성왕의 시대에 대한 환기나 주희에 대한 선진유학의 재구성 방식은 저자들의 당대의 문제점을 드러내주는 긍정적인 경험적 사례로

중세 이전의 고대 그리스에서의 문예와 정치활동에 대한 관심을 보인 것처럼, 유교적인 관점에서는 '윤리적 선례'에 대한 근원적 동경과 그리움이 있다는 의미가 될 것이다.

탈현대성과 유교의 이 차이는, 유교가 장기간 그 생명력을 유지하고, 특정한 역사적 변동의 시기에 다시 등장하면서 인간들에게 '근원적' 호소력을 보인 사상적인 힘과, 끊임없는 단절을 시도하면서 새로운 가능성을 추구하는 탈현대성의 신선함을 어떻게 비교할 것인가의 문제이기도 하다. 만약, 20세기의 거대한 정치적 변동이, 중국에서의 원의 등장을 둘러싼 혼란-주자학의 등장 과정-과 이후 명나라의 등장, 한국 역사에서의 불교 중심적인 고려의 몰락-성리학적인 국가건설-과 같은 문명사적 전환으로 이해된다면, 21세기 한국에서의 유교적 대안의 모색은 탈현대적인 역사관과 차이를 드러내는 것이다.

Ⅵ. 탈현대 시대의 현대성의 재구성을 향하여

앞서 2장과 3장에서 시대개념으로서의 탈현대와 시대정신의 발현으로서 탈현대성을 구분해야 함을 지적했었다. 이러한 문제의식은 이른바 탈현대적 사회조건의 조성에 대한 경험적 진술의 설득력을 긍정적으로 수용함에도 불구하고, 현대성과 단절할 수 없는 탈현대성의 이론적 지형을 확인하는 작업이기도 하다. 바우만에게 있어서도 탈현대성은 현대성을 계승하는, 현대성의 발현으로서 이해될 뿐,

---

서 '옛'상황과 古典을 소개시켜줌으로써, 과거의 상황이 현재를 위한 자료의 가치가 높게 등장하는 전통이 있다는 뜻이다.

현대성과의 철저한 단절을 의미하지는 않는다. 그 이유는 바로, 탈현대성 논자들의 비판적 문제의식과 사회 개혁적 노력의 기초에는 현대성에 대한 깊은 성찰이 자리를 차지하고 있기 때문이며, 그들이 현대성의 의사소통 구조 안에서만 그들의 주장을 설득력 있게 뒷받침할 수 있기 때문이다.

이러한 인식은 현대성 안에서의 유교의 의사소통 방식에 대한 어떤 관점을 확보하는 데 도움을 준다. 이른바 탈현대시대의 사회적 상황, 과학적 지식들의 파편화와 독립된 정당화 기제의 활동, 완벽한 의사소통의 불가능성, 기술 중심의 사회 체계의 확산 등은 곧, 유교의 사회이론적 재구성과 경험과학적 논증 능력의 확보를 위해서는 반드시, 현재 한국 사회의 지식 유통과정과 수용과정에 대한 깊이 있는 고찰이 우선 필요함을 알려주기 때문이다. 다양한 언어 게임들의 하나로서 유교를 위한 의사소통 영역은 이미 탈현대사회가 내포한 차이에 대한 관용적 상황의 조성과 만장일치의 합의에 대한 부정 속에서 최소한이나마 마련된 것이다. 21세기 초 현재의 상황은 19세기 말 이후부터 조직화된 근대화 과정을 통해서 강요받았던 유교에 대한 부정적 사회인식이 한국의 경제성장과 민주주의의 실현과정을 통해서 점차로 지식의 사회적 수용과정에서의 전체주의적 폭력성으로부터 벗어나고 있다.

만약 적극적으로 한국 사회 내의 논의구조와 지식 생산과 소비 과정에 개입하고자 한다면, 설령 그것이 완전히 성취될 수 없다는 것을 인정하고 시작할지라도 – 리오타르는 이것을 계몽적 서사구조에 대한 포기로 제안한다 – 경험과학적 논증 구조를 유교적 전통에서 생산할 수 있는가의 문제를 보다 심각하게 고민할 필요가 있다. 이것은 19세기 말의 서구 사회과학이 겪었던 길을 한 세기가 지난 다음에 해결하려 하는 후진적인 문제의식이 결코 아니다. 유교적인 사유체계의 강점들을 '우리시대의 문제들 속에서' 재구성하려는 노력인 것이다. 특히 주목할 가능성은 실증적 사회과학방법론이 서양철학과 과학의 초기 발전 속에서 결합되었듯이, 유교가 발전시킬 경험적 논증방법은 동양사상의 지적 전통과 자기 한계에 대한 반성작업이 진행중인 서구 지성사 양자로부터 얻을 수 있는 독특한 결합방식이 될 것이다. 이렇게 보면, 이른바 탈현대시대의 유교적 연구 활동은 '한국에서의 현대성 발현을 위한 지식생산'의 주요한 부분이 될 것이다. 물론, 여기서 의미하는 현대성은 탈현대성 담론에서 제기되는 기존의 현대사회의 발전을 꾀했던 지향과 제도적 결과물들이 아닐 것이다. 오히려 당면한 현실의 문제들을 풀어나간다는 그 시대적 상황성을 강조하는, 그런 의미에서 우리 시대의 역사적인 특수한 기획의 발현이 되어야 하며, 이런 태도에서 살아 있는 '현대성'의 추구일 것이다.

참고문헌

『朱子語類』. 1998. 여정덕 편집. 허탁·이요성 역주. 청계.

콩트 (A. Comte). 2001. 『실증주의 서설』. 김점석 옮김. 한길사.

뒤르켐 (E. Durkheim). 1994. 『자살론』. 김충선 옮김. 청아출판사.

__________. 1998. 『직업 윤리와 시민도덕』. 권기돈 옮김. 새물결.

__________. 2001. 『사회학적 방법의 제규칙』. 윤병철·박창호 옮김. 새물결.

레비나스 (E. Levinas). 2001. 『시간과 타자』. 강영안 옮김. 문예출판사.
_______________. 2003. 『존재에서 존재자로』. 서동욱 옮김. 민음사.
루소 (J. J. Rousseau). 2005. 『인간 불평등 기원론』. 주경복 · 고봉만 옮김. 책세상.
리오타르 (J. F. Lyotard). 1992. 『포스트모던의 조건』. 유정완 · 이삼출 · 민승기 옮김. 민음사.
스피노자 (B. Spinoza). 2002. 『신학-정치론』. 김호경 옮김. 책세상.
엘리아스 (N. Elias). 1996. 『문명화과정』 I. 박미애 옮김. 한길사.
엥겔스 (F. Engels). 2002. 『공상에서 과학으로』. 박광순 옮김. 범우사.
정도전. 2006. 『불씨잡변』. 이기훈 옮김. 계명대학교 출판부.
정약용. 1997. 『경세유표』 1. 이익성 옮김. 한길사.
터너 (B. Turner). 2005. 『막스 베버: 근대성과 탈근대성의 역사사회학』. 최우영 옮김. 백산서당.
페더스톤 (M. Featherstone). 1994. 『포스트모더니즘과 소비문화』. 정숙경 옮김. 현대미학사.
하버마스 (J. Habermas). 1994. 『현대성의 철학적 담론』. 이진우 옮김. 문예출판사.

Bauman, Zygmunt. 1989. *Modernity and the Holocaust.* Cambridge: Polity.
_______________. 1993. *Postmodern Ethics.* Oxford: Blackwell Publishers.
Calinicos, Alex. 2003. *Social Theory: A Historical Introduction.* London: Polity.
Jameson, F. 1991. *Postmodernism, or, The Cultural Logic of Late Capitalism.* London: Verso.
Lyotard, Jean-François. 1993. *Moralités postmodernes.* Paris: Galilée.

유교의 근대성과 탈현대성

권상우

Ⅰ. 유교문화체계의 이중적 의미: 전근대성과 탈현대성

'오늘날 서양 근대문명이 동북아에 이미 깊게 뿌리내리고 있는 상황에서 유교는 과연 새로운 모습으로 태어날 수 있을까?' 유학의 새로운 해석으로 출현한 신유학(성리학)이 사상적으로 이질적인 토대에서 다시 태어날 수 있었던 역사적 사례가, 오늘날 유학이 어떤 방식으로 새롭게 태어날 수 있는가를 탐색하는데 있어 중요한 모델이 될 수도 있다. 성리학이 새로운 유학적 패러다임으로 등장할 수 있었던 이유 중에 하나가 당시 유학자들의 충분한 현실인식에 기인하고 있었다는 것이다. 성리학자들은 당시에 일반인의 의식세계를 지배하고 있던 불교와 도교 사상의 일정 부분을 수용하여 유학적 형이상학을 건립할 수 있었다. 이처럼 성리학이 현실에 대한 충분한 인식에 근거해 새로운 이론체계를 확립한 것과 같이, 현대사회에서 유학의 재탄생은 반드시 동양 사회가 근대성에서 탈현대성으로 전환하고 있는 현실적 토대에 대한 이해에서 출발해야 한다.

동양이 서양의 근대성을 처음 수용할 당시에 취한 태도는 크게 두 가지로 볼 수 있다. 하나는 동양의 정신을 체體로 하고 서양의 민주와 과학을 용用으로 사용해야 한다는 전통주의자의 입장이고, 다른 하나는 서양의 근대성을 전반적으로 수용해야 한다는 입장이었다. 이처럼 서양의 근대성을 받아들이는 방식에서 차이는 있었지만, 서양의 근대과학과 민주를 수용해야 한다는 데 있어서는 두 학파 사이에 이견이 없었다. 그들은 모두 서구의 근대성을 접한 후에 동양 전통 사회의 신비주의적 과학관과 전제주의 정치가 동양 사회의 발전을 저해한다고 평가하고, 이를 서양의 과학과 민주정치로 대치하고자 했다. 이런 배경에서 동양은 서양의 근대성을 적극적으로 수용하여 2천여 년 동안 내려온 전제주의 왕권을 성공적으로 몰락시킬 수 있었지만, 또 다른 한편으로 서양의 합리성과 효율성이 절대적 잣대가 되어 모든 것을 평가하면서 또 다른 사회문제를 초래하고 있기도 하다.

근대 이후 동양은 유학은 더 이상 현실에 적용될 수 없는 박물관의 유물로 간주하면서 서양의 근대성을 적극적으로 수용하고 있을 때, 서양은 오히려 그들이 형성한 근대성을 맹렬히 비판하면서 새로운 문명을 건설하고자 한다. 더욱이 그들은 우리가 근대성화 과정에 저버렸던 동양문명 안에서 찾고자 하는 경향도 나타나고 있다. 우리도 이제는 더 이상 서양 근대성의 범주에서 벗어나 유학 자체에 대한 충분한 이해를 바탕으로 현대적 해석을 해야 한다. 이런 점에서 다시 한 번 동양의 유교문화와 서양의 근대와 탈현대성과의 관련성에 대해 재평가해 보는 것은 매우 유익한 작업이 될 수 있다. 이런 논의는 최근 한국 사회학계에서 세 가지 관점에서 진행되고 있다고 한다(최종렬, 2006: 162). 첫 번째 관점은 막스·베버가 유교문화에는 자본주의가 발전할 수 있는 동인이 없다는 주장에 반대하면서 동양의 자본주의 발전은 바로 유교적 토대가 있었기에 가능할 수 있었다고 보는 관점이다. 두 번째 관점은 유교를 지배이데올로기의 관점에서 접근하여 유교는 보다 진보적인 사회를 위해서 청산되어야 한다는 관점이다. 세 번째 관점은 유교를 크게는 서구의 근대성의 한계를, 작게는 서구 근대의 과학적 사회학의 한계를 극복하게 해 줄 대안이나 보완으로 파악하려는 관점이다. 본 논문은 앞의 두 가지 입장을 모두 긍정하면서도 주로 세 번째 관점의 입장에서 논의하고자 한다.

이런 작업의 일환으로 본 논문은 우선적으로 유교적 문화체계를 유교와 유학[1)]이라는 이중적인 의미로 구분하고자 한다. '유학'을 공

1) 유교문화권에서는 개인은 독립된 존재라기보다는 인륜관계상의 존재, 즉 타자와의 관계에서 벗어날 수 없는 존재로 파악하고 있다. 이러한 인륜관계를 토대로 한다는 점에서는 유교나 유학이 공통기반이지만, '인간관계를 계급적이고 수직적인 관계로 보면서 개체성을 부정하면서 전체성을 강조하느냐?' 아니면 '수평적이고 평등한 관계로써 개체성을 인정하면서 전체성으로 나아가느냐?'에 따라 구분할 수 있다. 전자가 바로 유교가 취하는 태도이라면, 후자는 바로 유학이 추구하는 이념으로 볼 수 있다. 이런 논의는 실제로 유학의 전개사에서도 쉽게 찾아 볼 수 있다. 북송 시기의 구파와 신파 간의 갈등관계 또한 이런 구도에서 진행되었다. 즉 왕안석이 이끈 신파는 국가제도에 의거해서 향촌사회를 재정비해야 한다는 측면에서 유교적 경향을 가진다고 한다면, 장재, 이정, 사마천을 중심으로 한 구파는 향촌사회의 수평적이고 평등한 이념을 국가의 이념으로 삼아야 한다는 점에서 유학적 경향을 가진다고 할

맹을 비롯한 유학자들이 추구하던 이념과 이론체계로 규정한다면, 유교를 정치와 사회적 체계에서 왜곡되어진 형태인 지배 이데올로기로 규정하고자 한다. 이런 구분에 근거해서 근대 이후의 동양사회의 전근대와 근대 그리고 탈현대의 발전 과정을 설명해 보고자 한다. 그리하여 서양의 근대성이 동양에 수용되어 어떤 사회적 역할을 하였으며, 그 결과로 초래된 문제가 무엇인가를 살펴보고자 한다. 그 다음으로 서양 근대성에 대한 비판으로 등장한 탈현대사조가 동양 특히 한국 사회에서 어떤 문화현상으로 나타나고 있는가를 개략적으로 살펴보고, 그런 문화현상의 사상적 토대인 탈현대사상을 비판적으로 접근하면서 유학과 탈현대성의 접목 가능성을 탐구해 보고자 한다.

Ⅱ. 유교의 전근대성에서 서양의 근대성으로 — 천명에서 개인 주체로

근대 이후의 인류 역사를 살펴볼 때 동양은 다른 어느 비서구권 문명보다도 성공적으로 근대문명을 받아 들여 전근대성에서 벗어날 수 있었다. 일반적으로 서양 근대성의 특징을 '이성주체의 확립', '도구이성의 발달', '계몽의 진보이념'으로 본다. 근대성은 전근대성에 대한 비판 사조라고 할 때, 동양사회가 비판한 전근대성은 바로 2천년 동안 동양사회를 천명에 기초하여 개인의 권리와 자유를 억압해 온 유교적 전제주의이다. 근대성이 유교적 전제주의에 대한 비판과 극복은 다음과 같은 세 가지 측면에서 논의해 볼 수 있다.

수 있다.

첫째, 서양의 근대이성이 인간을 기독교의 신 중심에서 벗어나게 하였다면, 동양에서는 천명天命에서 벗어나게 하였다. 천명은 원래 유학이 군주가 왕도정치를 해야 함을 강조하는 도덕적 장치로 사용되었다. 천명사상은 백성을 존중하고 백성을 위한 도덕적인 사람이 왕권을 얻을 수 있다는 유학의 정치사상이다. 맹자가 "하늘은 우리 백성이 보는 것으로부터 보고, 하늘은 우리 백성이 듣는 것으로부터 듣는다"[2] 라고 했듯이 군주의 정당성은 지고무상한 천명의 의지에 결정되는 것이지만 그 천명은 바로 군주가 백성의 뜻에 따르는 정치를 하느냐에 달려 있다. 결국 군주의 도덕성이 천명을 결정하는 중요한 요소가 되는 것이다.

천명사상은 유가사상이 한대의 국가이데올로기가 된 이후에는 패도왕권의 정당성을 옹호해 주는 정치기제로 변모한다. 한漢나라의 무제武帝는 전제주의를 통치의 사상적 근거를 유가에서 찾고자 한다. 이에 호응하여 당시 유학자들도 자의든 타의든 전제주의정치의 정당화 작업에 참여하게 된다. 동중서董仲舒는 "오직 천자만이 하늘에서 명을 받고, 천하는 천자에게서 명을 받으며, 한 국가는 군주에게 명을 받아야 한다"[3]고 한 것에서도 알 수 있듯이 유가는 천명으로써 왕권의 정당성과 당시 정치제도의 합리성을 설명하고자 했다. 이런 과정에서 원시유가사상에서 흔히 볼 수 있었던 지녔던 왕권의 혁명성과 민본주의적 색채는 사라지고 천명 개념은 단지 군주의 절대적인 권력의 정당성을 보장해 주는 정치적 논리로 바뀌게 된다.

---

2) 『孟子』, 「萬章上」, "天視自我民視, 天聽自我民聽."

3) 『春秋繁露』, 「爲人者天」, "惟天子受命于天, 天下受命于天子, 一國則受命于君."

군주일인정치의 전제주의적 체제에서 신하와 백성은 모두 왕권에 종속될 뿐 실제적인 정치적 권리를 행사할 수 없다. 이러한 체제에 기여하는 유교는, 겉으로는 유학의 틀을 쓰고 있지만 그 내용은 법가적 전제주의라고 할 수 있다(양적, 1999: 232).[4] 유교는 법가적 전제주의와 결탁함으로써 동북아시아에서 2천여 년 동안 정치·사회의 주도적 사상이 될 수 있었던 것이다(간춘송, 2003: 82).

유학은 전제주의체제에서 패도 왕권의 정당성을 확보해 주는 현실적 의무를 다하면서도 유학의 이상을 실현하고자 하였다. 그러나 동양사에서 볼 때 유학은 근대 이전에는 한 번도 전제주의를 무너뜨리고 그들의 정치이상을 실현한 적이 없었다. 이런 전제주의적 정치에 일침을 가한 것이 바로 서양의 근대성이었다. 서양 근대성이 동양사회를 천명에 토대를 둔 전제주의에서 벗어나 개인의 자율성과 권리를 중시하는 민주사회로 전환하게 하였다는 점에서 볼 때 서양 근대문화에 대한 긍정적 평가는 무시할 수 없을 것이다.

둘째, 동양은 서양의 근대성을 받아들여 그 이전의 중앙집권적 관료체제를 해체시키면서 경제적 발전을 이룰 수 있었다. 막스 베버는 근대화를 이성의 합리화 과정으로 설명하고 있다. 여기에서 막스 베버는 합리화라는 용어를 '형식적 합리성'의 의미로 사용한다. 형식적 합리성은 자본주의적 경제행위에서 가능한 모든 수단을 활용해서 이윤을 극대화시키고자 하는 경향으로 나타난다. 따라서 자본주의적

---

4) 법가의 정치체제는 군권을 지고무상한 지위에 놓으면서 신하와 백성을 군주에 종속시키고자 했다. 그러나 그 결과 군주와 신하, 군주와 백성의 관계를 대립적인 관계로 변하게 하여 결국에는 군주와 백성의 관계가 화합과 조화의 상태에 이르지 못하였다(권상우, 2006: 19).

경제가 합리적으로 운용된다는 것은 바로 최대한의 이윤산출을 위해 상품이나 노동력을 체계적으로 이용한다는 의미이다. 베버에 따르면, 서양의 근대자본주의가 여타의 자본주의와 다른 점을 지적하자면, 우선 서양은 합리화된 부기 사용을 극대화함으로써 상품, 자본, 노동력 시장에의 투자를 합리적으로 조정했다는 것이다. 다음으로, 서양의 자본주의는 노동력을 잘 제도화시켰으며 과학적 지식을 합리적으로 선용했다는 것이다(윤평중, 1992: 32). 막스 베버가 이야기한 서양의 형식적 합리성은 오늘날 서구의 자본주의국가에 보편적인 현상이라 할 수 있다.

동양 국가에서 자본주의가 발전한 원인은 직접적으로는 바로 서구의 합리성에서 찾을 수 있을 것이다. 그렇다고 해서 동북아 국가에서 자본주의의 발전을 단지 이런 서구의 합리성에서만 찾는 것은 무리가 있다고 할 수 있다. 혹자는 동양 국가에서 자본주의의 발전은 유교와 어떤 관계성도 없을 뿐만 아니라 유교자본주의는 오히려 반유교적이라고 말하면서, 유학사상에서 이윤은 반드시 도덕적 정당성이 있을 때 가능하지만 한국의 기업가들은 온갖 부정적인 방법으로 부를 위한 부만을 추구했다고 지적한다(이승환, 1999: 166). 그런데 이런 평가는 유교를 너무 이론적인 유학 특히 공맹의 유학만으로 한정하여 해석한 것이라고 할 수 있다. 앞서 설명한 바와 같이 동양사회에서 생활세계를 지배한 유교는 이론적인 유학이라기보다는 전제주의적인 경향의 유교에 가깝다. 그렇기 때문에 유교문화는 계급적인 요소나 가부장제도, 연고주의, 국가주의, 집단주의, 가족주의 등의 문화현상으로 나타나게 되는데, 이런 문화적 현상도 넓은 의미의 유교라고 할 수 있을 것이다. 만약 이런 유교를 부정한다면 동양의 역사에서 유교문화라고 할 수 있는 것은 무엇이겠는가? 따라서 유학자들의 이론, 즉 유학만을 가지고 유교의 전부인 것처럼 말해서는 안 될 것이다.

금융위기 이전의 한국의 근대화 과정과 일본의 기업경영, 중국 화교기업가들의 경제적 네트워크 등은 분명히 유교적 특징을 가지고 있다. 자본주의가 동양에서 운용될 때는 동양의 문화적 영향을 받지 않을 수 없다. 이런 동양의 문화구조는 바로 전제주의적 유교에서 찾을 수 있다. 유교적 문화구조는 집단의 안정구도를 유지하기 위해서 조직구성원들을 하나의 혈연관계로 편성하여 경영자와 종업원의 관계 등을 부모와 자식의 관계로 설정하고 있지만, 그 관계는 실제로 결코 유학이 추구하는 바와 같은 수평적이고 평등한 관계가 아니라 실제로는 수직적이고 계급적인 관계로 볼 수 있다. 이런 관계에서 종업원은 자식이 부모에게 공손하게 하듯이 경영자를 위해 자신을 희생하면서 헌신하고 봉사해야 한다. 이와 같이 동양의 기업인들은 한편으로는 서양의 도구이성을 수용하면서도 다른 한편으로는 동북아시아의 문화구조를 적절히 이용하여 발전시켜 왔는데, 이것이 바로 유교자본주의라고 할 수 있다.

그러나 동아시아가 1990년 후반에 금융위기에 봉착하면서 유교자본주의는 그 의미를 상실하게 되었다. 동아시아 경제위기의 원인이 유교자본주의자들이 경제발전의 원동력이라고 여겼던 가족주의적 경영방식, 연고주의 등에 있다고 여겨졌기 때문이다. 이런 분석 또한 상당한 설득력이 있다. 서양의 형식적 합리성에 근거해서 본다면 그런 요소들은 분명히 전근대적인 가치방식이다. 그 이후 동아시아 전역에 구조조정이 시행되면서 어느 누구도 더 이상 유교적 경영방식을 언급하지 않는다. 구조조정을 통해서 기존에 동북아 기업에 남아 있던 유교적 경영시스템을 완전히 청산하고 완전히 서양 근대의 도구적 합리성에 근거해서 운용함을 의미한다. 동북아 사회는 이런 구조조정으로 인해 도구적 이성이 삶의 전반에 급속도록 확대되고 있다. 이와 같이 구조조정은, 동양사회에서 미친 부정적인 측면도 있지만 2천여 년 동안 동양사회에 내려오던 전근대적인 집단주의적 문화구조를 해체시키고 합리성에 근거한 개인주의적 시스템으로 전환시키고 있다는 긍정적인 측면도 분명히 있다.

셋째는 진보의 이념에서 찾을 수 있다. 진보의 이념은 곧 근대인의 이성에 대한 믿음과 관련된다. 진보는 인류가 무지의 상태를 극복해 자신의 환경을 개조하고 이용하여 보다 발달된 정신과 물질을 누릴 수 있다는 생각이다. 따라서 진보적 역사관은 항상 더 나은 새로운 것을 추구하는 역사관이라 할 수 있다. 과거보다는 현재가 나아야 하고 현재보다는 미래가 나아야 한다는 것이다. 이런 근대적 진보이념은 과학의 진보와 산업화가 가져다 준 생산력의 증대 및 생활수준의 향상을 맛본 근대인에게는 일반적인 이야기로 받아들여졌다.

그러나 전통적인 유학의 역사관은 진보적 역사관이 아니라 복고적·순환적 역사관이다. 복고주의적 역사관은 바로 유학이 주장하는 역사관이며, 순환론적 역사관은 유학과 전제주의의 만남을 통해 형성된 유교적 역사관이라 할 수 있다. 전자는 유가가 추구해야 할 이상을 요순시대의 이상사회에 두고 항상 그 시대와 같은 정치·경제

제도를 실현하고자 한 역사관이다. 후자인 순환론적 역사관은 발전과 소멸이 영원하지 않고 항상 순환·반복한다고 보는 역사관이다. 동중서가 순환론적 역사관을 강조함으로써 하늘의 특명을 받은 왕은 새로운 왕조를 수립할 수 있음을 주장하였다. 새 왕조의 왕은 자기가 새로운 천명을 받았음을 분명히 알리기 위해 외형적인 변화를 시도하여 수도를 옮기고 국호를 제정하며 연호를 개정하고 복색을 바꾸는 작업을 한다. 이런 작업을 통해 왕권에 정당성을 부여받고자 하는 것이다. 그런데 동중서가 주장한 삼통설三統說[5]은 어떤 왕조에 정당성을 부여하는 한편 그 통치 기간에 제한을 두어 그 왕조의 종말이 오면 다른 왕조에게 천명을 넘겨주어야 함을 말하기도 한다. 동중서는 순환론적 역사관에 근거하여 왕권의 정당성을 실어 주면서도 한편으로는 절대왕권에 제한을 가함으로써 백성을 위한 정치를 하게끔 유도하고자 했던 것이다.

이와 같이 유학은 이상을 중시하면서도 그들이 처한 현실을 결코 부정하지는 않았다. 한 왕조가 극한에 이르면 다른 왕조로 대치되어야 하듯이 동양의 전통문화가 한계에 이르면 새로운 문명으로 대치되어야 한다는 인식이 있었기 때문에 동양이 쉽게 서양의 진보관념을 수용하였는지도 모른다. 이런 역사관에 의해서인지 몰라도 중국은 서양문명을 도입할 초기에 서양의 진보이념인 진화론을 수용하

5) 삼통은 黑統, 白統, 赤統인데 각자는 그 자신의 통치체계를 가지고 있으며, 각 왕조는 하나의 統을 대표한다고 본다. 고대 중국 역사에서 하왕조는 흑통을, 상왕조는 백통을, 주왕조는 적통을 대표한다. 이것이 역사발전의 1주기이다. 주왕조 이후 새로 생긴 왕조는 또다시 흑통을 대표하여 똑같은 결과가 다시 나타나게 된다고 보는 것이다.

였다. 진화론이 담고 있는 적자생존, 자연도태의 개념은 서양 제국주의와의 대결에서 패배하지 않기 위해서는 강자가 되어야 한다는 경각심을 불러 넣어 주었다. 서양제국주의의 침략과 압박 속에서 생존의 위기를 느낀 동양은 더 이상 도덕적 이상을 실현하는 데 관심을 가질 수 없을 뿐만 아니라 오히려 적극적으로 서양의 근대과학과 민주제도를 받아들여야 한다고 생각했다. 결국 동양이 서양의 근대성을 받아들이면서부터 전통적인 순환론적 역사관은 근대 진보이념에 의해 대치된 것이다.

동북아 역사를 되돌아 볼 때 유교를 비판하는 학술사조로 도가나 묵가 사상이 있었지만 이들은 결코 유교의 전제주의를 극복하지 못하였다. 또한 인도에서 유입된 불교가 일체평등을 주장하면서도 유교의 계급주의를 극복할 순 없었다. 이에 반해 서구의 근대성은 아주 짧은 시간에 유교의 문화구조를 바꾸어 놓았다는 점에서 동양 사회에서의 긍정적인 평가를 내릴 수 있다.

Ⅲ. 근대성에서 탈현대성으로 — 획일성에서 차이성으로

오늘날 한국사회에서는 탈현대, 탈중심론이 주요한 화두가 되고 있다. 오늘날 한국 사회는 서구의 근대성으로 인해 과학과 기술을 발전시킬 수 있었을 뿐만 아니라 경제적으로 물질적 부를 축적시킬 수 있었으며, 정치적으로는 국민들이 사회적 평등과 자유를 가질 수 있게 되었지만, 또한 한국 사회에서 여러 문제를 초래하고 있기도 하다.

먼저 정치·사회적인 측면에서 다음과 같은 문제점을 제기할 수 있다. 앞에서 언급한 바와 같이 동양은 서양 근대성이 유입으로 인해 더 이상 천명이나 계급성에 얽매이지 않고 개인의 자유와 권리를 중시하는 사회로 전환하고 있다. 이처럼 서양의 근대성은 동양인의 자유를 부당한 구속으로부터 해방시켜 주었지만, 이성주체로서의 개인을 절대화시킨 경향이 있는 것도 또한 사실이다. 오늘날 이성주체가 문제가 되는 것은 이성을 실체화시켜 절대시하는데서 찾을 수 있다. 이성주체는 세계를 모두 규정하고 장악하는 중심으로 자리매김한다. 이 중심에 근거해서 주변부를 타자화하여 '너'를 '나'에 대해 타자로 간주한다. 이와 같이 근대 이성은 절대성, 보편성을 지니면서 우주와 인간의 삶을 지배하는 기준으로 등장하기 시작한다. 이러한 이성의 실체적 사고방식이 정치, 경제, 사회 등의 전 분야에 적용되면서 국수주의나 민족주의, 자본주의나 사회주의, 공산주의 등이 등장했으며, 이들 각각은 절대적 중심을 가지고 여타의 주변성을 인정하지 않고 더 나아가 억압하기까지 한다. 이런 현상은 우리의 구체적 현실에서도 분명하게 나타나고 있다. 한반도는 근대 이후 사회주의와 자유민주주의가 대립하여 아직까지 냉전체제를 유지하고 있을 뿐만 아니라 국내적으로도 좌·우익의 갈등이 사회의 발전을 저해하고 있다. 또한 학연과 지연,[6] 권력, 금력 등이 자유와 평등에 의해 지양되어야 한다고 하지만, 실제로는 근대 이성에 의해 만들어진 절대성, 완전성에 대한 욕구가 한국 사회에 잠재해 있던 학연, 지연, 권력, 금력 등을 더욱 조장시키고 있는 것도 사실이다.

6) 학연, 지연은 근대 이전에는 유교적 기반에서 찾아볼 수 있지만, 서양의 근대성이 동양에 정착되면서부터 오히려 서구의 근대이념에 의해 더욱 조장되고 있다고 할 수 있다.

두 번째로 경제적인 측면에서 볼 때, 자본주의의 도입으로 물질적인 삶은 풍요해졌지만 인간의 인격과 가치를 더욱 경제적인 도구로 전락시키고 있다. 금융위기 이후 한국사회에서 유행하고 있는 신자유주의는 효율성과 이익을 절대적인 기준으로 삼아 모든 것을 평가한다. 이윤과 효율성이 없는 도덕과 가치는 더 이상 아무런 가치도 없으며, 이윤에 대해 정당성을 부여해야 할 위치에 있는 도덕마저도 오히려 이젠 이윤과 효율성에 종속되어지고 있다. 이런 문제점은 여기에서 그치지 않고, 가장 숭고한 것으로 이해되던 인간의 존엄성마저도 이윤과 효율성을 위한 하나의 부품으로 전락되고 있다. 근대 조직은 관리기법을 합리적인 시스템으로 보고 조직의 합리화를 공통의 과제로 삼는다. 이런 근대적 조직은 최고관리자를 정점으로 해서 일반관리자를 거쳐 조직 내 각 기능별로 이어지는 빈틈없이 잘 짜인 피라미드 형태의 관료적 구조를 형성하게 하였다. 관리자는 관리의 합리화를 위해서 조직체의 의무를 기능별로 세분화시키고, 그 세분화된 형태에 따라 인적·물리적 구조를 효율적으로 배열하고, 경영자는 이런 조직모델을 통해 중앙으로부터의 통제가 가능하도록 한다. 이런 조직에서 개인의 행위는 스스로 판단하고 선택하는 것에 의해서 결정되는 것이 아니라 조직이 만들어 놓은 기술적·제도적 장치에 맞추어져야 하므로, 인간은 단지 조직을 위해 희생되어야 할 부속품에 불과한 존재로 전락하고 만다. 기술자가 기계의 부속품이 마음에 안 들면 언제라도 갈아 끼우듯이, 종업원은 언제라도 갈아치울 수 있는 물건 이상의 존재가 아닌 것이다.

이와 같이 서양 근대의 도구적 이성은 동북아사회에 경제적인 발전을 가져다 준 반면에 인간을 이윤을 위한 수단으로 취급한다. 이렇게 인간이 대상화되고 사물시 되고 있음에도 불구하고, 오로지 목적 즉 이윤과 효율성을 달성했다는 이유만으로 모든 것을 정당화시킬 수 있겠는가? 목적과 수단의 정당성을 고려하지 않고 경제적 이익만을 추구하는 것은 어떻게 보면 전쟁에서 승리한 뒤 그 전쟁이 부당한 전쟁이었음을 깨닫는 것과 같다고 할 수 있다.

세 번째로, 서양의 진보관념은 정치적으로는 동양인을 전제주의적 억압으로부터 해방시켜 주었고 경제적으로는 풍요로운 삶을 영위하게 해 주었다. 그 결과 동양인은 진보의 의미를 구체적인 현실 속에서 터득하게 되었고, 인간의 이성에 의해 얼마든지 세상이 발전할 수 있다는 믿음을 가지게 되었다. 그리고 개인의 능력과 노력에 따라 자신이 원하는 만큼의 명예와 권력과 부를 쟁취할 수 있다고 생각하게 되었다. 이런 태도는 개인을 출세지향주의로 전환하게 하여 근대 이전에 동양인이 추구하던 인간적 가치와 인생의 궁극적 의미를 등한시하는 경향을 초래하게 되었다. 결국 서양의 진보이념은 인간의 물질적인 풍요로움에 의해 외면적인 삶은 개선시킬 수 있었지만 정신적·문화적 삶을 오히려 퇴보하게 만들어 버렸다고 할 수 있다(이승환, 2002: 315).

위에서 언급한 바와 같이 서양의 근대정신은 동양사회에서 정치적으로는 자유로움을, 경제적으로는 풍요로움을 주었지만, 동시에 여러 문제 또한 초래하게 하였다. 서양의 근대문화가 세계의 보편적인 문화가 되면서 이런 문제점들은 결코 동양 사회의 문제만이 아니라 인류 전체의 문제로 대두되고 있다. 그래서 오래전부터 근대성의 문제를 비판하고 반성하는 탈현대적 학술사조가 등장하였다.

탈현대 학술사조는 이성주체의 등장이 바로 서양 근대성의 핵심 근거라고 보고, 그 이성주체를 비판하면서 나름대로의 이론체계를 확립하고자 한다. 그들 대부분은 이성주체의 절대적이고 무제한적인 성향에 대해 비판하면서, 이성이 이런 성향을 가지게 된 것은 근대이성이 실체화되었기 때문으로 본다(권상우, 2006: 23). 근대철학은 실체를 '그 자신의 존재근거를 위해서 다른 존재자를 필요로 하지 않는 것'인 동시에 세계의 근저로서 세계를 떠받쳐 주는 기체(substratum)로 해석하여, 이성 이외의 모든 사물은 이성에 종속시키는 중심성과 주변성의 관계로 놓이게 된다. 이에 대해 탈현대적 사조는 그처럼 지고무상한 지위에 있던 이성주체를 해체하거나 그 지위를 끌어내리고자 한다. 프랑스의 포스트구조주의자인 데리다, 들뢰즈, 푸코 등은 탈중심 담론의 입장에서 중심성을 해체하고 주변성 내지 차이를 강조하였지만 탈현대에 대한 철학적 이념을 명료화하는 작업은 리오타르에 의해 처음으로 시도되었다.

리오타르는 『포스트모더니즘의 조건』에서 포스트모던의 개념을 후기산업사회시대로 규정지으면서 현대와 구별되는 탈현대적 의미를 제시하고 있다. 그에 의하면 현대사회가 '거대이야기들에 의존하여 이론과 행동이 정당화되는 사회', '통일성과 총체성이 강조됨으로써 다수가 일자로 지양되는 추상적 · 사변적 이성주체의 그늘에 가리어 구체적인 개인의 다양한 모습이 드러나지 않는 사회', '나(이성주체)에 의해 네가 대상으로 파악되고 재단되는 사회'로 규정된다면, 탈현대적 사회는 '거대이야기들이 유토피아를 건설할 수 있다는 절대적 신념이 무너진 사회', '통일성과 총체성이 그 자체의 기능을 상실하여 위기에 빠지면서 반대로 차이성이 인정되고 차이에서 출발하는 작은 담론이 강조되며 미래에 대한 예측이 불가능한 사회', '영웅이 사라지고 구체적인 나와 네가 모두 존중되는 사회', '국가기관의 통제력이 감소하고 개별적인 시민단체들이 영향력을 발휘하는 사회'라 규정하고 있다(이현복, 1992: 6). 이런 리오타르의 주장은, 비록 모든 탈현대학자들의 주장을 다 포괄할 수는 없다 하더라도 탈현대의 보편적 문화현상이라고 볼 수 있다.

20세기 중반부터 현재까지 문화현상을 살펴보면 작은 담론의 대표적인 것으로 '언더그라운드문화'를 들 수 있다. 한국사회에서도 이런 문화현상은 갈수록 늘어나고 있다. 그 예로, 종래 한국사회에서는 일류대학을 나오거나 외국유학을 다녀오는 등 기존의 정해진 틀에서 교육을 받은 사람들이 사회 각 분야의 주도적인 역할을 하면서 거대한 담론을 대변하였지만, 최근에는 언더그라운드에서 활동하다가 갑자기 나타나 문학, 예술 등의 각 분야에서 두각을 나타내고 있는 사람들이 많이 등장하고 있다. 그리고 기존의 교육시스템을 비판하면서 가정에서 교육을 받거나 대안학교를 선호하는 사람들이 흔치 않게 나타나고 있다. 최근에 한국사회에 불고 있는 웰빙적인 삶이나, 이전까지의 출세지향적인 삶에서 벗어나 자신을 돌아보고 자아를 실현하고자 하는 태도 또한 탈현대적이라 할 수 있다. 특히 정치, 경제, 사회, 환경, 인문학자들이 다양한 사람들과 만나 무수히 작은 담론을 늘어놓은 시민단체의 활동은 무엇보다도 주목할 만한 탈현대적 문화현상이라 할 수 있다.

자본주의의 최첨단에 서 있는 기업경영에서도 탈현대적 문화현상이 나타나고 있다. 현재 인류가 처해 있는 '불확실한 시대'는 기업경영에 있어서도 근대적 합리성에 기초한 과학적 사고로써는 생존하기 어렵다고 보고 있다. 21세기에서는 컴퓨터와 인터넷 사용의 보급화로 인해 정보의 습득, 처리, 분배가 혁명적으로 증가하고 있다. 따라서 오늘날 유행하고 있는 지식경영은 과거 20세기의 산업사회와는 판이한 후기산업사회의 경영방식이다. 이러한 후기산업사회는 열린 공간을 바탕으로 조직의 경계가 모호해지거나 무너지고 있으며, 급속한 변화로 인한 예측불가능의 시대를 살아가기 위해서는 새로운 지식을 창조할 수 있는 능력을 키워야 한다고 한다. 이런 능력을 배양하기 위해서는 기업조직의 형태가 전통적인 위계구조로 인식되는 관료제의 형태나 기능주의적인 구조보다는 수평적이고 참여적인 조직형태로 전환해 가고 있다. 이런 조직구조 내에서 구성원들의 자율적인 사고와 창의적으로 발현되기 위해서는 개방적이고 참여적인 분위기가 조성되어야 한다. 열린 공간 내의 모든 존재들은 자기원인적인 특성을 갖고 차이를 드러낸다. 이와 같이 차이란 다양성을 만들어 내는 변화의 잠재력이며, 이러한 변화의 잠재력에 의해 새로운 지식을 창출해 낼 수 있는 것이다.

이러한 탈현대적 문화현상이 아직은 일반적인 현상이 아니라고 하더라도, 탈현대 철학자들은 시간이 지날수록 근대적 사고방식에서 벗어나 작은 담론이 더욱 중시되는 개방사회가 실현되기를 기대하고 있다. 실제로 한국사회에서도 이러한 경향이 점차 증가하고 있는 추세이다.

Ⅳ. 탈현대성과 유학 — 차이성에서 소통 이성으로

탈현대성이 거대한 이야기를 부정하고 작은 이야기에 관심을 가지는 문화현상임을 위에서 설명하였다. 리오타르가 이야기했던 '탈현대의 조건'을 탈현대시대의 출현에 관한 상황묘사로 이해할 경우, 우리는 이미 개별적 지식들 사이의 완전한 소통이 불가능한 탈현대 시대에 살고 있다고 볼 수밖에 없다(신종화, 2006: 149). 현대가 작은 이야기와 차이성만을 강조한다면 차이와 차이를 이어줄 수 있는 규범과 작은 이야기와 작은 이야기를 이어줄 수 있는 이론체계는 과연 필요하지 않는 것인가? 작은 이야기와 다원주의를 내세우는 탈현대 철학자들에 대항해서 보편이성을 수호하려는 합리적 이론은, 낡은 근대와 같은 형이상학이나 절대적인 이성주체의 철학으로 되돌아가서는 더 이상 성립될 수 없다. 이 문제에 대해 하버마스는 모든 이성주체들이 타자를 재단하는 종속적인 관계가 아니라, 평등한 입장에서 참여하여 깨끗한 담론을 통해서 형성되는 의사교환적 합리성을 대안으로 본다(이삼열, 1997: 149).

하버마스의 대안인 의사교환적 합리성은 평등한 대화가 전제조건이 된다. 그렇다면 평등한 대화에는 어떤 규범도 필요하지 않는가? 만약 규범이 있어야 한다면 그것 또한 자유로운 토론을 구속하는 거대한 담론이 되어 버릴 수 있을 것이다. 그렇다고 해서 거대한 규범을 설정하지 않고 단지 평등한 대화를 원칙으로 한다고 하더라도 그 대화 자체에 이미 권력이 숨어 있다면 하버마스의 합리성은 왜곡된 합리성에 불과하기 때문이다. 이에 대해 푸코는 의사소통 안에서 모든 권력관계를 배제한 채 평등한 토론을 한다는 것은 단지 하나의 이상에 불과할 뿐 현실에서는 실현될 수 없다고 보고 하버마스의 상호소통이론을 부정한다(윤평중, 1993: 177). 푸코의 비판처럼 하버마스의 상호소통이론이 좀 더 설득력을 가지기 위해서는 모든 개체들이 권력관계에 빠지지 않고 각자의 차이성을 인정하면서 평등하게 소통할 수 있는 객관적 규범이 전제되어야 한다. 그러나 서양 전통적 철학 토대에서는 대부분 실체론에 근거하고 있어 의사소통이론에 대한 객관적 규범으로 내세울만한 사유체계를 찾아보기는 쉽지 않다. 이 지점에서 유학사상과 (탈)현대성이 만날 수 있을 것이다.

여기서 반드시 언급되어야 하는 것은, 탈현대성과 만날 수 있는 유학은 전근대적인 정치화되어진 유교가 아니라 공맹을 비롯한 유학자들이 추구하던 유학이라는 것이다. 유학의 근본정신을 예악禮樂[7)]으로 규정할 수 있으며, 이런 예악의 정신에서 소통의 규범을 찾

7) 유학의 본질을 학계에서는 도덕성에서 찾고 있는 것이 통설이다. 그러나 논자는 유학의 본질을 도덕성에서 찾는 학문적 풍토는 성리학과 현대신유학의 영향 때문이라 생각한다. 이런 관점도 나름대로 타당성이 있겠지만 그 한계성 또한 존재한다. 전목은 <공자와 춘추>에서 유학의 계보를 공자와 맹자로 보지 않고, 주공과 공자로 보고 있다. 이것은 바로 주공이 건립한 예악제도를 유학의 본질로 규정하고 있음을 알 수 있다. 유학의 계보를 공자와 맹자로 보는 전통은 실제로 성리학자들에 의해서 지지되어진 전통이다. 실제로 인간의 도덕행위는 그 실천시의 사회적 토대와 밀접한 관련성이 있다. 만약 사회적 토대를 부정하고 도덕성을 논하는 것은 공허한 담론에 치우칠 경향이 있다. 유학이 추구하는 도덕성의 실현은 바로 예악의 사회 즉 차이와 소통이 있는 사회를 건설하기 위한 수단이지 목적은 아니라고 본다. 공자도 분명히 당시에 예악이 붕괴되었기 때문에 이것을 중건하기 위해 인을 주장하였고, 맹자는 예악의 정당성을 인간의 본성에서 찾고 있다. 이와 같이 유학의 본질을 도덕성에만 둔다면 순자가 유학에 속하는 이유나 한대와 위진현학, 당대 그리고 한국의 실학이 유학이라고 설명하기에는 여러 문제점이 있게 된다. 이에 반해 예악은 모두 유자들이 추구하는 이념이다. 특히 실학자들은 도덕성을 등한시하고 있지만, 그들 대부분이 예악을 내용으로 하는 대동사회를

아 볼 수 있다. 『예기禮記』에 이르기를 "악樂이라는 것은 동일성을 구하고, 예禮는 차이성을 구한다. 동일성은 서로 간에 소통하게 하고, 차이성은 서로를 인정하게 한다. 소통에만 집착하면 개성을 잃어버리게 되고, 차이성에만 집착하면 서로가 멀어지게 된다."[8]라고 하였다. 여기에서 말하는 '예'를 사회구성원들의 차이성과 다양성의 의미로 읽을 수 있다면, '악'은 바로 이런 다양성을 소통시켜 조화시킨다는 의미이다. 만약에 소통만을 강조하다 보면 자신의 개성과 차이성을 잃어버리게 될 것이고, 반대로 차이성만을 강조하다 보면 소원해져 어떤 관련성도 가지지 못함을 의미하고 있다.

유가적인 예禮는 사회조직 안에서 개인이 맡은 직무의 고유성을 말한다. 개인이 맡은 직무는 그 누구도 간섭할 수 없다는 측면에서 개체성이 강조된다. 사회 전체가 개인의 직무를 구성원들에게 일방적으로 하달하는 것이라면 그 차이성은 바로 거대한 이야기에 종속된 타자에 불과하겠지만, 유학의 정치이념을 보면 결코 그렇지 않다. 유학의 정치는 왕위계승을 바로 전제주의에서 통용되는 세습제로 보지 않고 신분에 관계없이 개인의 능력과 도덕성에 의거해야 한다는 선양제禪讓制로 본다. 이런 점은 바로 모든 사람이 군주가 될 수 있는 가능성이 있으며 능력에 따라 선택한 직무에 있어서는 어느 누구도 간섭할 수 없음을 강조하고 있어 분명히 전근대적인 유교와는 다르다. 또한 공자는 『논어論語』에서 "군자는 조화(和)를 추구하지만

건설하고자 하기 때문에 그들의 학문 또한 유학의 범위 안에 포함시킬 수 있을 것이다.

8) 『禮記』, 「樂記」, "樂者爲同, 禮者爲異. 同則相親, 異則相敬. 樂勝則流, 禮勝則離."

획일화(同)하지 않고, 소인은 획일화만 할 뿐이지 조화를 추구하지 않는다"[9]라고 하였다. 여기에서 화和는 다양성의 소통이지 결코 모든 것을 하나로 환원시키는 본질주의가 아니다. 따라서 조화는 바로 어떤 거대한 담론에서 이야기하는 이념으로 볼 수 없으며, 단지 차이성들의 소통에 불과하다. 이에 반해 소인이 추구하는 동同은 모든 것을 하나로 환원시켜 동일하게 보는 것을 말한다. 즉 자신의 입장에서 모든 것을 재단하고 평가하는 것이다. 이런 '동'의 방식은 모든 것을 자신에게 환원시키는 서양의 이성주체와 유사하다고 할 수 있다.

이러한 점을 군주와 신하의 관계에 비추어 본다면, 군주는 군주로서의 직무가 있고 신하는 신하로서의 직무가 있다. 이처럼 각자의 차이성이 있음에도 불구하고 군주가 신하에게 일방적으로 자신의 생각을 강요한다면 이것은 '동'에 해당하는 것이다. 반면 군주와 신하가 서로 상대방의 존재를 인정하며 소통하는 것은 바로 '화'이다. 남자와 여자(이현지, 2006: 109), 부모와 자식의 관계에도 역시 각자의 차이성이 존재하는데, 이런 차이성을 인정하는 가운데 소통하는 것이 바로 '화'이다. 이런 측면에서 본다면 유학의 사회관계는 계급적이고 수직적인 관계가 아니라 평등하고 수평적인 관계라고 할 수 있다(권상우, 2003: 68).

유학은 차이와 소통의 정당성을 인간의 본성과 자연의 법칙에서 찾는다. 우선적으로 인간의 본성에서 살펴본다면, 『예기』에 "인仁은 악樂(소통)에 가깝고, 의義는 예禮(차이)에 가깝다"[10]라고 기록되어 있

---

9) 『論語』, 「子路」, "子曰 君子和而不同, 小人同而不和."

다. 이 문장에서 '인仁'자는 사람이 둘이 있는 형상으로 양자 간의 소통함을 이야기한다. 공자가 인을 사랑으로 설명하고 있다는 점에서 보면 그 소통의 방법이 바로 사랑임을 알 수 있다. 즉 타자와 서로 소통할 수 있는 것은 단순한 냉철한 이지적 능력에 의해서가 아니라 바로 상대방을 인정하고 포용하는 사랑에서 가능하다고 보는 것이다. 유학사상은 이런 사랑을 통해 타인을 수단과 계산의 대상으로 보거나 권력적 관계 아래 두지 못하도록 하는 기능을 가진다. 그러나 그 사랑은 누구에게나 평등한 사랑이 아니라 대상에 따라 다르게 발현되는 사랑인데, 이것을 차별적 사랑이라 한다. 이런 차별적인 사랑을 통해 서로간의 차이성을 확인하는 것이다. 차이성(예)은 타자에 대한 사랑이 그 대상이 누구이냐에 따라 어떻게 해야 하는지가 결정된다는 의미에서 의義에 가깝다고 할 수 있다. 이와 같이 인仁과 의義는 소통규범의 주관적인 원리가 된다.

또한 유학은 소통원리의 객관적 근거를 자연의 법칙에서 찾는다. 『예기』에 "소통성은 바로 하늘과 땅의 소통과 같고, 차이성은 하늘과 땅의 차이와 같다"[11]라는 기록이 있다. 하늘은 가장 큰 양이고, 땅은 가장 큰 음이다. 음양의 관계 또한 차이와 소통의 원리라 할 수 있다. 음과 양은 서로의 차이성을 유지하면서도 서로를 포용하여 양자의 극단적인 대립구도를 해소시켜 주며, 양자의 소통을 유지하면서도 양자의 차이를 인정하여 획일성에 빠지지 않게 해 준다. 소통은 반드시 차별에 의거해서 가능하고 차이 또한 소통을 추구하는

---

10) 『禮記』, 「樂記」, "仁近於樂, 義近於禮."

11) 『禮記』, 「樂記」, "樂者, 天地之和也, 禮者天地之序也."

것으로, 양자는 서로 분리될 수 없는 관계에 있다. 음양의 차이와 소통의 구도를 『주역周易』에서는 '성명性命의 리理'라 하여 세계에 존재하는 모든 사물의 존재법칙으로 보았다.

『주역』의 비괘否卦(䷋)와 태괘泰卦(䷊)를 가지고 와서 소통원리를 살펴보겠다. 비괘는 양(하늘)이 위에 있고 음(땅)이 밑에 있어서 괘의 상象만으로 보면 그 위치상 옳다. 대통령이 위에 거하고 장관이 밑에 거하는 상황이 잘못된 것은 아니다. 그러나 왜 『주역』에서는 이 괘를 흉하다고 했을까? 그것은 음과 양이 소통하지 않고 자신의 차이성만을 강조하기 때문이다. 온도차로 이야기해 보면, 음은 차가운 기운에 속하고 양은 따뜻한 기운에 속한다. 따뜻한 기운은 항상 위로 올려가려는 성질이 있으며 차가운 기운은 항상 밑으로 내려가려는 성질이 있다. 비괘와 같이 양이 위에 있으면서 위로 올라가고 음이 아래에 있으면서 아래로 내려가려 한다면 영원히 소통할 수 없다. 그리하여 각자의 차이성만을 주장할 뿐 어떤 타협점도 찾지 못하게 될 것이다. 이에 반해 태괘는 음이 위에 처하고 양이 아래에 처하는데, 음은 밑에서 위로 올라가고 양은 위에서 아래로 내려가 소통할 수 있다. 이런 논리를 임금과 신하의 관계로 본다면, 군주는 내려와 신하의 입장에서 보고 신하는 올라가 임금의 입장에서 봄으로써 소통될 수 있다.

이와 같이 유학사상은 사회와 인간과 자연 모두를 동일한 소통법칙으로 설명하고 있다. 이 소통법칙을 성리학적 용어로 표현하면 바로 리理이다. 리는 모든 것을 초월해 규제하고자 하지만, 그것은 다른 사물을 획일화하여 억압하는 실체적 이성이 아니라 오히려 모든 사물의 차이성을 인정하면서 소통해야 함을 나타내는 소통적 이성이다. 유학은 이런 소통적 이성을 통해 전제주의정치가 추구하는 계급성과 획일성을 부정하는 동시에 서양 근대의 이성적 주체를 비판의 대상으로 삼을 수도 있다.

Ⅴ. 유교의 보편성은 바로 소통적 이성이다

위에서 동양의 근대화 과정을 추적하면서 유교의 전개 과정을 살펴보고, 아울러 현대 한국사회에서 유행하고 있는 탈현대성과의 관련성을 탐색해 보았다. 이 논의를 통해서 우선적으로 한국사회에서 유교 담론에 대한 새로운 관점을 제공해 보고자 하였다.

근대의 도구적 이성이 인류 전체에 위협을 가하고 있는 시점에서 유학은 한국사회뿐만 아니라 인류가 나아갈 수 있는 대안이 될 수도 있다. 이런 주장에 대해 혹자는 유가의 리理가 바로 우주의 보편법칙이기 때문에 거대한 담론이라고 할 수 있으며, 이런 거대한 담론은 이제 탈현대에 부응할 수 없을 것이라는 의구심을 가질 수도 있을 것이다. 그러나 서양의 현대성의 문제는 바로 서양 이성이 실체화되어 절대성과 무제한성을 가지게 되었기 때문에 발생한 것이지 결코 유학의 리가 현대성의 문제를 초래한 것은 아니다. 유학에서의 리는 어떠한 실체가 아니다. 유가는 각각의 차이성을 인정하는 가운데 그 차이성들이 어떻게 서로 소통되어야 하는가를 사회적 이념으로 하면서 그 근거를 지연과 인간 본성에서 찾고자 한다. 이런 의미에서 유학에서의 理는 바로 소통적 이성이라고 할 수 있다. 분명 서양의 실체적 이성과는 차이성이 존재하는 것이다. 탈현대성이 비판하는 것은 바로 실체적 이성이지 결코 소통적 이성은 아니다. 또한 앞에서 언급한 바에 따르면 탈현대성은 분명히 서양의 근대성에 의해 발생한 것이기 때문에 문화적 배경이 다른 유가의 리를 가지고 근대성을 극복하고자 하는 것은 소의 몸에다 양머리를 갖다 붙이는 격이 아닌가 하는 의구심을 가질 수 있을 것이다. 그러나 탈현대철학이 서양 전통 철학에 대한 비판과 해체를 가하고 있다는 점을 상기한다면 그들이 탐색하는 새로운 철학은 어디에서 가지고 올 수 있는가? 서양의 전통 철학이 더 이상 탈현대가 당면한 문제를 해결할 수 없다면 다른 문명권에서 사상적 자원을 찾아볼 수도 있을 것이다.

참고문헌

『論語』.

『孟子』.

『春秋繁露』.

『禮記』.

『周易』.

『韓非子』.

간춘송干春松. 2002.『制度化儒家及其解體』. 中國人民出版社.

권상우. 2003. "從'關係'的思惟來探索朱熹宇宙本體論."『孔子研究』

______. 2006. "화엄사상의 탈현대적 사유 – 주체와 타자."『동서철학회 춘계학술발표회논문집』.

______. 2006. "현대신유가의 현대화에 대한 비판과 주역의 정치철학."『철학연구』 98: 1-23.

박원재. 2001. 『유학은 어떻게 현실과 만났는가』. 예문서원.
리오타르. 1992. 『포스트모던적 조건』. 이윤복 역. 서광사.
이택후李澤厚. 2005. 『中國古代思想史論』. 정병석 역. 한길사.
신종화. 2006. "탈현대성 담론의 재해석." 『동양사회사상』 13: 133-159.
윤평중. 1992. 『하버마스와 푸코를 넘어서』. 교보문고.
이삼열. 1997. "현대철학과 포스트모더니즘." 『철학과 현실』.
양적揚適. 1999. 『인류와 자유』. 정병석 역. 소강.
이승환. 1999. "아시아적 가치 논쟁과 유교문화의 미래." 『평화논총』.
______. 2002. 『유학의 담론적 지형화』. 푸른솔.
이현지. 2006. "음양, 남여 그리고 탈현대." 『동양사회사상』 13: 93-112.
최종렬. 2006. "상징체계로서의 유교와 탈현대." 『동양사회사상』 13: 161-204.
홍승표. 2006. "유가 인간관의 탈현대적 함의." 『동양사회사상』 13: 113-131.

유교와 탈현대의 학문관

오세근

Ⅰ. 탈현대 학문 논의의 지평

지난 2005년 후반기부터 우리 사회의 주요 관심사 가운데 하나는 '황우석 교수 논문조작사건'의 진실 파악이다. 이 문제는 황우석 교수와 그 연구팀이 2005년 5월 『사이언스』(Science)지에 발표한 맞춤형 인간 배아복제 줄기세포 연구에 대한 실험결과 조작 의혹이 제기되면서 쟁점화한 것이다.[1] 그러나, 황교수 연구에 의문을 제기하는 것은 우리나라의 위대한 연구 업적을 다른 나라에 그냥 가져다 바치는 것이라 여기는 '감성적 애국주의'와 '난치병·불치병 완치 기술'을 기대하는 일반 시민의 맹목적 지지로 인해 논문조작의 진위를 밝히는 논의과정 형성 자체가 쉽지 않았다. '허위의 성城'이 그처럼 강고하게 구축된 것은 과학 발전을 국가 발전과 등치하는 정부의 대규모

1) 황우석 교수의 연구 의혹에 대한 조사 경과 및 조사 결과의 주요 내용은 서울대학교 조사위원회, 2006을 참조할 것.

예산 지원, 거대이윤 획득을 위한 자본의 투자와 관심, 언론의 스타 과학자 생산과 이미지 조작 등의 요인이 상호교섭한 결과라 할 수 있을 것이다. 이 문제를 통해 우리는 국가주도 과학연구의 현재적 성격, 자본증식 과정에 과학이 실질적으로 포섭된 양상, 과학자의 출세욕망이나 성과주의가 연구결과조작과 맺는 상관성, 과학연구자의 계층화 및 불안정 노동자화, 사회문제공론화 과정에서의 언론매체의 역할 등과 관련한 새로운 시각을 가질 수 있게 되었다.

그런데, 이러한 쟁점은 이 문제에만 한정되는 특별하고 일회적인 혹은 우연한 돌출이라기보다는 우리 사회의 성장지상주의에 뿌리를 두고 그 시기와 형태만 달리해 끊임없이 재생산되어 온 연원 깊은 것이라 할 수 있다. 성장지상주의는 1960년대 이후 우리나라의 압축적 자본제화 혹은 경제성장중심주의를 이끌고 있는 동인 가운데 하나인 근대화론의 다른 표현이기도 하다. 근대화론에 대한 다양한 입장 혹은 이해방식에도 불구하고 대체적으로 많은 사람이 수긍하는 공통점은 서구를 배워 '부국강병'을 달성하고 '과학입국'을 추진하려는 사회운영 방식의 논리적 이미지화를 말한다. 이 시각에서 보면 우리 사회의 다양한 문제는 근대화의 미숙 혹은 부재에서 연유한 것이기 때문에, 서구의 과학적 자연개조 방법과 사회운영의 합리적 방식을 익혀 우리 현실 생활에 적용해 물질적 풍요와 국가 지위를 높여야 하는 것이다. 실제 우리의 경우도 근대적 서구학문의 활용을 통해 자연개조와 사회운영의 효율성을 높임으로써 사람들의 생활이 전보다 편리하고 일정 안정된 것도 사실이다.

그런데, 근대과학은 대체적으로 사적 욕망의 무한충족을 위한 자연가공능력 고양 및 그 생산물에 대한 사회적 지배력 확대를 목적으로 하기에 타인에 대한 투쟁과 갈등을 내재하고 있다고 할 수 있다. 학문의 물상화 혹은 목적과 수단의 이런 전도를 반영해 근대학문에서 인간성과 인격은 원천적으로 배제된다. 요컨대, 근대학문에서는 욕망의 효율적 충족이 중요한 것이고 그 과정의 도덕성 혹은 윤리성에 대한 판단은 별개 문제이다. 그렇지만, 이번 황교수의 논문조작사건은 도덕성이 배제된 학문 활동 혹은 윤리와 따로 노는 과학연구가 사회에 어떤 파장을 가져오는가를 보여주는 동시에 그 극복방안을 학문하는 사람에게 되돌려 묻고 있다.

서구적 근대화에 대한 삶의 실제적 맥락에서의 평가, 학문의 수입성과 식민성에 대한 근본적 반성, 새로운 학문 방향 모색과 내용 창출의 필요성이라는 문제의식을 전제로 이 글은 다음과 같은 질문을 설정하고 그에 대한 이론적 해답을 찾아보고자 한다.

첫째, 근대적 학문이라는 범주 설정 및 그 패러다임적 특징과 한계는 어떤 것인가. 둘째, 근대학문에 대한 성찰적 반성으로서 나타난 이른바 탈근대학문의 생성 배경 및 근대학문과의 관계가 지닌 성격은 무엇인가. 셋째, 탈근대학문의 내재적 한계를 넘어서면서 보다 풍부한 사유방식을 생성할 가능성을 유교 학문론은 함의하고 있는가, 있다면 그 내용을 어떻게 다시 재구성해 제시할 수 있는가이다.

이러한 주제를 다음과 같은 방식으로 접근한다. 유교 학문론의 탈근대학문·언어체계로서 적용 가능성을 제출하기 위해서는 유교를 탈근대적 관점에서 거꾸로 조명해 보는 방법이 필요하다. 즉, 해석학적 원리를 중심으로 근대학문과 구분되는 탈근대학문의 생성 과정과 그 주요 특징을 먼저 명료하게 개관한 다음, 그런 판단을 다시 학문론과 연관하여 유교의 사상적 자원에 되돌려 재구성한다는 의미이다.

Ⅱ. 과학과 이성에 의한 세계 해명의 지식체계로서 근대학문

여기서는 탈근대학문의 생성을 가져오는 반성적 계기인 우리 시대의 지배적 학문이 구체적으로 어떤 특징을 가지고 있는지, 그리고 그 한계가 무엇인지를 알아보는 데 초점을 둔다. 이를 위해 최근까지 우리의 학문하는 틀을 규정해 온 근대학문의 형성 과정 및 그 주요한 특징을 개괄한다.

1. 근대학문 성립 과정의 개괄

서구에서 전통적 학문은 15세기 르네상스, 16세기 종교개혁, 17세기 이른바 '과학혁명'을 거치면서 근대학문으로 전환하고 18세기 계몽주의와 이성철학을 통해 그 학적 체계를 갖춘다. 이 과정은 세계의 모든 현상을 전지전능한 신의 간섭에 의한 것으로 보던 것으로부터 이제 인간 이성에 의해 자동적으로 설정된 일정한 메커니즘에 따라 움직이는 과정으로서 세계를 파악하는 것이다. 이런 점에서 근대학문의 성립은 신과 인간과 자연의 분리 과정이면서 동시에 그에 따른 새로운 사유 틀과 사회제도와 생활양식의 생성 과정이라 할 수 있다(김용준 외, 1988: 28-29).

먼저 근대학문의 성립 과정을 개괄해 보자. 근대학문의 기본적 틀은 갈릴레이(Galileo Galilei: 1564~1642), 데카르트(Rene Descartes: 1596~1650), 그리고 뉴턴(Isaac Newton: 1643~1727)에 의해 성립한다.

갈릴레이는 중세를 지배한 스콜라적인 아리스토텔레스 사상에 대한 맹종에서 벗어나기 위해 감각·관찰·실험에 근거한 새로운 학문 방법을 제시한다. 이는 자연에서 발견되는 모든 규칙적 현상을 수학을 사용하여 정확히 서술하는 방안 제시이다. 자연현상을 수학적 공식으로 표현하는 것이 과학자의 임무라고 생각한 갈릴레이는, 과학이란 어떤 대상을 연구하는 데 있어 그 대상의 물질적 특성 즉 크기라든지 움직임 따위를 수로 표현하는 행위에 국한한다고 천명한다. 모든 물체는 자로 잴 수 있고 양으로 표현될 수 있는 한에서 과학의 대상이 된다는 것이다. 다른 특성들 예컨대 빛깔이나 소리, 맛이나 냄새 같은 것은 주관적으로만 파악할 수 있는 정신작용이므로 과학의 범주에서 제외된다.[2)]

데카르트는 중세 기독교신학의 형이상학적 전제에 구속되지 않는 학문 성립의 확실한 기초로 모든 것을 의심하는 방법적 회의를 제시한다. 이는 학문의 확실한 기초를 더 이상 신과 스콜라철학에 두지 않고 인간 자신 혹은 주체적 자아의식인 인간 이성으로 전환함을 선언한 것이다. 공허한 사변철학을 혁신하는 이성의 반성적·논증적 사고에 근거한 철학의 제일원리 도달은 다음과 같은 방법적 절차에 의거한다. 우선, 그는 세계를 정신과 물질로 확연히 분리되어 있는

2) 근대학문 형성과정에서 갈릴레이의 의미를 당시 메뉴펙처 시대의 우주관 변혁 및 역학 형성과 관련하여 상세히 언급한 것으로 加藤邦興 外(1991)를 참조할 것.

것으로 규정함과 동시에 두 영역은 속성상 완전히 독립해 있는 상이한 것임을 강조한다. 이 가운데 물질적 세계를 하나의 기계로 이해하면서 자연은 절대적 섭리인 기계적 법칙에 따라 움직이기 때문에 구성 요소의 움직임과 그들의 인과적 연결을 관찰하여 기술할 수만 있으면 완벽한 이해가 가능하다고 본다. 또한, 그는 우리가 사유하고 탐구하는 모든 현상은 그 내용에 있어서 작은 조각으로 나누어 볼 수 있다는 분석적 사고방식과 이 조각을 논리적으로 다시 정리하여 조목조목 묶어 볼 수 있다는 추론적 사유방법을 제시한다. 이런 방법론은 근대학문 성립의 실제적 기초가 되고 특히 자연과학의 발달과 함께 더욱 세련되어 가면서 그 응용 영역을 확장한다.[3)]

갈릴레이와 데카르트가 닦아 놓은 근대학문의 방법론적 토대는 뉴턴에 의해 완성된다. 그는 『자연철학의 수학적 원리』(일명 프린키피아, 1687)에서 세 가지 운동법칙과 만유인력을 도입함으로써 신의 섭리에 의한 신비로운 질서로 파악하던 세계를 인간 이성에 의해 수학적 공식으로 정교하게 표현하는 방법을 완성한다. 근대인이 세상을 이해하고 바라보는 방식은 이러한 뉴턴의 세계파악 방법에 크게 의존한다.

가장 기본적인 것은 시간과 공간에 대한 인식 틀의 제시이다. 뉴턴에 있어서 시간과 공간은 절대불변의 실체이며, 이로부터 구성된 우주 역시 절대 변하지 않는 견고한 세계다. 시간과 공간은 이 우주를 지금의 모습으로 유지시켜 주는 절대불변의 구성요소가 된다. 즉,

---

3) 데카르트 철학을 반아리스토텔레스주의, 반르네상스 자연주의, 반회의론으로 평가하면서 그의 철학체계의 의의를 근대세계 형성에 따른 새로운 사유능력 제시로 파악하는 것으로는 大林信治 外(1994)가 유익하다.

인간을 비롯한 삼라만상이 움직이고 활동하는 배경이자 무대이며 항구적으로 지속하는 것으로 절대공간과 절대시간을 설정하는 것이다. 절대공간(absolute space)은 물질이 존재하거나 운동하는 그릇으로서 세로·가로·높이의 세 방향(3차원 방향)으로 무한히 펴진 공간인데, 이는 고정되어 있어서 전혀 변하지 않으며 영구적으로 존재하는 것이다. 시간도 마찬가지라고 할 수 있다. 시간은 과거에서 미래로 한결같이 흐르고, 우주의 어디에서나 시간은 완전히 같다고 생각한다. 그것이 바로 절대시간(absolute time)이다.

근대학문 성립과 관련하여 뉴턴이 제시한 또 하나 중요한 사항은 세계를 이루는 기본단위에 대한 인식이다. 뉴턴에게서 만물의 기본은 입자이다. 『자연철학의 수학적 원리』는 힘과 운동을 통해 세계의 작동원리를 설명하는데, 여기서 만물의 기본단위는 입자이다. 그는 지상에서는 입자로서의 포탄·사과 등이 운동 3법칙에 따라 움직이고, 천상에서는 입자로서의 행성이 중력법칙에 따라 질서정연하게 움직인다고 한다. 이 입자는 손으로 만지고 확인할 수 있는 구체적 실체로, 근대학문의 존재론은 독립적으로 존재하는 것으로 가정되는 이 입자 개념에 기반한다.

뉴턴의 이러한 세계인식의 틀을 좀 더 도식화하여 제시하면 다음과 같다. 첫째, 우주는 절대공간과 절대시간이라는 틀 짜임 속에서 이루어지는 거대한 기계장치와 같다. 아무리 복잡한 운동이라 할지라도 따지고 보면 세부적으로는 그것을 구성하고 있는 기계의 각 부분의 단순한 움직임의 결합에 의해 설명이 가능하다. 둘째, 모든 운동이나 현상에는 원인이 있다. 예컨대 어떤 물체가 운동한다면 거기에는 반드시 운동을 일으키게 하는 원인이 있다. 즉 인과율 성립을 강조한다. 셋째, 임의 시점에서 운동 상태, 말하자면 이 우주를 구성하는 모든 분자나 원자 등 궁극 요소의 초기 위치와 속도 또는 운동량을 알면 미래는 물론 과거 시간·공간 속의 어떤 상태도 정확히 결정할 수 있다. 바꿔 말해, 우주의 모든 현상 가운데 불확실한 것이란 하나도 없기에 물리계 성질은 온도나 속도를 포함해 얼마든지 정밀히 측정할 수가 있다는 것이다. 넷째, 운동에너지를 전달하는 물리적 모형에는 두 종류만이 있다. 하나는 당구공과 같은 탄탄한 알갱이로서의 입자, 다른 하나는 해안으로 밀려오는 파도와 같은 파동이다. 이 두 모형은 절대 양립할 수 없으며, 에너지는 이 둘 중 어느 하나의 형태로만 구현된다. 이후 근대 인문과학과 사회과학은 이러한 뉴턴의 세계관을 기반으로 발전하고 기본개념 형성 역시 그에 뿌리를 둔다(『월간 뉴턴』, 2000. 11.; 김재희, 1994: 20-22).[4)]

근대학문 성립 과정의 요소로서 과학적 사고는 계몽주의와 이성철학, 특히 칸트와 헤겔에 의해 그 철학적 기반을 확보함으로써 학문적 사유의 체계적 틀을 갖추게 된다.

칸트는 라이프니츠나 볼프의 합리주의와 연관해 사상 형성을 시작하지만 흄 등의 영국 경험론의 영향을 받아 기존 형이상학에 대한 반성을 수행한다. 특히 인식의 보편적 근거를 탐구함으로써 근대학문의 인식론적 기반을 마련한다. 칸트는 당시의 형이상학이 영혼·우주·신·자연과 같은 대상에 관해 그 근거도 밝히지 않은 채 독단

4) 뉴턴 세계관의 현대세계관으로서의 의미 형성과 한계 등에 대해서는 카프라(1986)에 잘 정리되어 있다.

적 공론을 제출하는 데 대한 반성에서 출발해 지식 기반 위에 형이상학을 새로이 구축하고자 한다. 그는 이러한 의도를 경험에 의존하지 않는 우리의 사고능력인 순수이성은 형이상학이 제기하는 물음에 답할 수 있는 능력을 가지고 있는가, 가지고 있다면 그 보편성과 필연성의 근거는 무엇이며, 인간 이성의 한계는 어디까지인가를 알아보는 반성적 과정을 통해 고찰한다. 그래서 칸트는 형이상학을 탐구하는 인간의 사고능력인 이성 자체에 대한 반성을 펼친다.

그런데 이성을 비판적으로 검토한다는 것은 이성이 어떻게 수학이나 물리학과 같은 보편타당한 과학적 지식의 확립 근거가 될 수 있는지를 따져 묻는 것과 같다. 과학적 지식은 이성이 작용하여 얻은 결과이기 때문이다. 달리 말해, 이성의 객관성을 보장하는 근거를 제시하려는 것이다. 그에 의하면 우리의 인식은 경험과 함께 시작하지만 그렇다고 바로 경험으로부터 얻는 것은 아니며 다음과 같은 과정의 산물임을 강조한다. 인식이 성립하기 위해서는 외부 자극의 원인인 '물자체'와 그것을 받아들이는 우리 주관의 감성작용이 있어야 한다. 감성은 주어진 자극을 경험적 지각 내지 직관으로 정리하는 주관의 형식으로, 구체적으로는 시간과 공간을 말한다. 그런데, 감성이 파악한 경험적 직관은 아직 잡다한 채로 있기 때문에 또 다른 주관 형식인 오성이 양·질·관계·양상이라는 카테고리를 사용하여 분류하고 결합하여 개념적 지식을 산출한다. 그런데, 칸트는 이러한 인식과정의 산물인 학문적 지식의 보편성과 필연성의 근거를 바로 인식주관 속에 이미 선험적으로 주어진 주관 형식인 감성·오성에서 찾는다. 달리 말해, 초개인적인 주관의 인식형식인 시간, 공간, 카테

고리 등의 능동적 작용이 경험적 감각 자료를 결합함으로써 인식이 성립한다는 것이다. 이는 곧 보편적 지식의 근거를 개념에서만 찾는 합리론과 경험적 직관만을 내세우는 경험론을 비판적으로 종합하는 것이다.

인식대상이 먼저 있고 주관이 거기에 다가가 인식한다는 종래 인식론으로부터 세계가 인식주체에 의해 창조되는 주관의 산물임을 강조하는 인식론적 전환에 의해 근대학문은 인식의 객관적 기반을 확보한다. 그런데, 세계는 인식주관의 형식에 의한 구성물이라고 하는 점을 바꿔 말하면 현상계를 넘어선 초감각적 이념 등의 대상은 주관의 선험적 형식으로 인식할 수 없다는 말이기도 하다. 말하자면 주관의 선험적 형식의 인식 범위는 감각 현상계이고 그 배후의 물자체에 대해서는 알 수 없다는 것이다. 칸트는 불가지한 물자체를 인정하면서 이러한 초경험적인 것은 단지 신앙의 대상에 지나지 않는다고 본다. 따라서 철학의 과업은 이 같은 한계를 명백히 해 과학적 인식(순수이성비판), 도덕적 양심(실천이성비판), 미적 판단의 성립조건(판단력비판)을 규명하는 것임을 말한다(이명현, 1982: 243-255; 한단석, 1983).

헤겔은 칸트의 선험적 인식론에 대한 평가와 동시에 그 한계의 극복을 지향한다. 그는 칸트의 자기의식은 감성이나 오성과 같은 인식능력에만 한정되는 이유로 욕망이나 자유의지 같은 실천의지를 자기의식으로 포괄하지 못함을 비판하면서 양자의 통일적 파악의 근거를 확보하려 한다. 즉, 헤겔은 인식 영역을 인간 이성에 한정한 칸트를 넘어 자연과 정신까지를 포괄하는 것으로 확장함과 동시에 이들을 내적으로 통일하고자 하는 것이다. 헤겔은 이런 목적을 수행함에 있어 중요한 사항이 불가지한 '물자체'를 제거하는 것이며 이 작업은 직관의 수동성을 부정함에 의해 가능하다고 본다. 이에 따라, 그는 칸트와 달리 경험을 수동적이 아닌 능동적이며 대상을 구성하는 이성의 일종으로 전환시킨다. 이러한 이성은 다양한 자기발전 단계를 거치는 인식 수행을 통해 지식을 생성해 가는데 그 경과는 대략 다음과 같다. 우선, 이성은 자기를 외화해 자연으로 전화한다. 하지만, 자연에서 이성은 아직 자기를 의식하지 못하고 자연필연성의 모습을 띤다. 이성은 인간에게서 비로소 자기의식에 도달하고 특히 역사 가운데서 더욱 발전함으로써 자기인식에 이른다. 이것이 이른바 헤겔의 학적 체계 생성구조 그 자체이다. 구체적으로는 앞서 언급한 각 단계에 조응한 '논리학', '자연철학', '정신철학'이 학적 체계의 전체를 구성하는 요소로 드러난다. 이를 통해 알 수 있듯이, 헤겔은 자연 · 역사 · 정신의 세계 전체를 끊임없는 운동과 변화와 발전 과정으로 나타내고 그 내적 연관을 통해 근대학문의 통일적 체계를 산출한다. 그러한 발전 과정 자체가 그의 변증법이다(한단석, 1981; 許萬元, 1988).

2. 근대학문의 패러다임적 특징

이상 근대학문 성립 과정과 내재적 의미를 의식의 추체험 방식에 의해 개괄하였다. 이러한 검토를 통한 근대학문 전체를 관통하는 패러다임적 특징을 유형화하면 주체와 객체의 분리, 요소환원주의, 결정론적 사고라 제시할 수 있다.

먼저, 근대학문에서 주체와 객체의 분리는 인식주체와 인식대상의 분리라 해도 좋은데, 이는 워낙 자연과 인간과 신을 구분하는 기독교적 세계관의 근대적 변형이라 할 수 있다. 객관적 대상과 확연히 구분되는 감각주체를 인정함으로써 대상에 대한 의인擬人주의적 태도를 배제함은 물론 관찰과 실험 등을 통해 '어둠'에 갇혀 있어 볼 수 없었던 숨겨진 사물을 보며, 궁극적으로는 밝음의 근원인 '태양' 마저 본다는 것이다(백낙청, 1994: 244-250). 말하자면, 인식주체의 인식대상에 대한 관찰이나 실험 등에 의한 제어를 바탕으로 대상의 운동이나 운용의 성질을 알아내 주체의 뜻에 맞추어 객체를 가공하는 것이다. 이 과정에서 주체가 얻고자 하는 결과를 산출할 때 근대학문은 그 인식을 올바른 것이라 하거나 참된 인식 또는 진리라 이름한다. 아울러, 근대학문의 이러한 주체와 객체의 분리는 연구자의 가치중립성이라는 태도의 생성을 가져온다.

또한 근대학문의 주요 특징 가운데 하나인 요소환원주의는 이른바 '원자론'과 맥을 같이하는 것이다. 이는 인식대상을 최소 구성요소까지 잘게 나누어 세계를 그러한 기본요소의 운동으로 환원한 가장 낮은 수준에서 설명하려는 근대학문의 방법론을 말한다. 이렇게 하는 이유는 인식대상은 주어진 상태에서 본질을 드러내지 않기 때문에 대상을 구성하는 요소로 분해한 다음 그들 간의 작용이나 상호관련성을 밝혀야 인식할 수 있다는 것이다. 즉, 근대적 인식은 대상의 계량화에 근거한다. 여기서 큰 역할을 하는 것이 미분과 적분의 논리이다. 말하자면, 계량되지 않는 세계를 계량 가능한 작은 무한소로 분할하여 양을 계산한 다음 다시 전체 합산함으로써 원래 인식대상의 전모를 밝힐 수 있다는 인식태도이다(최종덕, 2003: 5-63). 이는 근대학문의 분석적 방법의 중심을 이루며 근대사회의 인간관과 사회관을 규정하는 개인주의의 성립 바탕으로 작용한다.

다음, 근대학문은 인식대상으로서의 세계를 자연법칙에 따라 필연적으로 전개되는 결정론에 근거한 존재로 간주한다. 결정론은 인식대상으로서의 세계는 외부 제작자인 기독교적 신의 완전성을 반영한 것이기 때문에 모든 운동은 이미 기계적으로 결정되어 있으며 인식주체는 인식과정을 통해 신의 권능을 드러낸다는 것을 바탕에 깔고 있다. 이런 점 때문에, 근대학문의 기계론적 사유방식은 기독교 세계관과 충돌하지 않고 공존하는 것이다. 또한, 인식을 통해 인식대상에 이미 결정되어 있는 신의 의지인 법칙을 가시적으로 드러내는 기계론적 인식태도는 대상의 법칙과 현재 상태를 알기만 하면 과거에 있었거나 미래에 일어날 모든 사건을 계산하여 예측할 수 있다는 믿음을 포함한다. 말하자면 인과율의 설정이다. 이에 따라 근대학문의 사물 인식 기저에는 모든 현상의 원인은 결과보다 시간적으로 앞서며, 원인 유발과 결과 발생은 동일한 대상 혹은 동일한 사태에만 적용되고, 원인과 결과는 선형적이다.

요컨대, 근대학문은 종교적 세계관에 의한 세계이해로부터 이성에 근거한 과학을 통한 인식, 진리와 의미 규정의 지적활동으로의 전환을 의미한다. 이는, 이성적 주체가 기계론적이고 요소환원론적 사유방식에 근거하여 인식대상에 숨겨진 질서의 구조를 발견하는 과정이자 행위의 결과로 얻어낸 지식의 체계화를 말한다. 학문 활동에 의해 밝혀낸 질서가 참인가 아닌가를 가리는 기준은 현상의 규칙적인 필연성 발견이기에 불규칙하거나 우연적인 것은 학문 활동의 대상에서 배제된다. 때문에 이른바 '재현적 사유' 혹은 '표상적 사유'를 전제로 한다. 재현적 사유란 인식주체가 보편적이고 객관적인 규칙이나 모델에 근거하여 인식대상을 분석하고 재구성하는 것을 가장 중요한 특징으로 하는 것이다.

Ⅲ. 과학적 이성 혹은 '로고스' 비판으로서 탈근대학문

지금까지 근대학문 형성의 계보를 정리하고 그 패러다임적 특징을 살펴보았다. 다시 돌아보건대, 근대학문이란 이성적 인간이 세계를 대상화하여 주체 스스로의 의지에 의해 개작하고 조직하는 과정과 거기서 획득한 업적물에 대한 체계적 논리화라 할 수 있다. 근대학문은 세계에 대한 인식과 개입을 통해 대상을 가공하고 변형함으로써 이성적 주체의 자유를 일정 정도 실현하는 성과를 거둔다. 그렇지만, 20세기 들어 근대학문은 다양한 측면에서 그 한계를 드러내기 시작하고 그에 대한 비판도 점증한다. 특히 두 차례에 걸친 세계대전, 제국주의에 의한 세계침탈, 과학·기술에 대한 자본의 실질적 포섭, 삶의 모든 영역의 상품화·물상화 등으로 인한 소외문제에 대한 성찰과 극복방안 모색을 요구한다. 탈근대학문은 근대학문이 남겼거나 남기고 있는 이러한 한계에 맞서면서 문제해결의 새로운 방향을 찾아보려는 새로운 사유 틀이라 할 수 있다. 여기서는 근대학문의 탈근대학문으로의 전환 배경, 그것의 연속 혹은 비연속적 성격 규정 논의에 대한 판단, 탈근대학문의 언어적 서술의 한계에 대해 살펴본다.

1. 탈근대학문의 형성 — 근대학문과의 연속 혹은 비연속 문제

근대학문의 성격변화 혹은 탈근대학문으로의 전환을 가져오는 주요한 계기 가운데 하나는 '1968년 5월혁명'이다. 1968년 5월혁명은 근대적 질서에 대한 근본적 이의제기이다.[5] 이를 반영하여 학문 영역에서도 기존 학문의 성격에 의문을 제기하거나 시각전환을 강조하는 근대비판 혹은 탈근대지향의 학문적 움직임이 태동한다. 사회와 경제 혹은 정치 구조의 변화와 더불어 근대과학이 터 잡고 있는 세계관의 전환 역시 근대학문을 넘어선 혹은 넘어서려고 하는 탈근대학문 성립의 주요 힘으로 작용한다. 예컨대 카오스이론, 양자역학, 불확정성 이론, 복잡계이론 등은 기계적 인과론에 입각한 근대학문의 전제를 해체하는 데 일조한다.

그런데 흔히 탈근대학문이라 하지만 사유 성립의 맥락이나 이론틀 지향의 차이 등은 이들을 하나의 범주로 묶는 것을 쉽지 않게 한다. 그래서 '구조주의', '후기구조주의', '포스트모더니즘' 등 다양한 형태로 유형화하여 편의상 접근하는 것이 일반적이다. 그럼에도, 학문적 사유 틀을 형성하는 데 영향을 미친 토양과 자양분의 유사성 혹은 실천적 문제의식의 비슷함은 이들을 어느 정도 서로 연결지어 생각할 수 있는 근거를 제공한다. 말하자면, 소쉬르 언어학의 토대를 이루는 구조·차이·관계 등의 개념을 중심으로 세계에 대한 이미지를 포착하려는 점에서 이들은 공통점을 갖는다고 할 수 있다. 이러한 점에 기대어 단순화의 거침을 무릅쓰고 탈근대학문이 정립되는

5) 1968년 5월혁명 발생의 정치·경제적 배경, 발전단계, 세계사적 의의에 대해서는 백산서당 편집부(1985)를 참조하는 것이 유익하다.

배경과 그 지향점을 살핀 다음, 탈근대학문을 하나의 새로운 패러다임으로 파악할 수 있게 하는 주요 특징을 개관하도록 한다.

탈근대학문은 근대학문을 특징짓는 사유방식에 대한 이의제기이자 그것을 넘어서려는 새로운 패러다임과 실천방식의 모색 과정임과 동시에 그 업적물에 대한 체계적 이론화라 할 수 있다. 탈근대학문의 성립은 대체적으로 1960년대 말에서 1970년대의 레비스트로스로 상징되는 구조주의의 발흥, 그리고 데리다·푸코·들뢰즈·가타리·리오타르·보드리야르 등의 후기구조주의의 전개와 그 궤적을 같이하는 것으로 여기는 것이 일반적이다(김상환, 2004: 122-128).

이러한 탈근대학문은 근대학문의 과학이성중심주의 및 '로고스'적 사유 틀에 대한 성찰과 저항에서 발원한다.[6] 근대학문은 앞서 이야기하였듯이 객관적 자연세계는 물론 도덕, 종교, 예술 역시도 주체가 과학적 이성에 의해 대상화하여 본질을 포착할 수 있다고 본다. 또 그렇게 재현할 수 있는 한에서만 진리라 여기는 믿음의 체계이기도 하다. 달리 말해, 대상세계를 과학이성의 힘에 의해 개념적으로 재현함으로써 사물의 본성을 드러낸다고 보는 로고스중심주의가 학문의 절대적 가치로 자리하고 있다. 이러한 로고스중심주의의 실제 의도는 과학적 이성에 의한 사물의 합리적 인식은 객관세계에 대한 인간의 지배력을 높이고 그것이 삶의 풍요를 가져와 인간사회를 진보시킨다는 것이다. 이를 동력으로 인간은 필연적 욕구로부터 스스로를 자유롭게 해방해 갈 수 있음을 강조한다. 그런데 이는 동시에 서구

6) 로고스(logos)는 파롤(parole) 곧 음성언어, 오성, 인간 이성, 논리성, 합리성 등 다의적으로 이해할 수 있다.

에서 전형적으로 이루어졌거나 이루어지고 있으며 또 이루어 갈 것이라는 의미를 배후에 내장하고 있다.

탈근대학문은 과학적 이성이 진보와 해방을 가져온다는 근대학문 성립 근거 자체가 바로 담론 왜곡에 근거한 것이고 지배를 위한 허구임을 드러내는 과정에서 생성한 것이다. 요컨대, 탈근대학문은 근대학문의 '바깥'을 전제하는 개념이다.[7] 그런데, 문제는 바깥은 과연 가능하며, 가능하다면 그 차이를 낳는 근거는 무엇인가이다. 이것이 탈근대학문을 둘러싼 근본적 물음 가운데 하나이다. 그 물음에 대한 답을 다양한 입장에서 제출하고 있지만 그 각각은 다음과 같은 큰 가지의 작은 줄기라 할 수 있을 것이다. 근대의 성찰에 바탕해 근대에 내재한 불완전성을 고쳐 가는 근대기획의 완성을 강조하든가, 아니면 과학기술의 합리성과 역사 진보를 내건 부르주아적 세계관의 물신숭배 주술로부터의 탈주를 제시하든가, 이 둘 가운데 어느 것에 무게 중심을 두느냐이다. 탈근대학문은 이 가운데 후자의 입장에 서서 특히 이성의 작용을 정당화하는 근대적 담론에 대한 비판으로서 성립한다. 그리고 거기에 머물지 않고 탈근대학문은 이성이 배제한 욕망의 역동성, 차이, 관계하기 등에 근거해 근대적 세계관을 '해체

7) 하지만 이 같은 탈근대학문의 문제 제기에 대해 근대성을 미완으로 보는 하버마스 등은 '성찰적 근대'를 주장하기도 한다. 하버마스는 근대성을 미완의 기획으로 보면서 이성은 근대적 현실의 한계를 자각하고 비판하는 능력을 지녔고 근대성은 아직 실현되지 않았다는 것이다. 이런 시각의 연장에서 울리히 벡 등은 근대성이 필연적으로 내재적 위험성을 동반하기도 하지만 그 위험에 대한 반성과 극복 역시 이성에 의해서만 수행될 수 있다는 점에서 보면 근대성의 일부임을 강조한다. 이들은 이성이 산출한 모순을 다시 이성 스스로 해결해 가는 주체임을 강조하는 점에서 동일한 사고 틀을 공유하고 있다 할 것이다(김재현 외, 1996).

하여 옮겨짓기'함으로써 세계 사유의 대안적 틀을 제시한 점에서 새로운 패러다임 형성이라 할 수 있다. 근대학문을 '해체하여 옮겨짓기'하는 작업을 중심으로 탈근대학문의 생성 과정과 대안적 사유의 주요 내용, 그리고 거기서 우리가 거두어들일 수 있는 의미를 검토한다.[8)]

근대학문과 대치하는 자율적 학문 영역으로서 탈근대학문 정립을 주도한 것은 구조주의이다. 그런데, 구조주의 및 후기구조주의 사유틀을 마련한 것이 소쉬르의 언어학이기에 소쉬르(Saussure, Ferdinand de: 1857~1913)부터 살펴보자.

구조주의 혹은 후기구조주의 형성을 가능하게 한 소쉬르 언어학은 언어를 세계표현의 중립적 수단으로 생각하는 기존 언어학에 대한 비판으로부터 성립한 것이다. 언어에 대한 당시의 지배적 견해는 언어를 외부세계를 반영하는 것으로 보거나 인간 의식이나 관념을 표현하는 도구로 여긴다. 이 두 입장은 겉으로는 상호 대립하는 것처럼 보이지만, 양자 모두 언어의 의미가 객관적 실재 혹은 주관적 의식과 같은 언어외적인 근원에서 유래하는 것으로 보는 점에서 동일하다. 아울러, 언어를 자율적이고 자족적 체계로 여기지 않는다는 입장을 공유한다. 이러한 입장에 대해 소쉬르는 언어의 의미는 언어 자체에 내재하지 않으며 차이를 만들어 내는 과정을 통해서만 드러나는 것이라는 새로운 언어관을 제출한다. 즉, 언어란 객관적 실재의 지시이거나 의식의 재현이라는 기존 언어학의 사고 틀을 거부한다.

8) 탈근대학문은 과학의 객관성, 단선적 발전, 이성의 해방적 역할 등 근대학문 성립의 전제에 이의를 제기하는 방식에 따라 다양한 이론적 스펙트럼을 갖지만 여기서는 구조주의와 후기구조주의에 한정한다.

대신에 언어는 대상과 독립한 자족적 기호체계이기 때문에 의미는 그 언어체계 안에서 생성된다는 획기적 시각을 제시하는 것이다.

소쉬르는 이러한 입장에 근거해 언어기호가 기표記表(혹은 能記: signifiant)와 기의記意(혹은 所記: signifie) 사이의 상호작용에 의해 성립하는 것으로 본다. 즉, 언어기호란 사물과 대상의 대응이 아닌 청각영상인 기표(시니피앙)와 개념인 기의(시니피에)의 상호교섭관계라고 규정한다. 여기서 중요한 것은 언어기호의 개념 내용인 기의는 해당 기표와 다른 기표의 차이에서 연유한다는 것이다. 달리 말해, 기의는 기표들이 서로 관계 맺는 장에서의 차이의 산물이다. 또한, 각각의 기호는 그러한 공시적인 반복 시스템을 통해 호출된다. 소쉬르는 이 점을 랑그(lange: 언어체계)와 파롤(parole: 언술)의 구분에 의해서 설명한다. 랑그는 언어사용에 관한 사회적 규칙 혹은 관행이고 파롤은 구체적 상황에서 말하는 사람의 실제적 발화를 의미하는데, 특히 랑그는 말하는 사람의 바깥에 독립해 존재하면서 구체적이고 개별적인 언어수행인 파롤을 규정하는 역할을 한다. 나아가 소쉬르는 언어의 연결을 통해 의미를 만들어 내는 기본 규칙의 두 축으로서 통합체(paradigm)와 계열체(syntagma)를 제시한다. 이는 우리가 어떤 것을 의미한다는 것은 현존하는 어휘들을 연쇄적으로 결합할 수 있는 능력뿐 아니라 문장에 나타나 있지는 않지만 잠재적 기억체계에 저장되어 있는 같은 계열의 어휘들 중에서 적절한 어휘를 선택할 수 있는 능력에 의존한다는 것을 말한다.

소쉬르 언어학은 이처럼 언어의 의미가 단어 자체보다 단어 사이의 관계구조에 있음을 강조함으로써 언어를 말하는 주체의 산물로

보는 견해를 부정한다. 동시에 언어의 가치나 의미가 공시적 관계구조 혹은 차이를 통해서 구성된다는 점을 밝혀 주체나 역사 없는 구조를 제시함으로써 이후 구조주의와 후기구조주의, 나아가 탈근대학문 성립의 토대를 마련한다(고바야시 야스오, 2000: 101-123; 전경갑, 1993: 15-31; ルイミレ, 1974).

이어서 구조주의를 검토한다. 레비스트로스(Claude Lévi-Strauss)로 상징되는 구조주의는 소쉬르의 구조주의 언어학의 관점과 방법을 사회적 사실의 이해에 적용함으로써 당시 현상학 혹은 실존주의가 강조하던 의식적 주체의 선택이라는 명제를 비판하는 것으로부터 출발한다.[9] 이는 세계의 중심인 인간이 사물을 규정하면서 의미부여를 한다는 이성중심 사고의 거부이자 탈중심화를 위한 대안적 사고의 모색이다. 즉, 인간의식은 보편적 사유구조인 사회적 무의식에 의해 조건화되고 주체 역시 무의식적 구조의 소산인 친족체계나 언어체계 등 여러 사회문화적 상징체계에 의하여 규제되기 때문에 인간중심주의를 주장하는 것은 허구라는 것이다. 이렇게 볼 때, 구조주의 사유의 핵심은 경험적으로 지각할 수 있는 현상형태 배후에 그것을 생성하는 비가시적이고 본질적인 심층구조가 존재한다는 것을 전제하는 것이다. 이에 의해, 근대학문의 사유 주체인 자아 혹은 개인은 자율적 존재가 아니라 무의식적 구조의 산물이라는 것을 드러낸다.

9) 레비스트로스가 세계를 포착하고 이해하는 핵심 개념인 '구조'를 발견하여 이론적 정교화를 해 가는 과정은 그의 연구과정과 흐름을 같이한다. 우선, 1949년 최초의 주요저서인 『친족의 기본구조』에서 구조에 대한 사고방식을 발아시키고, 1955년 자전적 회고서에 가까운 『슬픈 열대』에서 구조를 지층의 단층과 같은 것으로 이해한다. 1956년의 구조 개념 위에 인류학을 정초하고자 한 『구조인류학』에서 자신의 사고체계를 갖춘다(祖父江孝男, 1987).

그래서 구조주의적 사유는 세계인식을 인간의식 혹은 주체로부터 출발하는 것이 아니라 인식대상이 속한 객관적 구조로부터 시작하는 특징을 갖는다. 또한, 구조를 논할 때 관계의 사유를 중심에 놓기에 인식 대상의 개별적 파악보다는 서로 교섭하는 구조 안에서 대상이 어떤 의미를 지니고 있는가를 살피는데 초점을 맞춘다. 요컨대, 의미는 고립된 요소 자체로부터 나오는 것이 아니라 요소의 대립적 조합으로부터 얻는다는 것이다. 이렇게 볼 때, 구조주의 이론은 자립적 주체 설정 대신에 사회적 상징체계에 의해 구성되는 주체 형성의 구조적 조건을 밝히는 사유이자, 관계망으로서 구조의 공시적 특성을 드러내는 새로운 사고 틀이라 할 수 있다(김형효 외, 1977; 김동일 외, 1983: 조나단 터너, 2003: 589-592).

이성적 주체보다 구조의 규정성을, 개별적 실체의 자립성보다 관계망에 의한 의미생성을 강조하는 이러한 구조주의적 사유방식을 수용하면서도 데리다, 푸코, 들뢰즈와 가타리 등은 구조주의적 사유틀과의 대결을 통한 탈구조주의적 사유 제출에 의해 근대학문을 탈근대학문으로 전환시킨다. 이들은 해체, 미시권력, 욕망 등의 문제틀에 의해 구조 개념 자체가 근대학문이 기반하고 있는 동일성, 본질, 로고스, 길들임, 질서 등의 이미지로부터 크게 벗어난 사유양식이라 인정하기 어렵다고 본다. 말하자면, 구조주의가 언어나 사회질서 배후를 밝히려는 '구성적 사유'라면 후기구조주의는 이른바 이성적 질서의 '해체적 사유' 도입을 의도하는 것이다. 그래서, 이들은 이성적 질서에 내재한 억압적 동일성의 해체, 지식과 권력 배치에 의한 주체의 구성, 힘과 욕망의 작용에 의한 관계형성 등의 사유를 중심으로 세계이해의 시각을 바꾼다. 탈근대학문을 상징하는 이들 사상 역시 다양한 스펙트럼을 지니고 있기 때문에 여기서는 위계해체(데리다), 주체해체(푸코), 고정성해체(들뢰즈와 가타리)라는 분석 개념을 설정하여 그들 사상의 대강을 소묘한다.

데리다(Derrida, Jacques: 1930~2004)는 근대학문에 내재한 논리를 발견하고 그것을 '로고스중심주의' 혹은 '음성중심주의'라 부른다. 로고스중심주의는 표음문자 언어의 형이상학으로서, 이는 신의 계획 혹은 사물의 근본을 이루는 법칙이나 진리가 먼저 있고 그것은 소리로 나타나며 글이란 다만 그 말을 기록한 것에 지나지 않는다고 보는 생각이다. 근대학문은 이러한 진리는 물론 도덕이나 미가 무엇인가를 밝힐 수 있는 보편적이고 권위를 갖는 언어와 사회질서를 전제로 해서 성립하는 것임을 데리다는 밝힌다. 나아가 그는 이 같은 언어와 사회질서는 이항적 대립사고에 근거하고 있음을 드러낸다. 즉 정신과 신체, 말하기와 쓰기, 현재와 부재, 의미와 형식, 남성과 여성, 남성다움과 여성다움, 문자와 은유, 자연과 문화 등의 이중성은 근대학문의 중심을 이루는 개념이다. 데리다의 문제의식은 이러한 대조 개념이 동등한 가치를 나타내지 않는 것이라는 데 있다. 근대학문의 기본적 사유는 앞의 개념을 우월하고 중심적인 것으로 보는 반면 뒤의 개념은 열등하거나 종속적인 것으로 여긴다는 것이다. 나아가, 근대학문은 이러한 위계적 질서에 근거해 참과 거짓, 지식과 이데올로기, 현실과 환상 등을 판단한다는 것이다.

데리다는 『그라마톨로지』(De la grammatologie, 1967), 『쓰기와 차이』(L'Écriture et la différence, 1967), 『입장들』(Positions, 1972) 등을 통해 근

대학문의 이러한 위계적 대립성을 전복하기 위한 해체에 나선다. 데리다의 해체는 파괴가 아니라 '옮겨짓기'로 이해할 수 있다. 즉, 존재 배후의 근거를 생각하는 근대학문의 사유방식은 억압적 '글쓰기'를 내재함으로써 문자를 동일성에 가둬두기 때문에 그것을 해체하여 새로운 사유방식의 틀로 옮겨야 한다는 것이다. 데리다의 해체과정은 우선 근대학문이 전제하는 이원적 대립체계를 발견하고 그 중 어느 하나에 우월한 지위를 부여하는 논리의 모순을 발견하는 것으로부터 시작한다. 이어서, 논리적 모순을 지닌 그러한 이항대립이 근거 없는 서열제도임을 밝히고 거기에 따른 우열관계를 전도한다. 이어서, 전도된 이원대립체계로부터 위계성과 서열성 그 자체를 제거함으로써 폭력적 서열제도가 다시 형성되지 않도록 하기 위해 이항 구성 요소가 상호보완하도록 하는 탈근대학문의 방식으로서 '삭제하의 글쓰기'라는 개념을 제시한다. 이러한 위계적 서열 해체의 의미는 예컨대 여성을 파생적 존재에서 기초적 존재로, 주변적 존재에서 중심적 존재로, 복종적 존재에서 우위적 존재로 바꾸는 것과 같은 것이다. 결국, 데리다는 언어적 · 사회적 · 정치적 위계의 전복과 해체를 통한 탈근대학문의 새로운 사유 틀을 제시하는 것이다(스티븐 사이드먼, 1999: 318-333; 고사카 슈헤이, 1998: 13-55; 전경갑, 1993: 135-157).

푸코(Foucault, Michel Paul: 1926~1984)는 이성적 주체가 진리를 인식함으로써 자유로워진다는 근대학문의 자명한 명제에 대해 그렇다면 그런 주체는 어떻게 만들어 지는가를 되묻는다. 푸코의 그러한 문제의식은 근대학문 성립 기반인 주체가 '구성된 것'임을 밝힘으로써 이성적 주체의 자립성을 전제하는 근대학문의 기반을 해체하면서 탈중심이라는 새로운 사유방식을 제시하는 것이기 때문에 중요한 의미를 지닌다. 이 문제를 풀어가기 위해 푸코는 정신병원이나 감옥 형성과 관련한 다양한 담론의 계보 추적을 통해 권력이 어떤 작용에 의해 근대적 주체를 구성하며 동시에 지배대상으로 만들어 가는지를 밝힌다. 그에 의하면 권력은 지식과 유착하여 이성, 정상, 건전한 인간 등의 자의적 담론을 만든 뒤 그에 포함되는 것만을 주체로 설정하고 그 중심 밖의 것은 감금, 통제, 배제한다. 이에 따라 대부분의 사람은 지식과 권력이 규정한 담론 질서에 어울리는 주체가 되기 위해 권력이 요구하는 규율에 복종한다. 권력은 감시, 제재, 검사 등의 다양한 규율장치를 통해 공장과 학교, 병원, 감옥, 법정, 가정과 공동체 등 일상적 삶의 전 영역에 걸쳐 근대적 주체를 그물망처럼 조직한다. 그 속의 근대적 개인은 권력 장치의 효과로 구성된 것이기 때문에 개인의 주관성이라는 것도 권력 작용의 소산에 지나지 않는다고 보는 것이 푸코의 생각이다. 따라서, 근대적 주체의 해체를 위해서는 그 주체를 구성하고 규율하는 방식을 규정하는 담론 분석이 중요함을 강조한다(이구표 외, 1997: 95-224; 베리 스카트, 1999; 카트린 클레망 외, 1997).

들뢰즈(Deleuze, Gilles. 1925-1995)와 가타리(Guattari, Felix)는 합리적 인과성에 근거한 의미의 총체화와 불변적 진리를 추구하는 근대학문의 담론을 거부하고 차이와 생성의 사고를 제안한다. 이들에 의하면 근대학문은 기존 지배질서와 구조의 동일성에 사로잡혀 인간의 욕망 혹은 무의식의 운동을 틀에 맞추어 넣음으로써 인간의 가능성을 약화시키거나 억압하는 특징을 지닌다. 그래서 이들은, 차이와 생성의 사유를 바탕으로 능동적 힘과 긍정적 의지를 키워 반복적인 것을 넘어설 수 있는 탈주의 선에 접속하는 것이 중요함을 이야기한다. 욕망은 바로 이런 차이와 생성의 힘이며 규범을 바꿀 수 있는 계기로 작용한다. 왜냐하면, 차이와 생성의 사유는 고정불변의 진리를 전제하는 근대학문의 기반에 의문을 제기할 수 있게 하기 때문이다. 이러한 시각에서 그들은 기성 질서에 대한 의문 제기는 욕망정립에 의해서 가능하며, 그 욕망은 진리라는 형태로 통합되지 않으면서 반복적 역사를 넘어서게 하는 것으로 파악한다. 요컨대, 들뢰즈와 가타리는 욕망을 자유롭게 해방함과 동시에 결정된 틀 속에 다시 통합하려는 자본주의적 사유방식을 해체하여 욕망이 점차 자유롭게 연결해 간 결과로 생성되는 새로운 관계 생성을 강조하는 새로운 관점을 이야기한다. 이에 의해서만 자본주의를 뛰어넘을 수 있는 가능성이 제출된다는 것이다(로널드 보그, 1995; 고이즈미 요시유키, 2003).

2. 탈근대학문의 언어적 표현의 한계

이상 살펴본 것처럼 탈근대학문의 생성과 전개는 근대학문에 대한 비판 및 대안모색의 과정과 흐름을 같이한다. 그런데, 탈근대학문이라 해도 다양한 스펙트럼을 지니고 있기 때문에 이 글은 위계해체(데리다), 주체해체(푸코), 고정성해체(들뢰즈와 가타리)라는 분석 개념을 설정하고 그들 사상을 개관함으로써 탈근대학문의 성격을 드러내고자 하였다. 이를 통해, 탈근대학문은 근대학문 성립과 전개의 전제가 되는 과학적 이성, 로고스중심주의, 진보와 해방, 억압으로부터의 자유 등이 허구임을 드러내는 해체작업이라는 것을 말하였다. 그런데 탈근대학문의 이러한 해체작업은 결국 이성적 주체 혹은 로고스 실현이 서구를 중심으로 재현되고 있다는 것에 대한 이의제기이며, 나아가 그 중심에 속하지 않는 것들을 타자, 주변, 일탈, 비정상, 이상, 정체, 야만 등으로 배제하는 것을 합리화하는 사유 틀에 대한 해체임을 살펴보았다. 이러한 이야기를 거칠게 도식화해서 정리하면, 탈근대학문의 생성은 '근대학문에 대한 이의 제기', '근대학문 성립의 전제 해체', '근대학문을 넘어서는 곳에 새로운 학문 옮겨짓기'와 궤적을 함께하는 것이라 할 수 있다.

그런데 탈근대학문을 근대학문에 내재한 한계를 비판하면서 새로운 사유의 시점을 제공하는 것이라 평가하는 것과, 이 새로운 학문적 흐름이 근대학문을 대체하거나 재구성하는 체계적이고 정교한 사유 틀을 실제 제공하고 있다고 받아들이는 것은 별개의 문제이다. 말하자면, 탈근대학문은 근대학문에 대한 거부와 해체를 새로운 사회적 전망으로 전환하는데 명백한 한계를 가지고 있다고 보는 것이다. 탈근대학문은 기존의 세계질서 내부에서 새롭게 생성된 것들의 불안정한 위치에 대한 인식이기는 하지만 그것들이 서로 교섭하면서 짝짓고 서로 관계하는 형식을 생성하는 과정 그 자체에 대해 말할 수 없거나 글쓰기를 할 수 없었다. 이 점은 기존의 모든 사회적 관계를 억압이나 지배라는 개념을 통해 들여다보려는 탈근대학문의 사유방식 그 자체에서 유래하는 내재적 한계라 할 수 있다. 달리 말해, 탈근대학문은 과학적 이성과 로고스를 명분으로 중심 밖의 것에 대한 지배와 배제를 정당화하는 근대학문에 대해 이의를 제기하고 차이·해체의 의미를 드러내는 데는 일정한 성과를 거둘 수 있었지만 결국 다음과 같은 전망을 제시하는 데는 상당한 한계를 지니고 있었다고 볼 수 있다.

첫째, 탈근대학문은 합리적인 보편적 질서를 상정하는 근대학문의 사유방식을 차연, 지식권력, 욕망 등의 개념을 중심으로 해체하여 차이를 드러내지만 그것들을 다시 관계하게 하는 계기의 구체적 프로세스를 제시하지 못한다.

둘째, 탈근대학문은 해체를 통한 상대적 가치를 강조하는 새로운 학문적 전망이라 하지만 그 활동이 학문적 독백이 아닌 한 탐구대상이 상호작용하는 방식을 논리적 언어로 설득력 있게 표현할 수 있어야 한다. 그럼에도, 탈근대학문에는 차이들이 서로 관계하는 구체적 장, 특정 공간 내에서의 관계형식, 그리고 차이의 교통과정에서 필연적으로 생성하는 질서나 규범 혹은 윤리 등을 담아내 표출하는 언어가 부재하다.

셋째, 탈근대학문의 해체는 담론 비판에 치우친 나머지 담론 자체를 생산하는 정치와 경제적 맥락을 외면함으로써 학문 활동의 역사적 책임성을 소홀히 하거나 방기하고 있다.

학문 활동의 성과물인 인식을 체계화한 언술과 학문 공동체 내에서 언술의 존재형식인 담론을 전달하고 확산하거나 해석하면서 재생산하는 활동은 언어를 매개로 한다. 그렇지만 지금 살펴본 바와 같이 탈근대학문의 사유 틀은 근대학문의 언어체계를 거부하는 사고의 근본적 전환과정의 생성물이기 때문에 근대학문이 정립해 놓은 언어와 문법 형식으로 서술하기 어려운 것이 많다. 그래서, 탈근대학문은 부분적으로든 전체적으로든 자기표현적 언어체계 그 자체의 정립을 필요로 한다. 그런데, 탈근대학문의 전망을 담아내는 새로운 언어체계의 생성 그 자체가 바로 학문적 역동성의 표출이기도 하다. 말하자면, 학문을 다른 인간적 활동과 구별하는 특성 가운데 하나가 언어의 부단한 재편성과 갱신의 역동성이기 때문이다. 인식대상의 생성 자체가 학문적 언어의 갱신과 글쓰기의 새로운 형식으로서 언어체계의 변형을 요구한다. 요컨대, 새로운 개념이나 용어를 만들고 그들 사이의 새로운 관계양식을 명제나 법칙으로 담아내는 논리적 언어의 새로운 제출이 학문 활동의 주요한 특징이다. 그럼에도, 탈근대학문의 언어는 '해체와 차이' 등의 개별성을 극복해 '상호교섭 혹은 자기조직하는 생성의 관계망'을 담아 낼 수 있는 언어체계를 가지고 있지 못하다. 그래서 새로운 개념을 과도하게 만들어 내거나 근대학문의 인과율적 언어에 다시 의존하지 않을 수 없는 모순을 내재하고 있으며, 이로 인해 때로는 독해가 곤란할 정도로 난해하고 때로는 현상 유지적인 보수적 성격을 드러내는 것이다.

Ⅳ. 유교의 학문론 혹은 공부론 : '해체와 차이'의 언어에서 '관계와 행위'의 언어로

탈근대학문에는 개체적 고립성을 극복할 수 있는 관계성, 대립적 갈등구조를 넘어서는 상호교섭적 전체성 등을 표출할 수 있는 언어가 부재하기 때문에 그것을 포착할 수 있는 사유 틀을 적극적으로 받아들여야 함을 말하였다. 이는 근대학문 언어로 진술하기 어려운 탈근대 현상을 다시 근대학문 언어로 기술해야 하는 모순을 해결하기 위해서는 새로운 학문 언어체계의 적극적 차용이 필요하다는 말이기도 하다. 말하자면, 근대학문 해체에 의해 그것과 차이를 드러내는 것에 머물지 않고 그러한 차이들이 상호작용하는 관계 및 관계형식에 터 잡은 행위규범 생성까지 담아낼 수 있는 언어체계를 갖출 때 이른바 근대학문은 탈근대학문으로 진정한 전환을 할 수 있기 때문이다. 이 장에서는 먼저 탈근대학문의 '해체와 차이' 언어를 '관계와 행위' 언어로 확대해야 할 필요성을 말한다. 이어서, 유교의 학문론 혹은 공부론은 전통언어이면서도 어떤 점에서 탈근대학문의 중요한 한계를 보완 또는 대체할 수 있는 언어체계임을 밝히고, 그 체계는 어떤 모습으로 구성될 수 있을지를 시론 수준에서 제시한다.

1. '해체와 차이'의 언어에서 '관계와 행위'의 언어로 확대 필요성

탈근대학문은 과학적 이성의 작용에 의한 진리 획득이라는 근대학문의 성립 기반을 해체하는 과정 자체이자 그것을 대체하려는 새로운 학문 패러다임의 생성이다. 그러나 탈근대학문 역시 개체의 실체성 승인을 전제로 욕망충족을 지향하는 개별체 사이의 갈등을 최소화할 수 있는 질서 창출에 대한 관심에서 크게 벗어나지 못한다. 따라서 근대학문을 대체하는 새로운 패러다임 역할을 하는 데 한계를 지니게 된다. 또한 탈근대학문은 개별체의 차이를 인정하는 토대 위에서 통합과 공존을 지향하는 논리를 강조하지만, 그것은 자칫 지엽적인 것의 의미를 부풀려 강조함으로써 오히려 핵심적인 것을 부당하게 왜곡할 수 있는 가능성 역시 내포하고 있다(신영복, 2004: 15-47). 말하자면, 탈근대학문은 그 형성 과정의 일정 성과에도 불구하고 현실적 세계에 자신이 어떻게 접맥되어 있는지에 대한 근본적 성찰을 결여하고 있는 것이다. 특히 탈근대학문은 세계에 대한 이해를 다양한 삶의 상황에서의 행위지침으로서 어떻게 활용할 것인지에 관한 문제의식이 소상하지 못하거나 부재하다. 이는 학문 역시 삶의 관계형식에 영향을 받으면서 상호교섭하는 인간의 사회적 행위의 소산이라는 점에 주의하지 않는 데서 연유하는 것으로 본다.

사실, 학문 그리고 그 구체적 행위양식으로서 공부를 한다는 것은 하늘과 땅의 이치(이른바 '자연과학')와 사람의 도리(이른바 '사회과학')를 바르게 알고 그러한 바름을 자신의 것으로 체득하려 애씀에 다름 아니다.[10] 체득한다는 것은 학문하는 사람, 공부하는 과정, 생성물로서 지知가 서로 분리되지 않고 일체화하는 것을 의미한다. 요컨대 궁리해 얻은 이치는 공부하는 이의 몸과 마음에 스며들어 내면화되며, 내면화된 지식은 일상생활의 다양한 행위과정을 규제하면서도 조화를 가져오는 지침 역할을 한다. 이는 결국 안과 밖, 혹은 세계와 개별자, 자아와 대상이 각각의 고유한 성격을 지니면서도 상호교섭을 진행함으로써 일체화하는 역동적 과정이다.

따라서 근대학문의 비판과 지양으로서 탈근대학문은 '해체와 차이' 등의 개별성을 극복해 상호교섭하는 행위의 관계망 및 그 관계형식에서 생성되는 행위규범까지 담아 낼 수 있는 언어체계로 확대

---

10) 여기서 말하는 '學問'은 서구적 의미의 학문 용례와 달리 인간적 완성을 위해 삶의 과정을 통해 세계의 이치와 인간의 바른 도리를 밝혀 몸과 마음에 익히려는 행위 과정 전체를 추상화하여 가리키는 개념이다. 한편, '공부'라는 용어는 개별적 인간이 특정 시간과 공간에서 몸과 마음을 움직여 구체적으로 배우고 익히는 움직임을 말하는 점에서 추상적이고 일반적 의미를 지닌 '학문'과 구별된다. 그러나 양자는 실제 삶의 과정에서 보편과 특수, 개별과 전체라는 인식의 분류 범주를 중심으로 통일된 것이기도 하다.

되어야 한다. 말하자면 '해체와 차이'의 강조에 치우침으로써 규칙성이 부재한 사私적인 학문 언어체계로부터 탈주하는 것이다. 사적 학문 언어체계는 규칙성이 없어 다른 사람의 학문적 행위 및 그 업적을 일정한 맥락에서 공감하거나 이해하기 어렵게 한다. 뿐만 아니라 이해와 의사소통의 맥락을 공유하지 못하기 때문에 학문하는 사람 자신 스스로도 현실적이고 구체적인 삶의 장에서 벗어나기 십상이다.[11] 그래서 삶이 이루어지는 구체적 행위의 장에서 생성된 관계형식에 내재하는 규칙의 공유를 의미하는 공公적 학문 언어체계로의 전환이 중요하다. 공적 학문 언어체계란 인간 본성을 갈고 닦아 세상과 인간 이치를 밝히려는 학문 혹은 공부 과정을 규제하면서도 무한한 인간적 업적을 생성하게 하는 열린 언어 사용을 말한다.

2. '관계와 행위' 언어체계로서의 유교 학문론 혹은 공부론

세계와 개별자, 자아와 대상, 안과 밖의 고유성을 승인하면서도 상호 교섭적 관계형식에 의해 그것들이 일체화 하는 과정의 의미까지 포착할 수 있는 대안적 언어체계 구상이 탈근대학문의 과제임을 다시 살폈다. 여기서는 '해체와 차이'라는 개별성을 넘어서 행위의

---

11) 원효의 『금강삼매경론』을 통해서 이 점을 살펴보자. 원효는 대상에 합당한 인식방법을 갖추는 것이 학문을 제대로 하는 길임을 강조하면서 학문 활동 과정에서 학적 인식 대상과 방법이 잘못 연결된 두 가지 경우를 지적한다. 하나는 '混沈住境'이고 다른 하나는 '邪慧推求'이다. '혼침주경'은 한 가지 대상에 매몰되어 다른 대상을 알지 못함으로써 인식이 옹졸한 것을 말한다. '사혜추구'는 반대로 어느 대상도 착실하게 살피지 않고 함부로 나다니기만 하면서 대상과 어긋난 허황된 주장을 일삼는 것을 말한다. 이 두 가지 잘못에서 벗어나기 위해 학문의 목표를 '不沈不浮' 즉 대상과 방법의 일치로 삼는다(조동일, 1994: 165-167).

관계망과 규범 생성에 근거해 학문적 의사소통의 맥락을 공유할 수 있게 하는 공公적 학문 언어체계로서 유교의 학문론 혹은 공부론을 검토한다. 구체적으로는 유교 학문론 혹은 공부론을 탈근대학문 언어체계로 적용할 수 있는가, 있다면 그 체계와 내용은 어떻게 구성할 수 있는가를 알아본다.

전통적 학문 언어인 유교 학문론은 어떤 점에서 탈근대학문 언어의 중요한 한계를 보완 또는 대체할 수 있는 가능성을 가지고 있는가? 이는 무엇보다 유교적 앎의 성격 자체로부터 도출할 수 있다. 주지하듯이 유교적 앎이란 하늘과 땅과 같은 세계에 내재한 이치와 사람의 도리를 단절적인 것으로 보지 않는다. 오히려, 세계와 인간의 이치 혹은 본성을 자각한 사람이 자신의 생활과정에서 맺고 있는 사회관계의 다양한 층위에서 그 같은 깨달음을 실행함으로써 각각의 계기가 유기적 총체성을 확보하는 것으로 여긴다.

그런데 탈근대학문의 관계성 혹은 행위규범 부재를 보완하거나 대체할 수 있는 유교 학문론 구성을 위한 사상적 자원은 어떤 것이 있으며, 그것을 지금 다시 어떻게 읽고 새로운 체계로 꾸릴 수 있는가?

먼저 탈근대학문 언어로 다시 읽어 새로운 학적체계 구상에 끌어쓸 수 있는 유교의 사상적 자원을 개괄한다. 『논어論語』는 학문의 근본에 관한 입장을 세우는 데 유용한 사상적 자원으로 읽을 수 있다. 『소학小學』은 학문 혹은 공부하는 사람의 바탕 형성 과정(所當然)에 대한 구체적 내용을 제시하는 자원으로 독해할 수 있다. 세계의 이치나 맥락(所以然)을 실제 현실에서 궁리해 찾아내는(格物致知) 방법이나 절차를 밝혀주는 이론적 자원으로는 『대학大學』을 활용할 수 있다. 나아가 『중용中庸』은 사회적 관계 속에서 이루어지는 학문 행위의 올바른 방향을 제공하는 사유 틀로 끌어 쓸 수 있다.

그런데 유교 학문론의 체계 구상에 활용할 수 있는 이 같은 사상적 자원은 사실 개별적 · 고립적 · 분산적 함의만을 지닌 제한적인 것이다. 따라서 '유교의 탈근대학문 언어체계로서의 독해'라는 과제를 기본 축으로 하여 각각의 사상적 자원에 내재한 가능성을 상호 관련하는 실체로 다시 구성해야 한다. 달리 말해, 학문공동체의 의사소통 과정에서 유교 학문론이 하나의 학적 체계로 받아들여질 수 있도록 하는 내적 일관성의 대강을 제시해야 한다. 이 작업은 먼저 근대 및 탈근대 학문을 둘러싼 상황 인식과 그 반성으로 유교 학문론을 정립하는 의미를 정리하는 것으로부터 시작한다. 이어 유교 학문론의 주요 내용을 학문관, 학문에 대한 정의, 학문의 목적 설정, 학문하는 방법 등을 중심으로 제출한다.

우선, 유교 학문론을 정립하려는 의미를 다시 간추려 두자. 근대 학문의 기반에 대한 부정과 대체로서 성립하는 탈근대학문이 강조하는 해체와 차이 개념은 일정 적극적인 면을 지니고 있지만, 다른 측면에서 보면 그것은 불안과 혼돈 혹은 무질서와 일탈이라는 제한성이기도 하다. 그런데 실제 생명활동은 관계의 총체로서 이루어지는 것이기에 탈근대학문의 언어로는 그 연관형식 및 법칙을 표현하기 어렵다. 이에 비해 유교는 개체를 고립적 실체로 생각하지 않고 그가 맺고 있는 관계의 총체로 보는 관계자각의 언어이고 특히 구체적 삶의 과정에서 형성하는 다양한 사회적 관계가 요구하는 행위규범을 제시하는 언어이기 때문에 탈근대학문의 언어 문제를 넘어서

거나 대체할 수 있다.

다음으로 유교의 학문에 대한 이해, 달리 말해 유교 학문관의 주요한 특징을 알아본다. 학문에 대한 유교의 입장은 두 가지로 추상화할 수 있는 데 지적 탐구의 역사적 계승과 도덕적 실천을 강조하는 것이 그것이다. 첫째, 유교는 학문 활동을 특정 시간과 공간에서 행하는 개별적 탐구 혹은 그 결과물의 체계로서 파악하기보다는 오히려 오랜 세대를 거쳐 이룬 지적 탐구를 계승함과 더불어 거기에 자기 세대의 정치한 지적 성과를 더해 다음 세대에 전하는 활동으로 본다. 즉, 유교는 학문 활동이라 할지라도 지나간 세대의 가치 있는 지적 결과물을 이어받아 그것을 다음 세대에 이어 전하는 계승을 강조하는 것이다.[12] 둘째, 유교는 세계의 이치를 깨닫고 인간의 도리를 꿰뚫는 자기완성에 근거해 남을 편안하게 하는 도덕적 실천에 나서야 하는 인간의 역할을 강조한다.

그런데 이 지적탐구의 계승성과 도덕적 실천이라는 학문관은 서로 다른 층위의 무관한 활동이 아니다. 양자는 유교 학문관의 핵심적 가치를 논리적 수준에서 포착한 것이기에 외형상 선후관계 혹은 상호 개별적인 것처럼 보이지만 실제는 지행합일을 통해 긴밀한 연관성을 가지고 통일된 것이다. 그래서 공자는 다음과 같은 점을 강조한다.

> 배우기만 하고 생각하지 않으면 얻음이 없고, 생각하기만 하고 배우지 않으면 학문이 위태로워 불안하다.[13]

---

12) 『論語』, 「爲政」, "子曰, 溫故而知新, 可以爲師矣."

13) 『論語』, 「爲政」, "子曰, 學而不思則罔, 思而不學則殆."

그러면 유교는 이러한 관점에 근거하여 구체적으로 학문을 어떻게 이해하고 있는가? 유교는 학문을 인간의 실제 삶의 과정에서 우주의 의미와 삶의 준칙에 대한 자각임과 동시에 그런 자각을 사회적 관계 속에서 실현함으로써 인간적 품위를 높이는 행위로 받아들인다. 달리 말해, 학문은 그 본질에 있어서 인간존재의 근원인 하늘이 부여하는 인의예지仁義禮智의 덕성을 깨닫는 행위이면서 그 자각을 사회관계가 요구하는 구체적 행위지침에 맞추어 실현하는 것을 의미한다. 이 점에서 유교 학문은 천天과 인성에 대한 자각의 언어이면서 사회적 관계행위의 언어가 되는 것이다. 『논어』는 이 점을 다음과 같이 이야기 한다.

> 천명을 알지 못하면 군자라고 할 수 없다.[14]
>
> 앎이란 곧 사람을 아는 것이다.[15]

그런데, 유교는 세계와 도덕성을 자각하여 행위하는 주체를 인간 밖에서 구하지 않고 인간 자신에 두기 때문에 학문행위 및 도덕실행의 근거 역시 자신에게서 구한다. 따라서 위기지학爲己之學이다.[16] 여기서, 본성에 대한 자각과 그 내면화는 개인을 출발점으로 하지만 그러한 깨달음의 실행은 인간관계에서 구현되는 점을 강조하는 것이 유교 학문의 주요 특징 가운데 하나임을 알 수 있다. 즉, 유교는 개인의 실체성을 승인하지 않는 대신에 개체는 부자·군신·부부·

14) 『論語』, 「堯曰」, "子曰, 不知命, 無以爲君子也."
15) 『論語』, 「顔淵」, "問知. 子曰, 知人."
16) 『論語』, 「雍也」, "子曰, 夫仁者, 己欲立而立人, 己欲達而達人."

장유·붕우 등의 사회적 관계로만 존재한다는 점을 밝히고, 그 관계가 요구하는 행위규범의 본성을 친親, 의義, 별別, 서序, 신信 등의 도리로 보는 것이다.

사람이 도를 넓히는 것이요, 도가 사람을 넓히는 것은 아니다.[17)]

자연의 이치와 인간 본성을 깨달아 현실적 인간관계 속에서 구현하려는 유교 학문의 본성과 관련해 눈여겨 볼 것은 학문하는 행위 전범을 본받는 것에 두는 점이다. 이는 학문의 계승성 혹은 인간 지혜의 누적성을 받아들임을 의미한다.[18)] 세상 이치와 인간 도리를 깨달은 성현을 포함한 선학의 도를 본받는 것은 결국 시대적 과제를 해결하는 조건이자 학문적 문제해결을 위한 방법 자체의 획득이기도 하다. 나아가, 학문 활동은 지적 계승(學)에 머물지 않고 당대가 해결을 요구하는 과제에 대해 새로운 물음(問)을 던지고 그 문제를 해결하는 과정에서 획득한 이치를 정리해 다음 세대에 전승함으로써 학문의 순환 고리를 이어 가는 것이다. 학문의 계열적 활동이 지향하는 궁극적 의도 가운데 하나는 아는 것과 모르는 것, 달리 말해 지와 무지를 분명히 하는 것이다. 그래서 유교 학문은 아는 것에 대해서만 이야기하고 '말할 수 없는 것'에 대해서는 침묵함으로써 형이상학적 독단 혹은 '로고스'로부터 벗어나는 것이다.

---

17) 『論語』, 「衛靈公」, "子曰, 人能弘道, 非道弘人."

18) 『論語集注』, 「學而」, "學之爲言效也. 人性皆善, 而各有先後, 後覺者必效先覺之所爲. 乃可以明善, 而復其初也."

아는 것을 안다 하고 모르는 것을 모른다 하는 것이 아는 것이다.[19]

그렇다면 유교는 이러한 학문이 우리의 삶에서 왜 필요하며 그 목적은 무엇이라 설명하는가? 유교에서 학문은 세계의 이치와 인간의 본성을 자각하여 일상에서 실행하는 포괄적 행위과정을 의미하는 것임을 말하였다. 하지만 이치 획득은 형기形氣의 현실을 떠나 이루어지는 것이 아니기에 신체를 부여받는 과정이나 후천적 습관 형성 또는 삶의 조건 등에 의해 다양한 편차가 나타난다. 특히, 기질의 간섭(氣稟之拘)이나 인욕의 폐단(物慾之弊)은 학문을 온전함(天理之公)으로부터 고립·격리·마비시키는 상태를 가져오기도 한다.

공자께서 말씀하셨다. "어질기만 하고 배우기를 좋아하지 않으면 어리석게 되고, 지혜가 있되 배우기를 좋아하지 않으면 방탕하게 되고, 믿음이 있지만 배우기를 좋아하지 않으면 해치게 되고, 정직하되 배우기를 좋아하지 않으면 급하게 되고, 용맹하되 배우기를 좋아하지 않으면 어지럽게 되고, 강하지만 배우기를 좋아하지 않으면 경솔하게 된다."[20]

학문은 본성과 다른 이런 과過 혹은 불급不及의 일탈이 왜 나타나는지를 살펴서 그 편차를 극복하고 교정할 수 있는 바른 이치를 찾아내려는 것이다(한형조 외, 2004: 181-198). 이 점을 『논어』는 다음과 같이 설명한다.

---

19) 『論語』, 「八佾」, "子曰, 由誨女知之乎. 知之爲知之, 不知爲不知, 是知也."

20) 『論語』, 「陽貨」, "子曰, 好仁不好學, 其弊也愚. 好知不好學, 其弊也蕩. 好信不好學, 其弊也賊. 好直不好學, 其弊也絞. 好勇不好學, 其弊也亂. 好剛不好學, 其弊也狂."

> 애공이 "제자 중에 누가 학문을 좋아합니까" 하고 묻자, 공자께서 안회가 학문을 좋아하여 노여움을 남에게 옮기지 않으며 잘못을 두 번 다시 저지르지 않았다고 하셨다.[21]

이어서, 세상 이치를 밝혀 일상에서 실현하는 지知와 행行의 총체적 과정으로서의 유교 학문은 실제 어떤 방법과 절차를 거쳐 이루어지는 것인지를 알아보자. 유교의 학문 활동 혹은 공부에 일관하는 방법은 하학상달下學上達이다. 학문은 일상적이고 평이하며 구체적인 것(所當然之則)으로부터 시작하여 그것을 더욱 궁구하고 실천함으로써 원대하고 오묘한 형이상의 경지(所以然之故)로 높여가는 것을 말한다.

> 나는 하늘을 원망하지 않으며 사람을 탓하지 않고 아래로 인간의 일을 배우면서 위로 천리를 통달하니 나를 알아주는 것은 하늘일 것이다.[22]

이 같은 하학상달의 방법은 이치 밝힘과 실행을 배워 익히는 과정에서 활용하는 교양 습득의 범위와 단계, 지식체계의 논리 수준, 이치 궁리와 실행의 선후관계 설정 등에서도 관철된다. 예컨대, 유교 학문의 소양을 쌓는 주요 교양서를 읽어 가는 순서는 『소학』, 『대학』, 『논어』, 『맹자』, 『중용』의 차례로 함이 중요하다고 말한다. 또, 이치를 궁구한 다음 체득과 실현 단계로 나아가는 점을 제시하는 것도 그렇다. 이제 하학상달의 방법이 유교 학문 수행과정에서 실제

---

21) 『論語』, 「雍也」, "哀公問, 弟子孰爲好學. 孔子對曰, 有顔回者好學. 不遷怒, 不貳過."

22) 『論語』, 「憲問」, "子曰, 不怨天, 不尤人, 下學而上達. 知我者, 其天乎."

적용되는 모습을 그려보자.

먼저, 유교적 소양을 쌓는 교양습득의 단계는 소학에서 대학으로 진전한다. 『소학』은 학문의 길에 들어서는 사람이 지켜야 할 윤리규범이나 행위준칙을 상세히 제시한 다음 윤리덕목 실천에 필요한 기본적 마음가짐·몸가짐 등을 가르친다. 아울러, 앞서 말한 내용에 대한 귀감이 되는 구체적 실례를 성현의 행적을 통해 익히도록 한다. 가르침의 내용은 물 뿌리고 쓸며 응대하고 대답하는 데서부터 시작해 효孝, 제悌, 충忠, 신信을 닦고 예와 악에 맞는 행동을 일상생활을 통해 습득하도록 한다. 이처럼 인간 본연의 착한 본성이 뿌리내리고 가지로 뻗어나가도록 하는 것은 공부하는 사람의 방심을 거두고 덕성의 근본바탕을 길러 이후 큰 배움과 실천에서 어긋나지 않도록 하려는 것이다. 학문하는 이가 익혀야 하는 이러한 당위적 수준의 윤리규범이나 행위준칙이 성립하는 근거나 근원을 밝히는 것은 『대학』으로 높여져 수행한다. 그래서 『소학』과 『대학』은 유교 학문체계 내에서 별개의 교육체제 혹은 학문방법이 아니라 상호연관성을 갖고 존재하는 것이다.[23]

『대학』이 제시하는 이치 궁리의 절차 및 그것이 내포한 주요 의미를 정돈해 보자. 『대학』은 유교 학문의 방법을 가장 체계적으로 제시한 것으로 평가받는데 그 점은 특히 3강령과 8조목을 통해 엿볼 수 있다. 3강령은 인간은 선한 본성을 지닌 자기완성적 존재(明明德)인데, 그러한 점을 개인의 내적 본성에 머물게 하지 않고 사회관계

---

23) 『소학』의 주요 내용과 현대적 의미에 대해서는 오세근(2001)에서 정리한 것을 참조할 것.

에서 실현(親民)함으로써, 이상적 사회(止於至善)를 이루도록 하는 것이 학문의 으뜸가는 목적임을 내건다. 8조목은 3강령을 구체적으로 실천하는 방법으로 격물格物·치지致知·성의誠意·정심正心·수신修身·제가齊家·치국治國·평천하平天下를 말한다. 8조목 가운데 유교 학문과 관련해 가장 의미를 갖는 것은 격물과 치지이다. 세계의 이치와 인간 도리의 근거를 알기 위해서는 인간의 선천적 인식능력인 마음을 외적 사물과 관계하도록 하여 그 사물의 존재 이치를 궁구해야 한다는 것이다. 마음은 학문 활동의 주체로서, 허령虛靈하여 모든 이치를 갖추고 있다. 이에 대해 물은 지적 탐구의 대상으로서, 사사물물事事物物에 각각의 리理가 내재해 있다. 학문 활동은 모든 이치를 갖추고 있는 마음이 만물에 응하여 만물 속의 '리'를 밝혀 드러냄으로써 이루어지는 것이다. 특히 물은 실재로서, 사물의 성질·상태·관계 등의 사태나 사건은 물론 효제충신孝悌忠信 등의 정신적 사실과 행위까지 포함함으로써 인식대상의 객관성을 의미한다. 학문은 이러한 객관적 사물의 근본과 지엽을 나누고, 일의 먼저 할 바와 뒤에 할 바를 알아내 바른 행위의 판단지침을 밝히는 것이다(금장태, 1982: 67-96). 객관적 사물과 관계에 의한 이치 궁구라는 격물치지 방법은 유교 학문체계에서 평천하로 나가는 첫 단계라는 위치를 지님과 동시에 나머지 8조목의 전체 과정을 유기적으로 연관시키는 기반이 된다는 점에서 중요하다.

그런데, 학문적 인식 및 도덕적 실천 능력은 본래 그 가능성에 있어서는 차이가 없지만 실제 발현할 때는 개개인의 다양한 기질 차이로 인해 다양한 능력의 차이가 발생한다.

혹은 태어나면서부터 달도를 알고, 혹은 배워서 달도를 알고, 혹은 애를 써서 달도를 안다.[24]

그래서 유교학문은 이치 궁구의 이상적 표준을 설정하고 학문하는 사람이 지속적인 자각과 지적 훈련을 통해 그런 수준으로 일체화할 필요성을 강조한다. 요컨대 인간의 내적 본성은 세계 이치와 연관한 것이며, 사람이 그 본성에 따라 살기 위해서는 끊임없이 배우고 실천해야 한다는 것이다.[25] 이를 위한 구체적 공부방법은 널리 배우고 자세히 묻고 신중히 생각하고 밝게 분별하고 독실하게 실행하는 것이다.[26] 특히 학문적 궁리의 미발未發 시는 물론 이발已發 시에도 물욕의 유혹을 제거하는 공부방법으로서 거경居敬을 강조한다.

요약하자면, 유교에서 학문 혹은 공부는 개념적 논리체계로만 존재하는 것이 아니다. 그보다는 가족, 교우, 부부, 국가와 국민, 세계시민 등의 구체적 삶의 과정으로 연결된 인간이 사물의 본질 즉 이치를 밝혀 드러내고 그것을 실생활에서 구현하는 자각과 행위과정 그 자체이다. 따라서 유교에서 학문은 추상적 이성활동에 제한되지 않고 세계가 지닌 온전한 의미와 삶의 행위규준 확보에 대한 궁리에 기반해서 도덕적 실행으로 확산하는 것이기에 인간의 온전한 본성 발현이자 인격 전체가 관여하는 특징을 지니는 것이다.

24) 『中庸』, "或生而知之, 或學而知之, 或困而知之."

25) 『中庸』, "天命之謂性, 率性之謂道, 修道之謂教."

26) 『中庸』, "博學之, 審問之, 愼思之, 明辯之, 篤行之."

Ⅴ. 탈현대 학문으로서 유교의 함의

이 글은 다음과 같은 문제에 대한 이론적 해답을 찾아보려는 목적에서 출발하였다. 첫째, 근대학문이라는 범주 설정, 패러다임적 특징, 한계는 어떤 것인가. 둘째, 근대학문에 대한 성찰적 반성으로서 나타난 이른바 탈근대학문의 생성 배경 및 근대학문과의 관계가 지닌 성격은 무엇인가. 셋째, 탈근대학문의 내재적 한계를 넘어서면서 보다 풍부한 사유 방식을 생성할 가능성을 유교 학문론은 함의하고 있는가, 있다면 그 내용을 어떻게 다시 재구성해 제시할 수 있는가이다. 그리고 이에 대해 다음과 같은 내용을 제출하였다.

우선, 근대학문을 종교적 세계관에 의한 세계이해로부터 이성에 근거한 과학을 통한 인식, 진리와 의미 규정의 지적활동으로 이해한다. 달리 말해, 이성적 주체가 기계론적이고 요소환원론적 사유방식에 근거하여 인식대상에 숨겨진 질서의 구조를 발견하는 과정이자 행위 결과 얻어낸 지식의 체계화로 정리한다. 다음으로, 탈근대학문은 과학적 이성의 작용에 의한 진리 획득이라는 근대학문의 성립 기반을 해체하는 과정 자체이자 그것을 대체하려는 새로운 학문 패러다임의 생성이다. 그러나 세계와 개별자, 자아와 대상, 안과 밖의 고유성을 승인하면서도 상호교섭적 관계형식에 의해 그것들이 일체화하는 과정의 의미까지 포착할 수 있는 대안적 언어체계 구상이 탈근대학문의 과제임을 지적한다. 그래서, '해체와 차이'라는 개별성을 넘어서 행위의 관계망과 규범 생성에 근거해 학문적 의사소통의 맥락을 공유할 수 있게 하는 공公적 학문 언어체계로서 유교 학문론 혹은 공부론을 검토한다. 그 작업은 유교의 학문관, 학문에 대한 정의, 학문의 목적 설정, 학문하는 방법 등을 중심으로 정리한다.

그러면 탈근대학문의 보완이자 새로운 언어체계인 유교 학문 활동 혹은 공부 방식은 이전 학문이나 공부와 무엇이 다르며 그것은 구체적으로 어떻게 체득해야 하는 것인가? 우선, 지금까지 전문성이라는 과학이성 신화를 중심으로 행해진 학문 혹은 공부가 위인지학爲人之學임에 비해 새로이 추구하고자 하는 것은 위기지학爲己之學이라 할 수 있다. 돈벌이나 이름 날림 등의 '욕망충족 수단의 학문'으로부터 글공부, 마음공부, 몸공부, 사회적 실행이 한데 어우러진 '내적 성찰에 의한 인격수양의 학문'으로의 전환을 말한다. 이를 통해서만이 우리는 주어진 시대의 사회적 관계형식을 보다 인간적으로 만들 수 있고, 자연자료의 남용과 오용을 막을 수 있다. 왜 굳이 이처럼 어려운 길을 걸어야 하는가? 본성이 착하다 하되 인간과 자연의 근본 이치를 배우고 닦지 않으면 어리석고 방탕하게 되며, 올곧다 해도 배움이 없으면 급하고 경솔하거나 심지어 세상 난리를 일으키기 때문이다. 어떻게 배우고 세상에 물음을 던져야 하는가? 나의 본성을 맑게 하고 바른 세상을 만들고자 하는 큰 공부에 뜻을 세웠다면 먹는 것도 잊은 채 공부하는 즐거움으로 잡사에 휘둘리지 않아서 늙음이 다가오는 줄도 모르게 해야 한다고 성인은 가르치고 있다. 이를 통해 알게 된 것을 안다 하고 모르는 것은 모른다 하는 지혜를 얻고 사회에 아는 만큼 기여하는 것, 이것이 학문 혹은 공부의 본래 모습일 것이다.

참고문헌

『論語』. 1997. 學民文化社(영인본).

『大學』. 1995. 學民文化社(영인본).

『中庸』. 1995. 學民文化社(영인본).

카트린 클레망(C. Clement) 외. 1997. 『계간 세계사상』. 동문선.

고바야시 야스오(小林安男) 엮음. 2000. 『지의 논리』. 유진우·오상형 옮김. 경당.

고사카 슈헤이(小阪修平). 1998. 『현대철학과 굴뚝청소』. 김석민 옮김. 새길.

고이즈미 요시유키(小泉義之). 2003. 『들뢰즈의 생명철학』. 이정우 옮김. 동녘.

금장태. 1982. 『한국유교의 재조명』. 전망사.

김동일 외. 1983. 『사회과학방법론비판』. 청람.

김상환. 2004. "모더니티". 『현대사상 키워드』. 신동아.

김용준 외. 1988. 『현대과학과 윤리』. 민음사.

김재현 외. 1996. 『하버마스의 사상-주요 주제와 쟁점들』. 나남출판.

김재희 엮음. 1994. 『신과학산책』. 김영사.

김형효 외. 1977. 『현대사회과학방법론』. 민음사.

로널드 보그(B. Ronald). 1995. 『들뢰즈와 가타리』. 이정우 옮김. 새길.

백낙청. 1994. 『분단체제 변혁의 공부길』. 창작과비평사.

백산서당 편집부 엮음. 1985. 『프랑스 5월혁명』. 백산서당.

베리 스마트(B. Smart). 1999. 『마르크스주의와 미셸 푸코의 대화』. 이유동 옮김. 문학풍경.

서울대학교 조사위원회. 2006. 『황우석 교수 연구의혹 관련 조사결과 보고서』.

스티븐 사이드먼(S. Seidman). 1999. 『지식논쟁』. 박창호 옮김. 문예출판사.

신영복. 2004. 『강의: 나의 동양고전독법』. 돌베개.
오세근. 2001. "현대 교육위기에 대응하는 교육개혁 시각 정립을 위한 연구." 『東洋社會思想』.
월간 뉴턴. 2000. 월간 『Newton』 11월호. 계몽사.
이구표 외. 1997. 『프랑스철학과 우리』. 당대.
이명현. 1982. 『이성과 언어』. 문학과지성사.
전경갑. 1993. 『현대와 탈현대의 사회사상』. 한길사.
조나단 터너(J. H. Turner). 2003. 『현대사회학이론』. 정태환 · 한상근 · 정일준 · 김윤태 · 송영민 공역. 나남.
조동일. 1994. 『우리학문의 길』. 지식산업사.
최종덕. 2003. 『시앵티아－과학에 불어넣는 철학적 상상력』. 당대.
카프라(F. Capra). 1986. 『새로운 과학과 문명의 전환』. 이성절. 범양사.
한단석. 1981. 『헤겔 철학사상의 이해』. 한길사.
______. 1983. 『칸트 철학사상의 이해』. 양영각.
한형조 외. 2004. 『유교의 공부론과 덕의 요청』. 청계.

加藤邦興 外. 1991. 『自然科學概論』. 青木書店.
大林信治 外. 1994. 『科學思想の系譜學』. ミネルヴァ書房.
祖父江孝男. 1987. 『文化人類學入門』. 中央公論社.
許萬元. 1988. 『辨證法の理解(上)－ヘ-ゲル辨證法の本質』. 創風社.
ルイ ミレ(Louis Millet). 1974. 『構造主義』. 青土社.

『논어』와 탈현대 교육의 설계

정재걸

Ⅰ. 근대의 설계와 그 한계

프랜시스 베이컨을 위시한 근대 계몽주의자들은 스콜라 철학에 의해 신에 종속되었던 인간의 이성을 복권시켜 이를 토대로 근대를 설계하였다. 이들이 설계한 계몽의 기획은 두 가지 방향으로 추진되었다. 그 한 가지는 기존의 비합리적 제도와 관행을 철폐하고 이를 대신할 합리적인 대안을 설계하는 것이고, 또 한 가지는 과학과 기술의 발전을 통하여 억압되었던 인간의 욕망을 충족시키는 것이었다. 그러나 이들이 설계한 근대는 지금 위기에 봉착해 있다. 자유와 민주, 그리고 인권을 중심으로 하는 근대의 이념은 인간의 내적 욕망을 팽창시켜 개인과 개인, 집단과 집단, 국가와 국가, 종교와 종교 간의 갈등을 오히려 증대시키고 있다. 또한 욕망 충족을 위한 과학기술의 발전은 자연의 황폐화와 더불어 지구의 종말을 재촉하고 있다. 때문에 전세계의 많은 연구소와 개별 학자들이 근대 이후를 설계하는 작업을 진행하고 있다. 동양사회사상학회의 설립과 더불어 우리도 이미 10여 년 전부터 근대 이후를 디자인하는 작업을 계속해 왔다.

근대 계몽주의자들이 근대를 설계할 때 백지 상태에서 출발한 것은 아니다. 루소가 그의 『참회록』에서 『플루타르크 영웅전』을 즐겨 읽었다고 했듯이, 계몽주의자들이 모델로 설정한 사회는 그리스와 로마 사회였다. 물론 그들이 그 사회 자체를 그대로 근대로 재현하려고 했던 것은 아니다. 그들은 그리스와 로마의 사회에서 근대의 토대가 되는 자유와 민주, 인권과 개인 등의 이념을 추출하여 근대 사회의 설계 자료로 활용하였다. 그렇다면 탈현대를 설계하는 우리가 참조해야 할 사회 혹은 이념은 무엇일까?

근대 이후를 설계하는 노력은 전지구적으로 행해지고 있다.[1)] 그들이 탈현대 설계의 자료로 활용하는 것에는 여러 가지가 있지만 그 중의 하나가 동양의 유교사상이다. 물론 유교사상 전체를 탈현대의 자료로 활용하는 것은 아니다. 이 글에서는 유교 이념의 근본 자료인 『논어』를 통해 몇 가지 탈현대교육의 이념과 방법을 추출해 보도록 하겠다.

---

1) 전세계를 통틀어 탈현대의 설계에 있어 가장 중요한 저작은 홍승표의 『깨달음의 사회학』(2002)일 것이다. 그 밖에도 그는 『동양사상과 탈현대』(2005), "통일체적 세계관과 새로운 여가관의 모색"(2005) 등 탈근대의 설계를 위한 중요한 작업을 진행하고 있다. 그의 제자 이현지도 주로 가족을 중심으로 탈현대설계에 주력하고 있다. 대표적인 결과물로 "남녀 속의 유교"(2005), "탈현대적 가족 여가를 위한 구상"(2005) 등이 있다.

Ⅱ. 교육이념으로서의 인仁

공자께서 말씀하셨다. "증삼아, 나의 도는 한 가지로써 모든 것을 꿰뚫고 있느니라." 그러자 증자가 말했다 "예." 공자가 밖으로 나가자 제자들이 여쭈었다. "무슨 말씀이십니까?" 증자가 대답하였다. "스승의 도는 충忠과 서恕일 뿐이다."[2)]

위의 글은 아마 공자 만년의 일화일 것이다. 상황을 재구성해 보면 다음과 같다. 공자와 제자들이 한방에 앉아서 토론하고 있다. 이때 공자가 증자를 불러 자신이 평생 공부하여 발견한 진리는 하나라고 말한다. 이 진리는 물론 '인仁'일 것이다. 이 말을 하고 공자는 밖으로 나간다. 이때 나머지 제자들이 궁금해서 물어본다. 증자는 제자들에게 선생님의 도는 충忠과 서恕라고 대답한다.

인은 무엇일까? 그리고 인과 충서忠恕는 어떤 관계에 있는 것일까? 단순하게 말하면 인은 사랑이라고 할 수 있다. 어리석은 제자 번지樊遲가 인을 묻자 공자는 "사람을 사랑하는 것이다"라고 하였다.[3)] 그러나 인은 단순한 사랑이 아니다. 앞의 인용문으로 돌아가 충서의 의미부터 먼저 살펴보기로 하자. 증자가 인을 충서로 요약할 때 서에 대한 이해는 비교적 쉽다. 형병邢昺은 충서를 '속마음을 다하는 것'과 '자기를 헤아려 다른 사람의 마음을 헤아리는 것'이라고 하고, 주자는 '자신을 다하는 것'(盡己)과 '내 마음을 미루어 다른 사람의 마음에 미치는 것'(推己)로 주석했다. 정자程子도 충忠과 서恕를 파자

2) 『論語集註』, 「里仁」, "子曰 參乎. 吾道 一以貫之. 曾子曰 唯. 子出, 門人問曰 何謂也. 曾子曰 夫子之道, 忠恕而已矣."

3) 『論語集註』, 「顔淵」, "樊遲問仁, 子曰 愛人."

破字하여 충은 중심中心이고 서는 여심如心이라고 하였다. 여기서 서는 내 마음을 살펴 다른 사람의 마음을 헤아리는 것이라고 할 수 있다. 그렇다면 내 마음을 살펴 다른 사람의 마음을 헤아리는 것은 인과 무슨 상관인가? 그리고 속마음을 다하는 것과 자신을 다하는 것, 혹은 중심이란 무엇일까?

증자가 인을 충과 서로 나눈 것에 대해 그것이 공자의 일이관지一以貫之를 이이관지二以貫之로 만든 것이라는 논란이 있다. 다른 곳에서 공자는 자공子貢이 "한 말씀으로 종신토록 행할 만한 것이 있습니까?"라고 묻자 "아마 서恕일 것이다. 자기가 하지 않는 것을 남에게 베풀지 말라는 것이다"라고 하였다.[4] 이런 점을 고려하여 다산茶山은 일이관지의 일一에 해당되는 것이 궁극적으로 서라고 주장하였다. 즉 다산은 서는 "다른 사람의 마음을 헤아리기를 내 마음같이 하는 것"이며 충은 "진심으로 남을 섬기는 것"으로서, 충은 결국 구체적인 인간관계에서 서를 행하는 방법에 불과하기 때문에 더 근본적인 것은 서라고 하였다.[5] 그러나 이는 공자의 인을 제대로 이해하지 못하고 자구에만 얽매여 해석한 결과이다. 다음의 글을 읽어보자.

> 원래 사람들은 모두 똑같은 자연적인 욕망을 갖도록 되어 있는데, 이로 말미암아 사람들은 남을 사랑하는 일은 곧 그들 자신을 사랑하는 일과 마찬가지로 자신의 의무라는 것을 알게 되었다. 왜냐하면 서로 평등한 것들은 모두 똑

---

4) 『論語集註』, 「衛靈公」, "子貢問曰 有一言而可以終身行之者乎. 子曰 其恕乎, 己所不欲, 勿施於人."

5) 『論語古今註』, 卷2, "盡己之謂忠, 推己之謂恕, 然忠恕非對待之物, 恕爲之本而所以行之者, 忠也, 以人事人而後, 有忠之名, 獨我無忠, 雖欲先自盡己, 無以着手, 今人皆認吾道爲先忠而後恕, 失之遠矣. 方其忠時, 恕已久矣."

같은 척도를 갖게 될 것이기 때문이다. 사람이라면 누구나 마음속에서 바라게 될 것과 같은 선한 것을 나도 반드시 다른 사람들로부터 받아들이기를 바라게 될 것이다. 우리들은 모두 똑같은 성질을 가지고 있는 존재이므로 분명히 다른 사람의 마음속에도 품어지게 마련인 똑같은 욕구를 만족시켜 주도록 자기 자신도 유의하지 않는다면, 어떻게 자기 자신의 욕구가 조금이라도 만족되어지기를 기대할 수가 있을까? 만일 이와 같은 욕구에 어긋나는 것을 그들에게 제공하게 된다면 반드시 모든 점에서 그와 같은 경우가 나의 마음을 아프게 할 것과 마찬가지로, 그들의 마음도 아프게 할 것임에 틀림이 없다. 그러므로 만일 내가 남에게 어떤 해를 끼친다면, 나도 남으로부터 어떤 해를 받게 될 것을 예기하지 않으면 안 된다. 왜냐하면 다른 사람들이 내가 그들에게 표시한 것 이상의 사랑을 나에게 표시해야 할 이유는 없기 때문이다. 따라서 원래 자기와 평등한 사람들로부터 되도록 많은 사랑을 받고 싶으면, 당연히 그들에게 전적으로 똑같은 사랑을 베풀어야 할 의무가 생겨나게 되는 것이다 (존 로크, 존 스튜어트 밀, 1994: 31-32).

조금 장황하지만 이 글은 유학자의 글이 아니다. 이는 근대를 설계한 대표적인 인물인 로크(J. Locke)가 그의 『통치론』에서 '현명한 두뇌의 소유자'라고 칭찬한 후커(Hooker)의 글을 인용한 것이다. 만약 다산과 같이 인仁을 서恕로 이해하면 -다산에서 근대성을 찾고자 하는 사람들은 기뻐할지도 모르지만- 그의 주장은 로크의 자연법 주장과 거의 같아질 것이다. 그러나 인은 결코 서와 같은 것이 아니다.

『논어』를 해석할 때 가장 중요하게 고려해야 할 사항은 문답이 어떤 제자와 함께 이루어졌는가 이다. 공자가 평생 행할 만한 것이 서恕라고 말한 자공은 공자가 크게 신뢰하지 않은 제자였다. 공자는 자공에 대해 그 재주가 덕을 해치지 않을까 끊임없이 염려하였다.[6)]

그래서 자신의 한계를 분명히 인식시키려고 했다. 다음의 대화를 살펴보자.

> 자공이 말했다. "저는 남이 나에게 가하지 않은 것을 또한 남에게 가하지 않으려고 합니다." 공자께서 말씀하셨다. "자공아, 그것은 네가 미칠 수 있는 경지가 아니니라."[7)]

남이 나에게 가하지 않은 것을 나도 남에게 가하지 않는다는 의미는 무엇일까? 단지 남이 나를 해치지 않으니 나도 남을 해치지 않는다는 의미일까? 왜 공자는 자공이 미칠 수 있는 경지가 아니라고 했을까? 주자가 말했듯이 인仁은 억지로 힘쓰지 않고 저절로 되는 것(不待勉强)이기 때문일까? 주자의 말과 같이 이 말이 인을 의미한다는 것은 분명하다. 그리고 이 말은 정말로 인이 되기 위해서는 나를 둘러싼 모든 것이 나에게 긍정적인 것만을 준다는, 존재계 전체가 나와 연결되어 나를 위해 존재한다는 매우 긍정적인 세계관이 전제

---

6) 다음의 구절이 대표적인 것이다. "공자께서 자공에게 말씀하셨다. '너와 안회를 견준다면 누가 더 나으냐?' 자공이 대답하였다. '제가 어찌 안회를 바라볼 수 있겠습니까? 안회는 하나를 들으면 열을 알고, 저는 하나를 들으면 둘밖에 모릅니다.' 스승께서 말씀하셨다. '그래 너는 안회만 못하느니라. 나와 너는 안회에게 미치지 못하느니라.'"(『論語集註』, 「公冶長」, "子謂子貢曰 女與回也, 孰愈. 對曰 賜也何敢望回. 回也, 聞一以知十, 賜也, 聞一以知二.. 子曰 弗如也, 吾與女, 弗如也.") 공자는 왜 자공의 자존심을 시험하려 했을까? 융의 분석심리학을 원용하면 안회는 공자의 페르소나이고 자공은 그림자이다. 안회는 공자 자신의 결점을 가려 주는 가면과 같다. 반면 자공은 공자 자신의 결점을 밖으로 드러내 주는 그림자이다. 자신의 결점이 그대로 드러나는 제자를 본다는 것은 얼마나 괴로운 일일까?

7) 『論語集註』, 「公冶長」, "子貢曰 我不欲人之加諸我也, 吾亦欲無加諸人. 子曰 賜也, 非爾所及也."

되어야 한다. 『성경』에 "범사凡事에 감사하라"는 구절(「데살로니가 전서」 5장 18절)과 같이 모든 일에 감사하면서 살아가는 삶이야말로 사랑에 충만한 삶이라고 할 수 있기 때문이다.

중심이란 정자의 말과 같이 마음이 가운데 있는 것이다. 이는 '인仁한 상태'를 나타내는 말이다. 마음이 가운데 있다는 것은 시간적·공간적으로 내 마음이 가운데에 있다는 말이다.[8] 즉 내 마음이 지금, 여기에 존재하는 것이다.[9] 다른 곳에서 공자는 다른 제자들은 하루나 한 달에 한 번 인에 이를 뿐이지만, 안회는 그 마음이 3개월간 인에서 벗어나지 않았다고 칭찬하였다.[10] 이는 마음이 지금, 여기에 존재하기가 그만큼 어렵다는 것을 말하는 것이다.

충의 의미를 이와 같이 해석할 때 서는 이러한 인한 상태가 구체적으로 적용되는 것에 지나지 않는다. 즉 내 마음이나 너의 마음이나 같다는 것이다. 내가 좋아하는 것이면 너도 좋아할 것이고 내가 싫어하는 것은 너도 싫어할 것이라는 것이 여심如心이다. 그래서 공자는 인을 묻는 다른 제자에게 내가 원하지 않는 것은 남에게도 시키지 않는 것이 인이라고 말하고 있다.[11] 이처럼 다산의 생각과는 달

---

8) 중심의 의미는 『莊子』 「天道」에 나와 있다. 즉 공자가 주나라 왕실의 도서관에 자신의 저서를 소장하게 하기 위해 노자를 찾아가서 문답한 내용 중에 나온다. "인의가 무엇이냐"는 노자의 물음에 공자는 "마음이 지금 여기에 있어 만물이 기뻐서 널리 사랑하여 사심이 없는 것"이 인의의 情이라고 대답한다. 이에 노자는 사심을 없애려는 노력이 바로 사심이라고 반박한다(老聃曰 請問, 何謂仁義? 孔子曰 中心物(易)愷, 兼愛无私, 此仁義之情也. 老聃曰 意, 幾乎後言! 夫兼愛, 不亦迂乎! 无私焉, 乃私也).

9) 양명은 이를 "양지에는 과거도 없고 미래도 없다. 다만 현재의 기미를 알 뿐이다"(良知無前後 只在得見在的幾)라고 했다(정인재 · 한정길 역주, 2001: 754).

10) 『論語集註』, 「雍也」, "子曰 回也, 其心三月不違仁, 其餘則日月至焉而已矣."

리 인의 근본은 서가 아니라 충이다. 이를 추론해 볼 수 있는 또 한 가지 사례가 있다.[12]

공자께서 시냇가에 계시면서 말씀하셨다. "가는 것이 이 물과 같구나. 밤낮을 그치지 않는도다.

이 구절에 대한 설명은 『논어』에는 없다. 다행히 『맹자』에 이에 대한 설명이 보인다.[13]

서자가 물었다. "중니仲尼께서 자주 물을 칭찬하시어 '물이여, 물이여!' 하셨으니 어찌하여 물을 취하셨습니까?" 맹자께서 대답하셨다. "근원이 있는 샘이 혼혼混混히 흘러 밤낮을 그치지 아니하여 구멍(科)이 가득 찬 뒤 전진하여 사해에 이르나니 근본이 있는 자가 이와 같다. 이 때문에 취하신 것이다."

과는 벼를 뽑고 난 구멍을 말한다. 영과盈科라는 말은 좋은 말이다. 이는 유가의 인설仁說이 묵자의 겸애설兼愛說과 구별되는 지점이다. 근원이 있는 샘은 물론 우리 마음속에 있는 인, 즉 사랑의 샘을 말한다. 사랑의 샘에서 솟아난 물은 먼저 주위에 있는 구멍을 메우고 넘쳐야 흘러 나간다. 즉 사랑이란 나와 가장 가까이 있는 사람, 즉 부모 혹은 부부에서 시작되어 멀리 있는 사람에게 흘러넘친다는 것이다.

---

11) 『論語集註』, 「顏淵」, "仲弓問仁. 子曰 出門則如見大賓, 使民如承大祭, 其所不欲, 勿施於人."

12) 『論語集註』, 「子罕」, "子在川上曰 逝者如斯夫, 不舍晝夜."

13) 『孟子集註』, 「離婁章句下」, "徐子曰 仲尼亟稱於水曰, 水哉水哉, 何取於水也. 孟子曰 原泉, 混混, 不舍晝夜, 盈科而後進, 放乎四海, 有本者如是. 是之取爾."

사랑의 샘이 출발하는 곳이 부부간인가 부모 자식간인가에 대해서는 논란이 있을 수 있다. 맹자는 부모 자식 간이라고 하고,[14] 『중용中庸』에서는 부부간이라고 하고 있다.[15] 이 논란은 닭과 달걀의 선

---

14) 『맹자』에서 다음의 두 구절은 사랑이 부모 자식 간에서 비롯되는 것임을 분명히 보여 주고 있다. "어려서 손을 잡고 가는 아이가 그 어버이를 사랑할 줄 모르는 이가 없으며, 그 장성함에 미쳐서는 그 兄을 공경할 줄 모르는 이가 없다. 어버이를 친애함은 仁이요, 어른을 공경함은 義이니, 이는 다름이 아니라, 온 천하에 공통되기 때문이다."(『孟子集註』, 「盡心章句上」 15, "孩提之童, 無不知愛其親也, 及其長也, 無不知敬其兄也. 親親, 仁也. 敬長, 義也. 無他, 達之天下也.") "公孫丑가 말하였다. '君子가 (직접) 아들을 가르치지 않음은 어째서입니까?' 맹자께서 말씀하였다. '勢가 행해지지 않기 때문이다. 가르치는 자는 반드시 올바른 길로써 하는데, 올바른 길로써 가르쳐 행하지 않으면 노함이 뒤따르고, 노함이 뒤따르면 도리어 (자식의 마음을) 상하게 된다. (자식이 생각하기를) 夫子(아버지)께서 나를 바른 길로써 가르치시지만 夫子도 (행실이) 바른 길에서 나오지 못하신다 한다면 이는 부자간에 서로 (의를) 상하는 것이니, 부자간에 서로 상함은 나쁜 것이다. 옛날에는 아들을 서로 바꾸어 가르쳤었다. 부자간에는 善으로 책하지 않는 것이니, 善으로 책하면 (情이) 떨어지게 된다. 情이 떨어지면 不祥(나쁨)함이 이보다 더 큼이 없는 것이다.'"(『孟子集註』, 「離婁章句上」, "公孫丑曰 君子之不敎子, 何也. 孟子曰 勢不行也. 敎者, 必以正, 以正不行, 繼之以怒, 繼之以怒, 則反夷矣, 夫子敎我以正, 夫子, 未出於正也, 則是父子相夷也, 父子相夷, 則惡矣. 古者, 易子而敎之. 父子之間, 不責善, 責善則離, 離則不祥, 莫大焉.")

15) 『中庸』의 경우 다음의 구절이 '인'의 출발이 부부간임을 말하고 있다. 여기서 군자의 도는 곧 인을 말한다. "君子의 道는 費하고 隱하니라. 夫婦의 어리석음으로도 참여하여 알 수 있으되 그 지극함에 이르러는 비록 聖人이라도 또한 알지 못하는 바가 있으며, 부부의 不肖함으로도 능히 행할 수 있으되, 그 지극함에 이르러는 비록 聖人이라도 또한 능하지 못한 바가 있으며, 天地의 큼으로도 사람이 오히려 한하는 바가 있는 것이다. 그러므로 君子가 큰 것을 말할진댄 天下가 능히 싣지 못하며, 작은 것을 말할진댄 天下가 능히 깨뜨리지 못한다."(『中庸』, "君子之道, 費而隱. 夫婦之愚, 可以與知焉, 及其至也, 雖聖人, 亦有所不知焉, 夫婦之不肖, 可以能行焉, 及其至也, 雖聖人, 亦有所不能焉, 天地之大也, 人猶有所憾. 故 君子語大, 天下莫能載焉, 語小, 天下莫能破焉.")

후와 같이 결론지을 수 없다. 그렇지만 우리의 삶과 관련해서 생각해 보면 연인간의 사랑에서 부부간의 사랑을 거쳐 부모 자식 간의 사랑으로 그 배움의 과정이 이어진다고 보는 것이 좋을 것이다.

루이스(C. S. Lewis)는 사랑을 '필요에 의한 사랑'과 '선물로서의 사랑'으로, 매슬로우(A. Maslow)는 '결핍의 사랑'과 '존재의 사랑'으로 나누었다. 앞서 로크의 글을 인용하였지만 필요에 의한 사랑과 결핍의 사랑은 진정한 사랑이 아니다. 그것은 거래이다. 성숙한 사랑은 맹자의 주장과 같이 흘러넘치고 나누게 된다. 성숙한 사랑은 빠지는 것이 아니라, 홀로 서 있는 것이다. 오직 미성숙한 사랑만이 빠진다. 존재의 사랑은 그 자신이 사랑이 되는(爲仁) 것이다. 그 사랑은 흘러넘친다. 그것은 선물이 된다.

그러나 우리의 마음속에는 커다란 바위가 그 사랑의 샘을 막고 있다. 그 바위의 이름은 '나'(我, 己, 身)이다. 왜 그런가? 우리가 인에 대해 추론할 수 있는 가장 중요한 대화는 두 가지이다. 그 한 가지는 앞서 언급한 공자와 증자의 대화이고 또 한 가지는 다음의 공자와 안회의 대화이다.

> 안연顔淵이 인을 묻자 공자께서 말씀하셨다. "자기를 이겨 예에 돌아감이 인이 되는 것이니, 하루 동안이라도 자기를 이겨 예에 돌아가면 천하가 인으로 돌아가는 것이다. 인이 되는 것은 자신에게 달려 있으니, 남에게 달려 있는 것이겠는가?" 안연이 "그 조목을 묻겠습니다" 하고 말하자, 공자께서 말씀하셨다. "예가 아니면 보지 말며, 예가 아니면 듣지 말며, 예가 아니면 말하지 말며, 예가 아니면 동하지 않는 것이다." 안연이 말하였다. "제가 비록 불민하오나 청컨대 이 말씀을 따르겠습니다."[16]

---

16) 『論語集註』, 「顔淵」, "顔淵問仁, 子曰 克己復禮爲仁, 一日 克己復禮, 天下歸

인은 '행하는' 것이 아니라 '되는'(爲仁) 것이다. 안회와 같은 진정한 구도자는 진리를 배우려 하지 않는다. 그는 스스로 진리 자체가 되기를 원한다. 그는 알고 싶은 것이 아니라 되고 싶은 것이다. 사랑을 아는 것과 사랑이 되는 것은 엄청난 차이가 있다. 아는 것은 경전이나 고상한 책들로부터 얻을 수 있지만, 되는 것은 살아 있는 그대로의 존재이며 그 자체로 성장하는 것이다. 인은 지식이 아니라 존재이다. 나의 의지와 관계없이 이루어지는 것이 사랑이다. 내가 사랑이 되면 세상 전체가 사랑 속에 있게 된다. 그래서 사랑이 되는 것은 자신으로 말미암는(由己) 것이지 다른 사람에게서 전하여 받는 것(由人)이 아니라고 한 것이다.

예禮란 무엇인가? 주자는 예禮를 천리天理의 절문節文이요 인사人事의 의칙儀則이라고 하였다. 절은 마디를 말한다. 절문이란 마디가 있는 무늬이다. 즉 천리는 마디 있는 무늬와 같이 질서가 있다는 뜻이다. 이러한 하늘의 이치가 인간관계에 질서 있게 그려져 있는 무늬가 곧 예인 것이다. 이러한 인을 가로막는 것이 바로 '나'(己)라고 하는 생각이다. 그래서 공자는 네 가지 마음을 끊었다고 했던 것이다.

> 공자는 네 가지 마음을 끊으셨으니 의도하고 기필하고 고집하고 '나'라는 마음이 그것이다.[17]

이 구절에 대한 해석에서 주자는 의意란 움직이는 정情이 어떤 지향을 갖는 것이며, 꾀하고 헤아리는 것이라고 했다.[18] 기필한다는 것

仁焉, 爲仁由己, 而由人乎哉. 顔淵曰 請問其目. 子曰 非禮勿視, 非禮勿聽, 非禮勿言, 非禮勿動. 顔淵曰 回雖不敏, 請事斯語矣."

17) 『論語集註』, 「子罕」, "子絶四, 毋意, 毋必, 毋固, 毋我."

은 반드시 그러리라고 기대하는 것이다. 무엇을 어떻게 하려고 하는 마음이 있으면 그것이 반드시 되어야 한다고 기필하게 되고 고집하게 된다. 그리고 그렇게 되지 않았을 때 노여움과 미움의 감정이 일어나게 된다. 이러한 것의 원인은 결국 '나'라고 하는 생각에서 비롯된다. '무아毋我'는 「태백泰伯」 제5장에서 증자曾子가 안회顔回를 묘사한 것이 자세하다. 즉 "능하면서 능하지 못한 이에게 물으며 학식이 많으면서 적은 이에게 물으며 있어도 없는 것처럼 여기고 가득해도 빈 것처럼 여기며 자신에게 잘못해도 따지지 않는다"(以能問於不能, 以多問於寡, 有若無, 實若虛, 犯而不校)고 하였다. 이 구절에 대한 사씨謝氏의 해석에서 이러한 모습은 무아의 경지에 가까운 자가 아니면 능하지 못하다고 하였다(謝氏曰 不知有餘在己, 不足在人, 不必得爲在己, 先爲在人, 非幾於無我者, 不能也).

장자莊子가 허리띠가 편하면 그것을 의식하지 않게 된다고 했듯이[19] 무엇을 의식한다고 하는 것은 편하지 못하기 때문이다. 딱딱한

---

18) 『朱子語類』, 卷5, "性是不動, 情是動處, 意則有主向." 및 "欲有所營爲謀度皆意也."

19) 공수가 원을 그리면 콤파스나 곱자보다 나았다. 손가락이 사물과 함께 변화하여 마음이 머무르지 않게 하기 때문이다. 따라서 그 영대(마음)가 하나가 되어 걸림이 없다. 발을 잊는 것은 신이 적당하기 때문이다. 허리를 잊는 것은 허리띠가 적당하기 때문이다. 시비를 잊는 것은 마음이 적당하기 때문이다. 마음이 안에서 변하지 않고 밖을 따르지 않는 것은 일을 만남이 적당하기 때문이다. 적당함에서 시작하여 적당하지 않음이 없는 자는 적당함을 잊은 적당함이다. 어떤 일을 할 때 마음이 개입하지 않으면 몰입할 수 있다. 적당하다는 것은 편안하다는 뜻이다. 마음에 시비가 없으면 마음이 편안하다. 그러나 편안하다는 것을 아는 것은 아직 편안하지 않음이 있다는 뜻이기도 하다. 그래서 편안함마저 잊어야 정말로 편안한 것이다.(『莊子』, 「達生」, "工倕旋而蓋規矩, 指與物化而不以心稽, 故其靈臺一而不桎. 忘足, 履之適也., 忘要, 帶之適也.,

음식을 씹어 이가 아프게 되면 그것을 의식하게 되듯이 마음에 불편한 것이 있으면 상념이 계속 일어나게 된다. 마음이 내키는 대로 따라도 법도에 어긋나지 않았다(從心所慾不踰矩)고 하는 것은 마음이 마음을 의식하지 않을 정도로 편안하다는 것을 뜻한다.[20] 이는 마땅히 머무르는 바 없이 마음을 내라(應無所住而生其心)는 『금강경金剛經』의 구절과 같다. 따라서 성인은 기필期必을 꼭 그런 것이 아니라고 여겨 다툼이 없지만 우리는 꼭 그런 것이 아닌 것을 기필함으로 다툼이 많다. 또 성인은 마땅히 자신에게 돌아올 복을 꼭 그런 것이 아니라고 여기고 우연히 만난 화를 올 것이 왔구나 하고 생각한다. 반면 우리는 화는 우연이라고 생각하고 복은 필연이라고 생각한다.[21] 진정으로 자유로운 사람은 자유나 구속에 대한 생각조차도 없다. 자유는 그의 존재 자체가 된 것이다. 결론적으로 인은 사랑이되 '나'가 없는 사랑(無我之愛)이다.[22]

인은 열매, 즉 씨앗이다. 우리는 누구나 사랑이라는 씨앗을 가지고 있다. 누구나 적절한 조건이 주어지면 발아하는 씨앗인 것이다. 그래서 한의학에서는 은행씨, 복숭아씨를 행인杏仁, 도인桃仁이라고 한다. 그러나 인은 결코 딱딱한 껍질 속에 갇혀 있는 것은 아니다.

忘是非, 心之適也., 不內變, 不外從, 事會之適也. 始乎適而未嘗不適者, 忘適之適也.")

20) 이를 퇴계는 내 마음이 본체요 내가 욕망하는 것이 작용이며, 나의 존재가 자연이요 나의 행위가 곧 자연의 운행의 마땅함이라고 하였다.(『聖學十圖』, 「心學圖」, "必至於從心, 則心卽體欲卽用, 體卽道用卽義.")

21) 『莊子』, 「列禦寇」, "聖人以必不必, 故无兵. 衆人以不必必之, 故多兵."

22) 無我之愛이기 때문에 仁은 곧 公이 될 수 있는 것이다(朱子의 「仁說圖」, "蓋公則仁, 仁則愛, 孝悌其用也, 而恕其施也, 知覺乃知之事.").

인은 외부에 대한 감수성이다. 한의학에서 불인不仁을 마비痲痺라고 규정하듯이 인은 마비되지 않은 민감한 마음이다.

서구 근대 이념에 있어서의 자유는 욕망 추구의 자유이다. 로크는 그의 『통치론』에서 인간은 자유롭고 평등하며 각자는 자신의 주인이며 재판관이라고 하였다. 이때 자유는 자신의 행복 추구의 자유이다. 밀(J. S. Mill) 또한 그의 『자유론』에서 "적어도 '자유'라고 불릴 만한 유일한 자유는, 우리들이 다른 사람들의 자유를 빼앗지 않는 한, 또는 자유를 얻으려고 하는 다른 사람들의 노력을 방해하지 않는 한, 우리들 자신이 좋아하는 방식으로 우리들 자신의 행복을 추구하는 자유이다"라고 주장하였다(존 로크 외, 1994: 228). 물론 이러한 자유에 대한 규정은 인간의 욕망을 원죄로 규정한 기독교의 금욕주의에 대한 반동에서 비롯된 것이다. 그러나 이러한 욕망 추구의 자유로 인해 인간은 과연 얼마나 행복해졌을까?

근대사회에 있어서 행복이란 욕망의 충족을 말한다. 행복지수의 공식은 분모를 욕망으로 하고 분자를 욕망 충족으로 한다. 그러나 끊임없이 새로운 욕망을 창출하여 소비를 불러일으켜야 생존할 수 있는 자본주의의 운명은 인간의 욕망을 무한대로 팽창시키고 있다. 탈근대의 설계에 있어서 근본이 되는 것은 따라서 새로운 기술의 개발에 의한 욕망의 충족이 아니라 욕망을 감소시킬 수 있는 방안이다.

욕망은 왜 생겨나는 것일까? 욕망은 결핍감에서 비롯되는 것이다. 무엇인가 충족되지 못한 결핍감이 욕망을 부른다. 이러한 결핍감을 충족시킬 수 있는 유일한 대안이 바로 사랑이다. 자기 자신이 그 근원을 알 수 없는 무한한 용량을 가진 사랑의 샘이라는 것을 깨닫는 것이 욕망의 갈증을 채울 수 있는 유일한 대안이다.

근대의 기획에서 자유는 개인이 갖는 권리이다. 개인은 데모크리토스의 원자에 대한 정의와 같이 더 이상 나눌 수 없는 단단한 고체 입자와 같이 분리된 존재이다. Individual이란 in이라는 부정어와 '나누다'라는 divide가 결합한 말이다. 이러한 개인은 융(C. Jung)의 말과 같이 망망대해에 점점이 떠 있는 외로운 섬과 같은 존재이다. 자유가 권리라고 할 때 권리는 타인에게 행사하는 배타적인 힘이다. 권리는 개인과 개인의 욕망 추구의 자유가 서로 충돌할 때 힘을 발한다. 우리가 인간관계에서 권리를 말할 때가 언제일까? 부부 사이에 사랑에 충만해 있을 때 그 누구도 권리를 언급하지 않는다. 권리는 서로 간에 갈등이 발생할 때, 사랑이 깨졌을 때 그 힘을 발휘한다. 우리가 사랑 속에 있을 때 우리는 물 위에 떠 있는 섬을 버리고 물 속으로 서로 연결되어 있다. 앞에서 공자가 안회에게 "자기를 이겨 예로 돌아가는 것이 인이 되는 것이다"라고 했듯이, 섬과 섬이 물 속에서 서로 연결되어 있음을 깨닫는 것은 물 위에 나와 있는 '나'라는 섬을 버려야 가능하다.

이처럼 서구 근대의 자유와 인권은 필연적으로 대립관계에 있는 둘 이상의 개인이나 단체를 전제로 하여 성립된다. 자유와 인권이 등장하게 되는 것은 부부간의 사랑이 깨졌을 때, 재산이나 자식의 양육을 둘러싸고 서로 대립할 때이다. 그래서 마르크스도 인간의 권리니 기본권이니 하는 논의는 인간과 인간을 적대관계로 만들고, 개인을 그가 속한 공동체로부터 이간질시켜 버린다고 지적하면서, 권리란 이기적인 부르주아들의 전유물이라고 비판한 바 있다.[23] 즉 자유와 인권은 인간과 인간을 서로 떼어 놓으려는 고립성에 그 기반을 두고 있지, 인간과 인간을 결합시키려는 화합성에 그 기반을 두고 있지는 않다는 것이다.

서구 근대 자본주의사회에서의 교육목적은 자기 노동력의 가치-요즈음 말로는 몸값 -를 높이는 것이다. 자본주의의 준거는 마르크스가 말한 대로 자유로운 임노동의 출현이다. 그래서 서구 근대사회에 있어서 교육이란 객관적 지식을 흡수하여 자기 노동력의 가치를 높이는 활동이 되었다(정재걸, 2002). 교육목적이 몸값을 높이는 것이 된 것은 서구 근대가 자유를 욕망의 자유로 이해했기 때문이다. 그리고 행복을 욕망의 충족으로 정의했기 때문이다. 그러나 인仁, 즉 내가 없는 사랑(無我之愛)은 욕망과는 다르다. 욕망은 맹목적이지만 사랑은 맹목적이지 않다. 사랑은 가장 분명한 통찰력, 신선한 눈을 준다. 삶이란 사랑 속에서 존재하고, 삶은 창조적인 일 속에 있으며, 또한 학생들이 자기 내면의 존재를 이해하는 가운데에 있다. 아이는 부모를 통해 세상에 나왔지만, 부모는 단지 통로일 뿐이다. 칼릴 지브란이 말하듯이(오쇼 라즈니쉬, 2001: 190), 아이들의 영혼은 내일의 집에 살고 있다. 부모들은 결코 찾아갈 수 없는, 꿈속에도 찾아갈 수 없는 내일의 집에. 그래서 부모는 활이요, 그 활에서 아이들은 살아 있는 화살처럼 미래로 날아간다.

자유, 그것은 외부 세계와는 아무런 관계가 없다. 진정한 자유는 정치적이거나 경제적인 것이 아니다. 정신적이고 영적인 문제이다.

---

23) Marx, Karl. 1975. "On the Jewish Question." Karl Marx and Frederick Engels. *Collective Works* III London: 162(이승환, 1994: 46에서 재인용).

정치적인 자유는 어느 순간이라도 빼앗길 수 있다. 경제적인 자유 또한 아침의 이슬이 증발하듯이 언제라도 사라질 수 있다. 그러나 진정한 자유는 다른 사람의 손에 달린 것이 아니다. 다른 사람의 손에 달린 것이라면 절대로 진정한 자유라고 할 수 없다. 진정한 자유는 과거로부터의 자유, 미래로부터의 자유이다. 과거와 미래의 짐을 벗고 현재에 사는, 지금 이 순간에 사는(中心) 사람은 자유의 맛을 안다.

Ⅲ. 진정한 공부로서의 위기지학

오늘날 학교에서 배우는 지식은 객관적 지식이다. 객관적이라는 말은 그것이 자신의 삶과 무관하다는 것을 말한다. 매일 수천 편, 수만 편씩 쏟아지는 학자들의 논문과 인터넷을 통해 유포되는 수많은 정보들은 나의 태도와 가치관의 변화와는 아무 상관이 없다. 공자는 이를 위인지학爲人之學이라고 하고 진정한 공부는 위기지학爲己之學이 되어야 한다고 하였다.[24]

> 공자께서 말씀하셨다. "옛날 배우는 사람들은 자신을 위해서 공부하더니 오늘날 배운다는 사람들은 남을 위해서 공부하는구나."

그 유명한 위기지학과 위인지학의 차이는 이 구절에서 비롯되었다. 정자는 "위기爲己는 자기 자신에게서 얻는 것(得之於己)이요, 위인爲人은 남에게 보이고자 하는 것(見之於人)이다"라고 하였다. 남에

---

24) 『論語集註』, 「憲問」, "子曰 古之學者, 爲己, 今之學者, 爲人."

게 보이기 위한 공부는 어떤 것인가? 대표적인 것이 자신이 많이 알고 있음을 과시하는 것이다. 그래서 공자는 자신이 박학다식하다는 평가를 받는 것을 무척이나 싫어했다.

> 공자께서 말씀하셨다. "사야, 너는 내가 많이 배우고 그것을 기억하는 자라고 여기느냐?" 자공이 대답했다. "그렇습니다. 아닙니까?" 공자께서 말씀하셨다. "아니다. 나는 하나의 이치로 모든 것을 꿰뚫었다."[25)]

물론 공자가 박학다식 그 자체를 부정적으로 본 것은 아니다. 공자는 제자들과 아들에게 『시경詩經』을 읽을 것을 권하며, 그것을 읽는 이점 중의 하나로 박학다식을 들고 있다. 즉 새나 짐승 풀과 나무의 이름도 많이 알게 해 준다고 하였다. 실제로 『시경』에는 식물 130여 종, 동물 약 200종의 이름이 나타난다고 한다(박연호, 2006: 75). 그러나 이러한 박학다식은 공부의 궁극적인 목적, 즉 인을 체득하는 것과는 무관한 것이며, 오히려 인을 해치는 것이 될 수도 있다. 그래서 양명은 "독서가 부강富强 공리功利 오패五霸의 사업을 이루는 수단이 되었다. 지금에 이르기까지 공리를 추구하는 독서가 사람의 마음속 깊이 스며들어 악습을 형성한 지 몇 천 년이나 되었다. 폭넓은 고전의 암송은 오만을 키워주기에 적합하고, 많은 지식은 악행을 저지르기에 적합하며, 넓은 견문은 변론을 늘어놓기에 적합하고, 풍부한 시문은 허위를 수식하기에 적합하다"라고 하였던 것이다.[26)]

---

25) 『論語集註』, 「衛靈公」, "子曰 賜也, 女以予爲多學而識之者與. 對曰 然. 非與. 曰 非也. 予, 一以貫之."

26) 『傳習錄』 卷中, "記誦之廣, 適以長其傲也. 智識之多, 適以行其惡也. 見聞之博, 適以肆其辨也. 辭章之富, 適以飾其僞也."

그러나 위인지학은 단지 남에게 보이기 위한 공부만을 의미하는 것은 아니다. 정자는 "옛날의 학자들은 자신을 위한 공부를 하여 끝내는 남을 이루어 주는 데 이르렀고(至於成物), 지금의 학자들은 남을 위한 공부를 하여, 끝내는 자신을 상실하는 데 이른다(至於喪己)"고 하였다. 왜 자신을 위한 공부는 남을 이루어주고, 다른 사람을 위한 공부는 자신을 상실하는 데 이르는가? 정자는 위인지학을 남에게 보이고자 하는 것이라고만 하였지만 주자는 한 걸음 더 나아가 진정 남을 위한 공부도 위인지학이라고 규정하였다.

> 앞 단락의 낮은 단계의 위인爲人은 단지 남에게 보이고자 하는 것이지만 뒷 단락의 좋은 위인爲人은 오히려 진정으로 남을 위하려는 것이다. 그러나 먼저 자기 자신에 대해서 공부를 해 나가지 않으면 단지 어느 누구를 위한 것도 할 수 없을 뿐만 아니라 마침내 연이어 자기 자신마저도 상실하게 된다.[27]

남에게 보이기 위한 공부가 자신을 상실하게 하는 것은 그렇다고 하더라도 왜 진정으로 남을 위한 공부도 자신을 상실하기에 이르는가? 한 가지 해석은 남을 위한 공부는 '이익의 관점'에서 공부를 바라보게 하기 때문이라는 것이다. 우리가 공부를 할 때 이것이 과연 남들에게 이익을 줄 수 있는가 하는 관점에서 보게 되면 공부를 실용성의 관점에서만 파악하게 된다. 그리고 실용성이란 인仁과 의義가 아니라 이익과 손해의 패러다임을 전제로 한다. 인간이 자아를 상실하게 되는 최대의 이유는 물질적 이익의 지배를 받기 때문이다

27) 『論語集註』, 「憲問」 朱子註, "朱子曰 前段是低底爲人, 只欲見之於人而已, 後段是好底爲人, 却是眞箇要爲人, 然不曾先去自家身己上做得, 非惟爲那人不得, 末後連已也喪了."

(김동인, 2002: 126).

그러나 이러한 해석은 적절하지 않다. 위인지학이 우리의 자아를 상실하게 되는 것은 결국 공부의 궁극적인 목표, 즉 자아의 발견에 이르지 못하기 때문이다. 위기지학이란 정자의 말과 같이 자신에게서 얻는 것이다. 자신에게서 무엇을 얻는가? 자신에게서 얻는다는 것에 대한 다양한 설명이 있지만 대부분 과녁에서 벗어나 있다. 오직 적중한 유학자가 있다면 바로 왕양명이다. 양명은 위기지학을 내 마음속에 있는 양지良知를 밝히는 것이라고 했다. 그래서 "배운다는 것은 이 마음을 배우는 것이요, 구한다는 것은 바로 이 마음을 구한다는 말이다"[28]라고 했다. 이는 맹자의 '구방심求放心', 즉 공부하는 길은 다른 것이 아니라 흩어지는 마음을 구하는 것[29]이라는 말과 같다. 우리의 마음은 시계추와 같이 끊임없이 양 극단을 오간다. 흩어지는 마음이란 이처럼 양극단을 오가는 마음이다.

양명은 위기란 곧 극기이며 극기란 진정한 자기를 이루는 것이라고 했다.[30] 즉 위기爲己=극기克己=성기成己(眞己)라는 것이다. 그렇기 때문에 자기를 위한다는 것은 나는 누구인가를 끊임없이 되묻는 것이다. 그래서 위기란 지기知己와 같으며, 극기란 결국 그 자아가 없음을 깨닫는 것이다. 우리가 알고 있는 지식은 우리 자신을 아는 데 얼마나 도움이 되는가? 우리가 '나'라고 생각하는 자아란 사회와 문화에 의해 만들어지는 것이다. 자아는 일종의 '사회제도'일 뿐이

---

28) 『傳習錄』 卷中, "學者 學此心也, 求者 求此心也."

29) 『孟子集註』, 「告子章句上」, "人有鷄犬放, 則知求之, 有放心而不知求, 學問之道, 無他, 求其放心而已矣."

30) 『傳習錄』 卷上, "人須有爲己之心, 方能克己, 能克己, 方能成己."

다. 만일 자신이 진정 누구인가를 알고자 한다면 먼저 자신의 자아를 부수는 근본적인 변화를 거쳐야만 한다. 왜냐하면 자아를 부수어 영혼을 발견하지 않는다면 결코 우주 삼라만상과 하나가 될 수 없기 때문이다.

우리는 자신이 누구인지를 알지 못하면서 자신이 누구라고 믿고 있다. 영어의 죄(sin)라는 단어는 잊는다는 뜻이다. 그 단어는 어떤 행위와 관련된 것이 아니라 잊어버린 우리의 실체와 관계가 있다. 그런 자아를 버리게 되면 자연, 즉 천지의 절문節文(禮)과 하나가 될 수 있다. 그것이 자아를 이루는(成己) 것이며 진정한 자아(眞我)를 이루는 것이다. 진정한 자아는 자연의 생명원리(生理)에 따라 저절로 작동한다. 진정한 자아를 찾기 위해 노력할 필요는 전혀 없다. 지금 여기 있는 '나'가 바로 진정한 자아이다. 이처럼 위기지학은 결국 자신이 누구인지를 아는 공부(知己之學)이다.

우리는 죽기 전에 반드시 대답해야 할 질문을 가지고 태어났다. 그 질문은 바로 "나는 누구인가"라는 것이다. 이 질문을 어떻게 다른 사람에게 하겠는가? 다른 사람에게 내가 누구인가를 묻는 것은 비유컨대 밥을 먹고 내 배가 부른지를 다른 사람에게 물어보는 것과 같다.[31)] 만약 누가 "당신은 누구인가" 하고 물으면 당신은 무엇이라고 답변하겠는가?[32)] 이 질문에 대한 완벽한 답이 『성경』「출애굽기」

---

31) 이 말은 「學而」 細註에 신안 진씨의 말에서 빌려온 것이다. "자신이 참으로 배운 바가 있다면 남이 알아주거나 몰라주거나 그것이 자신에게 무슨 손해나 이익이 있으리요. 주자가 말하는 위학이 위기라는 것은 당연한 것이니, 비유컨대 밥을 먹을 때 내 배가 부르면 그뿐 다른 사람에게 그것을 아는지 모르는지 물어볼 필요가 있겠는가?"(己誠有所學, 人之知不知, 何加損於己. 朱子云 爲學, 是爲己當然之事, 譬如喫飯, 乃是要自家飽, 旣飽, 何必問外, 人知不知)

의 모세와 여호와와의 대화에 나와 있다. 하나님이 모세에게 애급에 가서 핍박받는 이스라엘 백성을 구하라고 하자, 모세는 나를 보내는 당신은 누구인지 묻는다. 이 질문에 하나님은 "나는 '나는 누구인가' 하고 묻는 자이다"(I AM WHO I AM)라고 대답한다.[33] 즉 나는 '나는 누구인가'라고 묻는, 스스로를 지켜보는 자라는 뜻이다.

자아는 외로운 섬이 아니라 바다 밑으로 전체와 연결되어 있다. 우리는 전체와 근원적으로 연결되어 있는 진정한 자아를 깨닫기 위해 공부한다. 그리고 그러한 목표에 도달한 인간을 우리는 성인聖人이라고 부른다. 그래서 양명은 성인의 양지는 푸른 하늘의 태양과 같다고 했다.

> 성인의 양지는 파란 하늘의 태양과 같고, 현명한 사람의 양지는 엷은 구름이 떠 있는 하늘의 태양과 같으며, 어리석은 사람의 양지는 먹구름이 뒤덮인 하늘의 태양과 같다. 비록 밝고 어두운 차이는 있지만 흑백을 구분할 수 있다는 점은 동일하다. 비록 어둡고 캄캄한 밤일지라도 어렴풋이 흑백을 살필 수 있는데 이것은 태양의 남은 빛이 완전히 사라지지 않았다는 것을 보여 준다. 곤고하게 배우고 공부하는 것도 역시 다만 이 한 점 밝은 곳을 좇아 정밀하게 살펴 나가는 것일 뿐이다.[34]

---

32) "당신은 누구인가?"라는 질문에 먼저 생각나는 것은 나의 이름과 직업과 소속으로 답변하는 것이다. 이를 '사회적 관계로서의 나'라고 한다. 다음이 이른바 '피부 밑 자아'라고 하여 내 몸을 나라고 주장하는 것이다. 그리고 마지막으로 내 생각이 나라고 답변하는 것이 있다. 그러나 이 세 가지는 모두 진정한 내가 아니다(정재걸, 2006).

33) 우리말 성경에는 이 구절을 "나는 스스로 존재하는 자이다"라고 번역하고 있다.

34) 『傳習錄』 卷下, "聖人之知, 如靑天之日, 賢人如浮雲天日, 愚人如陰霾天日, 雖有昏明不同, 其能辨黑白則一, 雖昏黑夜裏, 亦影影見得黑白, 就是日之餘光未盡處, 困學工夫, 亦只從這點明處精察去耳."

우리의 마음은 태양과 같아 본래 깨끗하고 맑아 조금도 물든 것이 없다. 다만 '나'라고 하는 구름이 우리 마음의 태양을 가리는 것이다.[35] 위기지학은 체득을 중시하지 효험을 중시하지 않는다. 위기지학을 통해 만물을 일체로 삼을 수 없는 것은 다만 '나'라는 생각을 아직 버리지 못했기 때문이다. '나'를 완전히 버려 인이 된다면 천하 사람이 모두 나의 '인'으로 돌아올 것이다.[36] 좀 더 단순화하자면 유학이라는 학문은 전체와 연결된 진정한 자기를 찾는 '참나 교육 프로그램'이라고 할 수 있다. 리理와 기氣, 천리天理와 인욕人欲, 인심人心과 도심道心, 망심妄心과 조심照心 등 자칫 이원성에 빠질 위험을 무릅쓰고서라도 인간의 마음을 둘로 구분한 것은 자신을 기와 인욕, 인심과 망심으로 동일시하지 않고 리와 천리, 도심과 조심으로 동일시하도록 하려는 것이다.

우리 마음의 본체는 항상 고요하고 평화롭다. 마치 망망대해와 같이 시작도 없고 끝도 없이 광활한 것이 우리의 마음이다. 그러나 우리는 자신을 파도와 동일시한다. 파도는 바람이 불면 일어나 끊임없이 백사장을 기어오르고 절벽을 친다. 우리 마음의 희로애락은 이러한 파도의 일어남이다. 자신을 파도와 동일시하는 사람은 평생을 희로애락 속에 휩쓸리며 살아간다. 그렇지만 우리 마음의 본체는 파도가 아니라 바다이다. 양명은 이를 '항상 비추는 존재'(恒照者)라고 했다.[37]

---

35) 『傳習錄』 卷下, "人心本是天然之理, 精精明明, 無纖介染着, 只是一'無我'而已."

36) 『傳習錄』 卷下, "聖賢只是爲己之學, 重工夫不重效驗, 仁者以萬物爲體, 不能一體, 只是己私未忘."

우리 마음에 망념이 발동하고 어둡게 막히더라도 그것이 마음의 본체는 아니다. 우리 마음은 항상 밝게 존재한다. 참나 교육 프로그램은 자신을 파도가 아니라 바다로, 망념이 아니라 양지良知로 동일시할 것을 권한다. 나의 마음이 온갖 상념에 휘둘리더라도 그것을 자아와 동일시하지 않을 수 있다면 참나 프로그램은 성공한 것이다. 우리에게 변화가 있는 한 그 변화를 지켜보는 불변의 무엇인가가 반드시 있다. 스크린이 없다면 그 위에서 움직이는 영상들이 있을 수 없다. 스크린은 변하지 않지만 영상은 늘 변한다. 어디에든 변화가 있다면 반드시 불변의 바탕이 있다. 이것이 우리의 본성이다. 이 본성 위에 우리가 '나'라고 생각하는 몸, 마음, 그리고 모든 현상이 투사된다. 위기지학의 참나 교육 프로그램은 우리에게 선택을 강요한다. 자신을 파도와 영상과 동일시할 것인지, 아니면 바다와 스크린과 동일시할 것인지를 선택하도록 강요한다. 당신은 어떤 것을 선택할 것인가?

Ⅳ. 교육적 실천으로서의 반구저기反求諸己

위기지학이 근대 교육에 시사하는 것은 크게 두 가지이다. 그 한 가지는 노동력의 가치, 즉 몸값을 높이기 위한 교육은 진정한 교육이 아니고 본래의 자기를 찾는 교육이 진정한 교육임을 자각하는 것

37) "무릇 거짓된 마음은 움직이지만 비추는 마음은 움직이지 않는다. 항상 비추기 때문에 항상 움직이고 항상 고요하다."(『傳習錄』 卷中, "夫妄心則動也, 照心非動也, 恒照則恒動恒靜.") 및 "양지란 마음의 본체로서 앞에서 말한 '항상 비추는 존재'이다."(『傳習錄』 卷中, "良知者心之本體, 卽前所謂恒照者也.")

이다. 또 한 가지는 본래의 자기를 찾는 교육은 지식을 축적하는 방식이 아니라, 왜곡된 인식, 판단, 감정, 태도를 반성하고 버리는 것을 통해 달성될 수 있다는 것이다. 최근 평생교육을 중심으로 나타나고 있는 '전환학습'(Transformative Learning)은 바로 이러한 위기지학의 의미를 잘 수용하고 있다. 전환학습은 기존의 학습을 객관주의와 과학주의에 토대를 둔 도구적 학습이라고 비판하고, 진정한 학습이란 자기 자신을 변화시키는 공부라고 주장한다. 김경희(2001: 440)는 전환학습의 의미를 다음과 같이 설명하고 있다.

> 인간은 가정, 학교, 사회에서의 삶의 경험을 통해 심리문화적 의미구조(psycho-cultural meaning structure)를 형성한다. 이 의미구조는 우리의 인식, 믿음, 판단, 감정구조의 토대이다. 삶의 경험을 통해 형성된 의미구조는 삶에서 이중적으로 작용한다. 한편으로는 효율적으로 살아갈 수 있게 하지만 다른 한편으로는 왜곡된 인식, 판단, 감정, 태도를 지니게 하여 삶을 왜곡하기도 한다. 전환학습은 왜곡된 의미구조를 반성을 통해 전환하는 데 그 중심을 두고 있다.

인과 위기지학은 탈현대적 교육의 설계에 있어서 교육 목적과 내용에 해당된다. 그리고 이를 실천하는 구체적인 공부방법으로 반구저기反求諸己가 있다. 반구저기는 공자가 "군자는 자신에게서 찾고 소인은 남에게서 찾는다"[38]고 말한 것에서 비롯된 것이다. 맹자는 이를 부연하여 다음과 같이 말하였다.[39]

> 인한 자는 활 쏘는 것과 같으니 활을 쏘는 자는 자신을 바로 한 후에 발사하

---

38) 『論語集註』, 「衛靈公」, "子曰 君子, 求諸己, 小人, 求諸人."

39) 『孟子集註』, 「公孫丑章句上」, "仁者, 如射, 射者, 正己而後發, 發而不中, 不怨勝己者, 反求諸己而已矣."

여 발사한 것이 맞지 않더라도 자신을 이긴 사람을 원망하지 않고 돌이켜서 자신에게서 찾을 뿐이다.

천주교에서도 '내 탓이요'를 주요 슬로건으로 내걸고 있지만, 사실 반구저기反求諸己는 유학을 유학답게 하는 핵심적인 말이다. 소인은 화살이 과녁에 맞지 않으면 활이나 화살을 탓하거나 바람을 탓하거나 "네가 옆에서 시끄럽게 떠들어서 그렇다"고 한다. 사실 우리 학자들이 하는 일이 그런 것이 아닌가? 그러나 "모든 것이 내 책임이다"라는 말보다 인仁을 더 잘 표현한 말이 있을까?

참고문헌

『經書』. 1983. 성균관대학교 대동문화연구원.

『論語集註』. 1996. 성백효 역주. 전통문화연구회.

『孟子集註』. 1996. 성백효 역주. 전통문화연구회.

『大學·中庸集註』. 1996. 성백효 역주. 전통문화연구회.

『焚書』 I·II. 2004. 김혜경 역. 한길사.

『성경』, 「데살로니가 전서」.

『聖學十圖』.

『與猶堂全書』 제5책 제2집(『論語古今註』). 여강출판사 영인본.

『王陽明全集』. 1992. 상해고적출판사.

『二程集』. 1984. 중화서국.

『莊子』. 1993. 안동림 역주. 현암사.

『傳習錄』 1·2. 2004. 정인재·한정길 역주. 청계.

『朱子語類』.

김경희. 2001. "평생교육학의 의미와 관점: 문헌리뷰." 김신일·한숭희 편.

『평생교육학: 동향과 과제』. 교육과학사, pp. 425-455.
김동인. 2002. "위인지학, 위기지학."『처음처럼』(33-34): 111-131.
오쇼 라즈니쉬(Osho Rajneesh). 2001.『또 다른 여인이 나를 낳으리라』1. 류시화 역. 정신세계사.
류시화. 2003.『나는 왜 너가 아니고 나인가』. 김영사
박연호. 2006. "교사로서의 공자: 업적과 그 교육사적 의의." 박연호 편.『논문으로 읽는 교육사』. 문음사, pp. 25-102.
감산憨山. 1990.『감산의 노자풀이』. 오진탁 역. 서광사.
존 로크(John Locke) · 존 스튜어트 밀(John Stuart Mill). 1994.『통치론 / 자유론』. 이극찬 역. 삼성출판사.
이승환. 1994. "왜 유학에서는 권리존중의 윤리관이 형성되지 못했는가." 중국철학연구회 편저.『중국의 사회사상』. 형설출판사, pp. 31-53.
이현지. 2005. "남녀 속의 유교."『오늘의 동양사상』12: 155-170.
______. 2005. "탈현대적 가족 여가를 위한 구상."『동양사회사상』12: 161-181.
정재걸. 2002. "전통교육, 근대교육, 탈근대교육."『동양사회사상』6: 133-168.
______. 2006. "죽음과 깨달음." http://vision.dnue.ac.kr/~jgjung의 자료실.
진래陳來. 2003.『양명철학』. 전병욱 역. 예문서원.
홍승표. 2002.『깨달음의 사회학』. 예문서원.
______. 2003.『존재의 아름다움』. 예문서원.
______. 2005.『동양사상과 탈현대』. 예문서원.
______. 2005. "통일체적 세계관과 새로운 여가관의 모색."『동양사회사상』12: 79-98.

음양론과 탈현대적 남녀관계

이현지

Ⅰ. 남녀관계, 무엇이 문제인가

현대를 살아가는 남녀의 관계는 얼마나 만족스러운 것일까? 우리는 누구나 어떤 형태로든 남녀관계를 형성하면서 살아가고 있다. 어느 누구도 남녀관계를 떠나서 삶을 영위할 수는 없다. 그러나 현대사회의 남녀관계는 위기의 상황에 직면해 있다. 사랑을 이유로 결합하는 남녀관계의 이면에는 이기적인 욕망과 권력에 대한 갈등이 도사리고 있다. 권력이 남성에게 집중되었던 과거의 남녀관계를 지배와 피지배, 억압과 복종의 관계로 표현할 수 있다면, 현대사회의 남녀관계를 설명하는 핵심적인 키워드는 제한된 기회에 대한 경쟁과 갈등이다. 현대사회의 남녀관계를 바라보는 관점은 남녀관계를 이해하는 하나의 관점이 될 수는 있다. 그러나 현대의 남녀관계관은 남녀관계의 특정 측면만을 부각시키는 한계를 갖고 있다. 그러므로 남녀관계에 대한 진정한 이해를 위해서는 현대사회의 남녀관계에 대한 관점이 남녀관계를 이해하는 여러 관점들 가운데 하나임을 인식하는 것이 우선되어야 한다. 그런 다음에 현대사회의 관점을 뛰어넘는 새로운 남녀관계에 대한 접근이 시도되어야 한다. 왜냐하면 현대사회의 남녀관계에 대한 관점으로는 오늘날 남녀관계가 직면하고 있는 문제를 해결할 수 있는 방안을 제시할 수 없기 때문이다.

현대사회를 지배하고 있는 남녀관계관은 불평등과 갈등의 관계로 특징지을 수 있다. 현대사회에서는 남녀를 분리·독립된 존재로 전제하고 있으며, 분리·독립된 남녀는 유한한 사회적 기회와 권력을 대상으로 서로 대립하고 투쟁하는 것으로 이해된다. 따라서 이런 남녀관계의 이상은 '평등'이 된다. 그러나 현대사회가 이상적인 목표로 설정하고 있는 평등이 실현되면 남녀는 행복할 수 있을까? 평등의 실현은 행복한 남녀관계에 도달하기 위한 수단은 될 수 있지만 평등 그 자체가 목표가 될 수는 없다. 그럼에도 불구하고, 현대사회의 남녀관계에서는 마치 평등만 실현되면 남녀관계의 모든 문제가 해결되는 것처럼 평등 그 자체를 물화시키고 있다. 평등 자체를 물화하여 추구하면 남녀관계의 반목과 갈등은 심화된다. 그 결과로 어느 정도 평등이 실현되고 있는 현대사회에서도 남녀관계는 파괴적인 국면으로 치닫게 된다.

이 글에서는 이런 문제를 극복하기 위한 대안을 음양론陰陽論에서 찾아보고자 한다. 지금까지 음양론은 남녀관계를 가장 불평등하게 규정하는 하나의 범주로 이해되어 왔다. 그런데 왜 음양론에서 현대사회의 남녀관계의 문제를 극복할 수 있는 해답을 찾고자 하는 것일까? 먼저 이 글에서 관심을 가지는 음양론이 무엇인지를 분명하게 규정해야 할 필요가 있을 것 같다. 이 글에서 관심을 가지는 음양론은 과거 남성 중심 사회에서의 편향된 음양론이 아니다. 과거 동아시아 사회에서는 양을 높이고 음을 낮추는 음양불평등관이 오랫동안 존속하였다. 여기서 말하는 음양론은 이런 역사적 왜곡이 이루어지기 이전의 음양론이며, 음양의 절대적 평등을 전제하는 음양론이다. 음양론은 음과 양의 절대평등과 조화를 강조한다. 음양론은 분리와 갈등으로 고통을 겪고 있는 현대 남녀관계의 문제를 해결하고, 탈현대의 새로운 남녀관계의 정립을 위한 좋은 기초를 제공해 줄 수 있다.

Ⅱ. 현대사회의 남녀관계관: 불평등과 갈등

1. 불평등의 관계

근대 이후 남녀관계를 인식하는 관점과 문제의식은 중세사회의 성불평등에 대한 문제제기에서 출발한다. 성의 문제에 관심을 가졌던 초기 여성학자들은 남녀차별의 문제를 고발하고 불평등 구조를 비판하고자 하였다. 이런 연구 경향은 남녀차별의 실태에 대한 단순 분석에서 출발해서, 사회적으로 남성적인 영역으로 규정되던 분야에서 남성 못지않게 능력을 발휘하는 여성들을 부각시켜서 여성 또한 능력 면에서 남성들과 다르지 않다는 것을 보여 주고, 여성들이 경험하는 불평등은 근본적인 원인이 있는 것이라기보다는 기회의 불평등에 의해 초래되는 것임을 밝히고자 하였다. 이런 남녀관계에 대한 접근에서 한 발자국 더 나간 논의는 불평등한 남녀관계의 원인이 여성성에 대한 사회적 평가가 정당하게 이루어지지 못했기 때문이라고 주장한다(한국여성연구소, 2005: 16).

남녀관계에 대한 근대적 논의는 다양한 양상을 보이고 있지만, 그 초점은 남녀관계의 불평등을 문제로 제기하고 평등을 추구하는 것을 목표로 한다.[1] 남녀관계에 대한 자유주의 여성해방이론의 접근은 법적·제도적인 영역에서의 남녀평등을 추구하는 것이다. 남녀관계의 법적·제도적인 불평등의 문제를 해결한 다음에는 이데올로기적인 측면에서의 불평등을 제거하는 것을 목표로 한다. 최근의 성불평등에 대한 이론적 접근은 기존의 성불평등 이론이 남녀관계를 적대적인 관계로 규정함으로써 발생하는 문제점을 인식하고 성불평등의 문제의식을 공유할 수 있는 남성들과의 연대에 관심을 가지고 있다. 그러나 이와 같은 주장은 모두 남녀관계가 불평등하다는 문제의식을 전제로 깔고 있다. 그러므로 이런 관점에 의하면 이상적인 남녀관계의 모델은 평등을 달성하는 것이다.

그런가 하면, 남녀관계의 불평등이 생물학적인 성性 자체라고 지적하는 급진주의 여성해방이론은 다음과 같은 주장을 한다.

1) 남녀관계를 법적·제도적인 불평등의 관계로 인식하는 관점은 자유주의 여성해방이론이다. 이들은 남성과 여성은 모두 합리적이고 이성적인 존재이며, 여성들은 사회의 관습과 제도 때문에 성불평등을 경험하게 된다고 주장한다. 그러므로 자유주의 여성해방이론가들은 법적·제도적인 기회의 평등을 통해서 남녀가 평등에 도달할 것을 제안한다. 이들의 여성해방운동은 20세기 초 여권신장에 크게 기여하였고, 현대사회의 여성해방운동에도 여전히 이론적인 기반을 제공하고 있다(우리사회문화학회, 2004: 222).

이를 주장하는 페미니스트들은 남녀관계가 최초의 사회적 분화이며, 여기서 남성의 지배는 가장 근원적인 억압형태로서 계급관계보다 더 근본적인 의미를 지닌다고 강조한다. 따라서 성별에 기반한 권력체계, 즉 남성이 여성을 지배하는 보편적 체계인 가부장제가 여성의 억압적 삶을 결정하는 근원이라고 보는 것이다(우리사회문화학회, 2004: 225).

급진주의 여성해방이론은 남녀의 생물학적인 성 그 자체가 남녀 불평등을 야기하는 가부장제의 근원이라고 분석하고 있다. 그러므로 남녀불평등을 해소하기 위한 방법으로 여성들이 생물학적인 성을 거부할 것을 주장한다. 급진주의 여성해방이론은 가부장제에 대한 이론적인 논의를 전개하고, 남녀의 성별 특징과 성 활동에 대한 논의를 확대했다는 점에서 남녀관계를 이해하는 데 기여한 바가 크다. 그러나 이 이론은 남녀관계를 분리·대립시키는 결과를 초래하며, 근본적으로 남녀관계의 문제를 해결할 수 있는 대안을 제시하지 못한다는 점에서 비판을 받고 있다(로즈마리 통, 1995: 214).

사회주의 여성해방이론은 자본주의체제와 가부장제에 의해서 발생하는 남녀관계의 불평등구조에 초점을 맞추고 있다. 이 이론은 마르크스주의 여성해방이론이 계급의 문제만으로 남녀관계의 불평등 구조를 설명하려고 했던 문제점을 극복하고자, 급진주의 여성해방이론의 가족과 출산에서 발생하는 남녀불평등의 문제를 결합시키고 있다.

평등에 대한 가치 부여는 근대사회 이후 남녀관계에 많은 변화를 초래하였다. 남성적인 영역과 여성적인 영역의 구분으로 인하여 억압적인 삶을 강요받았던 여성들은 평등의 이념에 의하여 새로운 삶의 국면을 맞이하게 된다. 이런 변화는 단순히 여성의 삶의 질적·양적인 변화만을 초래한 것이 아니라, 남성들의 삶에도 직접적인 영향을 미쳤다. 현대인들의 삶이 남성적·여성적 이데올로기로부터 완전히 벗어나지는 못했다고 하더라도 남성과 여성에게 요구되던 삶의 패턴은 다양해졌고, 선택의 폭도 넓어졌다.

전근대사회에 만연하던 성의 불평등은 근대화에 의해서 점진적으로 약화되었으며, 결과적으로 남녀관계는 많은 변화를 경험하고 있다. 그리고 남녀관계가 불평등으로 규정되었던 시기에도 남녀관계에는 불평등의 요소만 있는 것이 아니라 상호보완적인 측면도 있었다. 오늘날 불평등만으로는 남녀관계를 전면적으로 설명할 수 없는 현실에 직면해 있음에도, 남녀관계를 인식하는 관점은 여전히 '불평등'에 머물러 있다.

남녀관계를 불평등의 관계로 이해하는 입장은 여성학 이론 전반에 걸쳐서 나타나는 특징이다. 19세기 서구사회에서 출현한 여성학은 남녀관계의 불평등의 문제를 드러내고 여성들을 자유로운 삶의 주체로 부각시킴으로써, 오랜 동안의 삶의 질곡에서 여성들을 해방시키는 데 많은 기여를 하였다.

2. 갈등의 관계

현대사회를 지배하는 남녀관계관은 남성과 여성을 분리·독립된 존재로 인식한다.[2] 그 결과 남녀관계는 분리·독립된 존재로서 생존

2) 계몽사상과 진화론의 영향을 받은 근대적 세계관은 모든 존재를 근원적으로 분리된 것으로 인식하고 물질과 정신, 주체와 객체, 개인과 사회, 인간과 자연, 차안과 피안을 대립적인 이원적인 세계로 바라본다(홍승표, 1999).

을 위해서 경쟁하고 투쟁하는 관계로 설명한다. 이런 관점을 토대로 남녀관계를 바라보는 기존의 여성학은 남녀관계를 투쟁을 통해서 권력을 쟁취해야 하는 관계로 본다. 남녀관계는 투쟁을 통해서 이상적인 관계인 평등에 도달하게 된다. 그러므로 남녀관계를 설명하는 키워드는 권력과 갈등이 되고, 남녀관계에 대한 연구는 권력관계와 갈등의 양상을 다루는 것이 주가 되고 있다.

남녀관계를 이런 갈등의 관계로 인식하는 이유는 남성과 여성을 이해관계가 상반되는 적대적 관계로 이해하는 관점이 전제되어 있기 때문이다. 그것은 서구의 근대적 세계관의 바탕을 이루고 있는 이원론적 세계관이 초래한 것이다. 진화론은 존재물을 이해관계가 상반되는 대립으로 인식하고, 모든 존재는 투쟁을 통해서 기회를 쟁취하고 발전한다는 관점을 현대사회에 확산시켰다. 이런 진화론의 관점으로 남녀관계를 바라보면, 남녀는 희소 자원을 차지하기 위해서 끊임없이 투쟁하고 갈등하는 관계로 묘사된다. 이미 기득권을 획득한 남성들은 여성들에게 기회를 나누어 주지 않기 위해서 여성을 견제하고 사회적인 기회를 박탈하려 하고, 여성들은 남성들이 독점하고 있는 기회를 나누어 가지기 위해서 남성과 갈등하게 된다는 것이다.

근대사회의 여성들에게 있어서 남성들은 억압자이며, 전근대사회는 성불평등의 역사였다. 그러므로 남녀관계의 문제를 극복한다는 것은 성의 불평등을 해소하는 것이며, 평등에 이르는 길은 투쟁이라고 생각한다. 경쟁과 투쟁만이 이상적인 남녀관계에 도달하기 위한 유일한 길이 되는 것이다. 이렇듯 현대사회에서 남녀관계를 갈등의 관계로 바라보는 근본적인 요인은 무엇일까? 그것은 인간을 욕망 추구자로 간주하는 현대적 인간관과 직접적으로 관련되어 있다.

욕망 추구자로서의 인간관은 현대 자본주의체제의 영향으로 더욱 확산되어가고 있다. 현대사회는 인간존재를 끊임없이 욕망을 충족시키려고 하는 욕망의 노예로 조작하고 있다고 해도 과언이 아니다. 인간을 욕망 추구자로 전제하였을 때, 인간관계는 욕망을 충족시키는 데 소요되는 희소한 자원을 차지하기 위한 경쟁과 갈등이 심화된다. 이는 남녀관계의 경우도 예외가 아니다.

그 결과 현대 남녀의 성과 사랑을 유지하기 위한 중요한 요소는 '서로의 욕망을 충족시켜 줄 수 있는가' 하는 것이다. 남성에게 사회적 권력과 경제력이 집중되었던 시기에는 남성이 선호하는 여성적인 매력을 가지는 것이 여성들의 삶에 중요한 의미를 가졌다. 그런가 하면, 사회적 권력과 경제력이 여성에게도 분산된 오늘날에는 상대 이성에게 성적인 매력을 끌 수 있는가와 자신의 욕구를 상대방이 충족시켜줄 수 있는가에 관심이 집중되고 있다. 이렇게 현대사회 남성과 여성은 상대방이 나의 욕망을 충족시켜줄 수 있는 존재인가 아닌가에 관계맺음의 초점을 두고 있다. 따라서 현대사회의 남녀관계는 욕망충족에 반할 때는 언제라도 관계를 파기할 수 있는 가능성이 내재해 있다.

Ⅲ. 음양론의 관계관: 절대 평등과 조화

음양론은 독자적으로 이론적인 틀을 형성하기보다는 오행설과 결합하여 음양오행설로 발전하여 왔다. 음양오행설에 대해서는 다양한 해석이 있다. 근대 과학주의가 팽배하던 학문적 풍토 속에서 음양오행설은 비과학적이고 미신적인 것으로 폄하되었고, 최근 음양오행설을 비롯한 동양의 전통사상에 대한 재해석이 이루어지면서 서양과 다른 차원의 세계관으로 평가받기도 한다.

음양오행설에 대한 다양한 논의 가운데 꿔워웨이(1993)는 음양오행설의 과학적인 요소와 종교적인 요소를 분석하고 있다. 그는 한대漢代 이후에 음양오행설의 종교적인 요소는 전승되었지만 과학적인 요소를 상실해 버린 점에 대해서 연구하였다. 그러나 이런 관점은 매우 근대적인 시각에서 음양론을 평가하는 것에 지나지 않는다. 음양론에는 꿔워웨이가 비판하고 있는 천인상응이라는 종교적이며 전근대적인 측면과 그가 부각시키고 싶어 하는 역법이라는 과학적이며 근대적인 측면이 동시에 있다. 지금까지 음양론에 대한 논의는 이와 같이 종교적·과학적인 기준이 중요하게 작용하였다고 해도 과언이 아니다. 하지만, 이 두 측면은 오늘날의 남녀관계에 대해서 새로운 대안을 제시해 주지는 못한다.

문제제기에서도 밝혔듯이 본고에서는 음양론의 역사적 의미보다는 음양론이 가지고 있는 관계관의 철학적인 가치에 논의의 초점을 맞추고자 한다. 음양의 원시적인 개념은 음지와 양지였지만, 『역전易傳』에 이르게 되면 이미 질료적인 성격은 약화되고, 음과 양이라는 표상적인 이원의 관념을 상징하는 관계성의 범주로 주로 사용된다(강남옥, 1992: 10). 음과 양의 대대적對待的 관계에는 양 개체간의 절대적 평등과 조화라는 관계관이 내포되어 있다.

1. 절대적 평등의 관계

음양은 상대편이 존재하지 않으면 자신의 존재 자체가 성립될 수 없는 관계이다. 음이 없는 양은 존재할 수 없으며, 양이 없는 음 역시 성립이 불가능하다. 이러한 음양의 특성은 대대對待의 논리를 통해서 잘 드러난다. 음양대대의 논리는 마주 대하며 기다린다고 하는 음양적인 대립의 특성을 가리킨다. 이런 특성에 의해서 "상반적인 타자를 자신의 존재성을 확보하기 위한 필수적인 전제조건으로서 요구한다는 관계의 논리"(최영진, 2001; 330)를 가지게 된다.

음과 양은 각각의 범주를 가지며, 주체로서 서로에게 대등한 자격을 가진다(강남옥, 1992: 11). 만물의 생성을 위해서는 음양 가운데 어느 한쪽이 더 중요한 의미를 가지는 것이 아니라 각각의 범주가 모두 나름대로의 의미를 가져야 하는 것이다. 따라서 자연스럽게 각각의 범주는 존중되어야 한다. 만물 생성을 위해서는 음양의 범주 각각이 존중되어야 한다는 것은, 음양이 분리되어 있지 않은 관계라는 의미와 함께 음과 양이 각각의 분담된 역할을 가지고 있다는 것을 의미한다.[3] 이와 같은 음양의 관계에는 절대적인 평등이 전제되어 있다. 이러한 예들은 다음의 인용문을 통해서도 잘 드러난다.

---

3) 경서에 나타난 초기 음양 개념의 연구 가운데 하나는 陽은 剛하고 陰은 柔하다는 음양 개념이 十翼에 도입되어 『易』의 음양 개념으로 발전했다는 관점이다. 그러나 음양 개념을 논한 「계사전」의 성립을 진한교체기로 끌어올린 마왕퇴 한묘에서 출토된 帛書 『역』에는 강유를 말한 「彖傳」·「象傳」이 없다. 그러므로 陽剛陰柔의 관점은 음양의 본래적 개념이기보다, 그 뒤에 형성된 개념이라고 할 수 있다. 『중국사상문화사전』에서는 『역』의 음양 개념은 변화의 원리를 말하는 것이며, 분류원리적인 속성이라고 한다(미조구찌 유우조, 2003).

> 한 번 음하고 한 번 양하는 것을 도라고 말한다(김석진, 1996: 1363).[4]

"한 번 음하고 한 번 양하는 것을 도道라고 이른다"는 것은 음양을 떠나서 도가 있을 수 없음을 말하고 있다. 동시에 도가 음양 자체라는 것이 아니라, 한 번 음하고 한 번 양하게 하는 것이 도라고 말한다. 음양은 각 존재가 절대적인 의미를 가지고 있기 때문에 음이 양이 되려고 하거나 양이 음이 되려고 하지 않으며, 음양의 가치가 어느 쪽이 더 크다고 할 수 없다. 즉 음양의 관계는 절대적인 평등의 관계이다.

> 음이 양을 낳고 양이 음을 낳아서 그 변화가 궁함이 없으니, 이치와 글이 다 그렇다(김석진, 1996: 1370).[5]

> 음과 양의 기운에 대하여 말하면, 작용은 양의 기운에 속하고 본체는 음의 기운에 속한다. 그러나 움직임과 고요함에는 끝이 없고 음의 기운과 양의 기운에는 시작이 없으니 앞과 뒤로 나눌 수는 없다. 지금 단지 발생하는 데 나아가 말한다고 하더라도, 반드시 움직이기 이전은 고요하고 작용하기 이전은 본체이며 감응하기 이전은 적막하고 양의 기운 이전은 음의 기운이며, 적막하기 이전은 다시 감응하고 고요하기 이전은 또 움직이니, 무엇으로 앞과 뒤를 정하겠는가(양징더, 1998: 86-87).[6]

> 음의 기운은 양의 기운을 바탕으로 삼고, 양의 기운은 음의 기운을 바탕으로

---

4) 『周易』, 「繫辭上傳」, "一陰一陽之謂道."

5) 『周易』, 「繫辭上傳」, "陰生陽陽生陰其變无窮理與書皆然也."

6) 『朱子語類』, 「理氣上」, "在陰陽言, 則用在陽而體在陰, 然動靜無端, 陰陽無始, 不可分先後. 今只就起處言之, 畢竟動前又是靜, 用前又是體, 感前又是寂, 陽前又是陰, 而寂前又是感, 靜前又是動, 將何者爲先後?"

삼는다. 물은 안쪽은 밝지만 그 바깥쪽이 어둡고, 불은 안쪽은 어둡지만 그 바깥쪽은 밝다. 횡거 선생이 "음의 기운과 양의 기운은 서로 상대방의 거처를 숨겨 준다"고 말한 것이 바로 그러한 뜻이다(양징더, 1998: 133).[7]

이와 같은 관계의 특징을 정리하면 다음과 같다. 첫째, 음양론의 관계관은 음양 각 개체의 특수성을 인정하고 있다. 음은 음으로서의 성질과 특징을 가지고, 양은 양으로서의 성질과 특징을 가진다. 음양의 차이는 서로의 존재를 가능하게 하는 전제이기 때문에 각 개체의 특수성을 존중한다. 둘째, 개체의 특수성을 인정하기 때문에 음양의 관계는 절대적인 평등의 관계이다. 음양의 관계에서 음양 중 어느 하나가 상대에 비교해서 우위를 점할 수는 없다. 왜냐하면 상대의 존재가 없이는 스스로의 존재 자체로 성립되지 않기 때문이다. 음과 양은 서로의 개체성을 존중함으로써 스스로 존재의 의미를 가질 수 있다.

절대적 평등의 관계로 음양을 이해하는 음양론의 관계철학적 함의는 지금까지 음양론 논의의 중심에서 다루어지지 못하고 있다. 대부분 음양과 남녀에 대한 이해는, 양은 하늘로서 남성을 상징하며 음은 땅으로서 여성을 상징하는 전통사상의 남녀불평등관으로 해석되어 왔다. 하지만 위에서 살펴보았듯이 음양론은 양과 하늘만을 가치 있는 것으로 규정하고 있지는 않다. 오히려 음과 양, 땅과 하늘의 각각의 특성에 대한 인정과 양자의 조화를 추구하는 것이 음양사상의 요체라고 할 수 있다.

---

7) 『朱子語類』, 「理氣上」, "陰以陽爲質, 陽以陰爲質. 水內明而外暗, 火內暗而外明. 橫渠曰 '陰陽之精, 互藏其宅', 正此意也."

2. 조화의 관계

음양은 상반성과 동시성의 특징을 가지고 있다. 음과 양은 상반된 것이나 가장 이상적인 형태는 상호보완하여 서로의 덕을 합하는 것이다.[8] 즉, 합덕合德할 때 가장 이상적인 관계가 실현되는 것이다. 그것은 서로의 존재가 각자의 존재를 가능하게 해 주는 존재의 전제가 된다는 점에서 더욱 잘 드러난다.

> 공자께서 말씀하시기를 "건·곤은 역의 문인저! 건은 양의 물건이고 곤은 음의 물건이니, 음양이 덕을 합해서 강하고 부드러운 것이 체가 있는지라. 건·곤으로써 하늘과 땅의 일을 본받으며 신령스럽고 밝은 덕을 통하니……"(김석진, 1996: 1435).[9]

위의 「계사하전繫辭下傳」에서 설명하고 있듯이 주역의 모든 괘卦는 건乾과 곤坤, 즉 양과 음의 덕을 합하여 이루어진 것이다. 따라서 이 관계에서는 서로의 교감이나 감응이 가장 중요한 의미를 가지며, 교감과 감응을 실현하는 과정에서 자연스러운 조화를 이루게 된다(편해석, 1999: 13).

또한 음양의 합덕에 대한 의미는 아래의 인용문의 경우처럼 유교적 가치로 확대 적용되기도 한다. 이것은 음양 두 존재를 분리·독립된 것으로 보는 것이 아니라, 통일체적인 세계관에서 이해한다는

---

8) 음양은 서로가 대립하거나 갈등하게 되면 스스로의 존재 자체가 성립하지 못한다. 그러므로 매우 상반하는 관계로 보이지만 근본적으로는 서로 응하는 논리가 함축되어 있다. 서로 단순히 대립하는 것이 아니라 의존적인 관계를 형성하고 있다(송갑준, 2001: 116).

9) 『周易』, 「繫辭下傳」, "子曰乾坤其易之門邪. 乾陽物也. 坤陰物也. 陰陽合德而剛柔有體. 以體天地之撰 以通神明之德也."

것을 잘 보여 주고 있다. 동시에 두 존재의 적대적 대립이 아닌 대대對待의 관계를 전제로 한 조화에 가치를 부여하고 있는 것을 알 수 있다.

> 오직 음의 기운과 양의 기운이 덕을 합하고 오행이 모두 갖추어진 뒤에나 적절하고 올바르게 되어서 성인이 될 수 있다(양징더, 1998: 587).[10]

음양은 그 자체가 불변의 실체가 아니다. 시간의 흐름 속에서 절대적인 음과 절대적인 양은 존재하지 않는다. 음양의 세계는 절대적 세계가 아니라 마주 대하며 기다리는 대상이 있는 세계이기 때문이다. 그러므로 음양은 서로 보완적인 관계를 가진다. 한쪽이 지나치면 다른 쪽의 도움을 받아서 조화를 이룬다. 조화를 이루는 것이 음양 관계의 가장 궁극적인 목표이며, 끊임없이 조화를 추구하는 과정에서 상호영향을 미친다.

이와 같은 음양의 관계는 음과 양을 하나의 기로 인식하여 그 상호관계를 이해할 때 관계의 특성이 잘 드러난다. 음양은 전체로서 일기一氣의 운행으로 볼 수 있다. 또 반면에 음양으로 나누어지고 서로 대립하는 측면과 상호작용하여 변화를 이루어 나간다는 점은 음양이 이기二氣라는 특징을 잘 반영하고 있다. 음양이기陰陽二氣가 만물을 변화시켜 간다는 음양과 기의 관계는 사물이 생성·소멸하는 관계를 일생이법一生二法의 논리에서 설명하고 있다(편해석, 1999: 22). 음양이 기로서 교대로 움직여 변화하며 만물을 생성·소멸한다는 것이다. 이와 같은 음양에 대한 설명 틀은 음양의 상호작용을 설명함

---

10) 『朱子語類』, 「性理上」, "唯陰陽合德, 五性全備, 然後中正而爲聖人也."

과 동시에 상호작용을 통해서 궁극적으로 음양이 조화를 추구하는 관계를 설명하고 있다.

음양의 이상적인 관계는 조화를 이루는 것이다. 조화를 이루는 방법은 차이가 있는 두 존재간의 교감을 통해서 이루어지며, 교감은 창조적이고 생산적인 힘으로 작용하게 된다. 주역의 택산함澤山咸, 지천태地天泰, 천풍구天風姤 등에는 이런 음양의 관계가 잘 설명되고 있다.

하늘과 땅이 감응해서 만물이 화생한다(김석진, 1996: 761).[11]

하늘과 땅이 사귀어 만물이 통한다(김석진, 1996: 412).[12]

천지가 서로 만나니 모든 물건이 다 빛난다(김석진, 1996: 995).[13]

음양론에 있어서 음양이 교감하지 못하는 경우는 바로 관계의 비정상적인 상태를 말한다. 그것은 대립물간의 교감이 일어나지 못하기 때문에 발생하는 문제의 상황이다. 뇌택귀매雷澤歸妹와 천지비天地否에서는 이런 음양이 교감하지 못하는 상황이 초래하는 문제를 설명하고 있다.

하늘과 땅이 사귀지 않아 만물이 통하지 않는다(김석진, 1996: 432).[14]

---

11) 『周易』, 「咸卦」, "天地感而萬物化生."
12) 『周易』, 「泰卦」, "天地交而萬物通也."
13) 『周易』, 「姤卦」, "天地相遇而品物咸章也."
14) 『周易』, 「否卦」, "天地不交而萬物不通."

천지가 사귀지 않으면 만물이 흥하지 못한다(김석진, 1996: 1175).[15]

위와 같이 음양론에서 관계의 가장 심각한 문제는 교감하지 못하고 상호 교류가 되지 않는 상태이다. 음양의 교감은 무엇을 말하는 것일까? 음양의 교감은 단순한 물리적이고 양적인 상호보완의 의미 이상을 내포하고 있다. 음양의 상호보완적인 교감의 결과는 화학적이며 질적인 차원의 변화를 초래한다. 음과 양의 단순한 결합을 넘어서는 의미가 전제되어 있는 것이다. 음양은 교감과 감응을 통해서 이상적인 관계인 조화에 도달할 수 있으며, 통일체적인 관계를 형성하게 된다. 통일체적인 관계는 단순한 개체의 합을 의미하는 전체와는 다른 개념으로, 하나이면서 동시에 둘인 음양의 관계적 속성을 말한다.

Ⅵ. 음양론의 탈현대적 남녀관계관으로서의 함의

이 글에서는 현대사회의 남녀관계가 직면하고 있는 문제의 해답을 음양론에서 찾아보았다. 음양론은 현대의 문제를 극복하고 탈현대적인 남녀관계관을 형성하는 데 있어서 다음과 같은 의의를 가지고 있다.

첫째, 상호분리와 반목의 남녀관계관의 문제를 극복할 수 있는 통일체이며 대대적인 남녀관계의 모델을 제시해 준다. 현대사회의 남녀관계관은 상호분리와 반목의 관계를 전제로 하고 있다. 그것은 남녀관계를 이해하는 이론적 기반인 사회학과 여성학이 토대를 두고

15) 『周易』, 「歸妹卦」, "天地不交而萬物不興."

있는 근대적 세계관의 영향에 의해서 형성되었다. 그러나 엄밀히 분석하면 남녀관계는 상호분리된 존재가 아니므로 현실의 남녀관계를 반목을 통해서만 설명할 수는 없다. 그런 남녀관계관은 남녀관계의 한 측면을 설명하는 데 불과한 것으로, 현실을 설명하는 데는 설득력을 상실하고 있다. 그러므로 남녀관계에 대한 새로운 관계 모델을 고민해야 할 필요가 있다.

음양론에는 현대사회의 남녀관계가 직면하고 있는 상호분리와 반목의 관계라는 한계를 극복할 수 있는 새로운 관계 모델이 내포되어 있다. 바로 통일체로서의 남녀관계에 대한 인식이다. 음양이 분리·독립된 존재로서는 존재의 성립이 불가능한 것과 마찬가지로 남녀 또한 상대의 존재 자체가 없으면 자신이 있을 수가 없다. 상대의 존재가 바로 자신의 성립을 위한 전제가 되는 것이다(이현지, 2001: 267). 이와 같은 음양론의 통일체적 관계관은 현대사회의 남녀가 직면하고 있는 문제를 해결하는 데 도움이 될 수 있는 새로운 관점을 제공해 줄 수 있다.

둘째, 이상을 상실해 버린 현대사회의 남녀관계관에 실현 가능한 이상을 제시한다. 현대사회의 남녀관계관에서 추구하는 이상은 평등이다. 평등에 대한 지향은 사회적 지위와 기회, 정치적 권력 등 다양한 측면에서 불평등 구조가 심각했던 남녀관계를 개선하는 데 상당한 기여를 하였다. 얼마 전까지 경제적인 영역에서 남성적인 일과 여성적인 일의 경계가 분명하였고, 사회적으로 여성들은 기회의 차별을 경험하였다. 그러나 최근 사회가 변화하면서 여성들의 정치·경제적 활동은 확대되었고, 여성들의 권리는 많이 신장되었다. 하지만 여성들은 아직도 불평등한 사회·경제적 지위에 불만을 토로하고 있으며, 남성들은 여성들에게 주어지는 여성할당제 등의 기회에 대해 역차별이라고 불평하고 있다. 이런 결과는 평등을 물화하여, 마치 평등이 실현되면 행복한 남녀관계가 보장될 수 있다는 착각을 가지게 한다. 하지만 현대사회가 추구하는 평등은 가치 있는 것이기는 하지만 궁극적인 목표가 될 수는 없다. 평등은 행복한 남녀관계 형성을 위한 필요조건이기는 하지만 충분조건은 아니기 때문이다.

음양론은 음과 양 각 영역의 분명한 차이를 인정하고 있다. 음은 음대로, 양은 양대로의 고유한 특성을 잘 살리면서 조화를 이루는 것이 이상적인 관계를 실현하는 것이다. 각 영역은 서로 침범하거나 얕보지 않고, 서로를 존중하면서 자신의 성질을 발전시키는 데 최선을 다한다. 그 과정에서 자연스러운 조화가 이루어진다. 관계의 지향은 조화를 추구하는 것이다. 음양의 이상적인 상태는 조화이다.

이런 관점을 현대사회의 남녀관계에 적용할 수 있다. 음양론의 관점에서 볼 때, 남녀관계란 남성과 여성, 각자의 개체성은 충분히 인정하면서 서로의 성질 혹은 기능에서 부족한 측면을 서로 보완해 주는 관계로 설명할 수 있다. 현대사회의 남녀관계에서 나타나는 문제처럼 기득권을 가진 남성과 경쟁하기 위해서 여성이 남성화되는 문제는 생겨나지 않는다. 음양론의 관점에서 보면, 남성은 남성대로, 여성은 여성대로의 본연의 기질을 그대로 드러낼 수 있을 때 가장 잘 조화를 이룰 수 있다. 그러므로 각자의 기질을 잘 살리는 것이 좋은 관계의 기본적인 요소가 된다.

셋째, 음양론은 남녀관계의 이상을 실현할 수 있는 적극적인 방법을 제시한다. 현대사회의 남녀관계관은 평등을 관계의 이상으로 설정하고 있다. 그리고 그 이상에 도달하는 것은 갈등과 투쟁의 방법을 통해서만 가능하다고 한다. 따라서 남녀는 제한적인 사회적 기회와 권력을 대상으로 끊임없이 갈등하고 투쟁하는 관계가 된다. 현실 속에서 남녀관계는 그런 경향을 보이기도 한다. 사회에서 이미 기득권을 형성하고 있는 남성들은 여성들이 사회참여에 대해 호의적이지 못하다. 그리고 여성이 사회적으로 성공하려면 남성들보다 더 많은 노력과 개인적인 희생을 각오해야 하는 것이 현실이기도 하다. 하지만 그런 과정을 통해서 획득한 사회적 기회와 기득권이 행복한 남녀관계를 보장해 주지는 않는다. 오히려 가시적인 남녀평등이 실현될수록 남녀관계의 위기는 심각해지고 있다.

음양론은 조화를 관계의 이상으로 보고 있다. 조화를 이루기 위한 방법은 서로 감응하고 교감하는 것이다. 그 과정에서 사랑을 통해서 이상적인 남녀관계에 도달할 수 있다. 이와 같은 감응과 교감의 방법은 현대사회의 남녀관계가 직면하고 있는 반목과 대립적인 관계의 한계를 극복하는 데 실질적인 대안이 될 것이다. 그리고 현대사회에서 파행적으로 나타나는 일회적이고 육체적 쾌락 중심의 사랑관의 문제를 해결할 수 있는 해답이 될 것이다.

참고문헌

『周易』.

『朱子語類』.

강남옥. 1992. "역의 음양사상 연구." 동아대학교 교육대학원 석사학위논문 (미간행).
곽신환. 1991. 『주역의 이해』. 서광사.
꾸워웨이(郭爲). 1993. "음양오행가의 사상-한대 사상의 특질과 함께." 『음양오행가의 사상』. 신지원: 157-271.
김미영. 2002. "'陰'에 부과된 私적 특성에 대한 여성주의적 접근-주자학의 가족윤리를 중심으로." 『철학』 72: 77-98.
김석진. 1996. 『주역전의대전』. 대유학당.
김영민. 2005. "근대성과 한국학: 한국 사상사를 중심으로." 『오늘의 동양사상』 13: 120-147.
김자연. 2001. "동화에서 남녀평등의 문제." 『여성문학연구』 6: 355-374.
김초훈. 2001. "Feminist Theories." Athenaeum 7: 37-57.
김혜숙. 2000. "음양적 사유와 인과적 사유." 『철학적 분석』 1: 52-77.
노성숙. 2005. "포스트모더니티와 여성주의에서 본 젠더와 정체성." 『인간연구』 8: 5-39.
로즈마리 통(Rosemarie Tong). 1995. 『페미니즘 사상-종합적 접근』. 한신문화사.
린다 니콜슨(Linda Nicholson) 외. 1992. 『페미니즘과 포스트모더니즘-새로운 문화 정치학을 위하여』. 이소영·이정호 공편. 한신문화사.
미조구찌 유우조(溝口雄三) 외. 2003. 『중국사상문화사전』. 김석근 외 옮김. 민족문화문고.
민가영. 2003. "페미니즘은 모든 사람을 위한 것인가?" 『여성학논집』 20: 156-164.
송갑준. 2001. "음양오행설의 사유체계." 『인문논총』 14: 113-127.
양징더(梁靖德). 1998. 『朱子語類』. 허탁·이요성 역주. 청계출판사.
양치이차오(梁啓超). 1993. 『음양오행설의 연구』. 김홍경 편역. 신지서원.
오장미경. 2003. 『여성노동운동과 시민권의 정치』. 도서출판 아르케.

우리사회문화학회. 2004. 『성과 현대사회』. 도서출판 정림사.

이동수. 2004. "포스트모던 페미니즘에서 여성의 정체성과 차이." 『아세아 여성연구』 43(2): 47-73.

이현지. 2001. "음양론의 여성학적 함의." 『동양사회사상』 4: 256-275.

______. 2004. 『성, 가족, 문화: 다르게 읽기』. 한국문화사.

장필화. 2001. "여성주의(feminism)의 이론과 실천." 『여성학연구』 11(1): 149-161.

쟈넷 세이어즈(Janet Sayers) 외. 1990. 『여성의 노동·여성의 삶』. 이정원 옮김. 천지.

정대현. 2001. "음양관계 개념의 유기적 분석." 『철학적 분석』 4: 1-21.

추안위엔치이(全元起). 2001. "음양류론편." 『황제내경소문 下』. 김달호·이종경 역주. 의성당: 969-1001.

최영진. 2001. "『주역』에서 보는 인간과 자연의 관계-유교에서 본 21세기 생명문화와 종교: 새로운 생명문화를 위한 타자관의 모색." 『생명연구』 4권: 322-340.

편해석. 1999. "주역의 음양론 연구." 성균관대학교 교육대학원 석사학위논문(미간행).

한국여성연구소. 2005. 『새로운 여성학 강의』. 동녘.

홍승표. 1996. "음양이론에 나타난 사회발전관." 『우리사회연구』 3: 191-213.

______. 1999. "동양사상과 사회과학의 새로운 정체성 모색." 『사회과학논총』 18(2): 237-238.

______. 2002. 『깨달음의 사회학』. 예문서원.

Brickell, C. 2006. "The sociological construction of gender and sexuality." *Sociological Review* 54(1): 87-113.

Butler, J. 1990. *Gender Trouble: Feminism and the Subversion of Identity.* New York: Routledge.

Caha, O. 2003. "The death of feminism as an antisystematic movement or the success of feminism to change the system from within?" *Democracy and Nature* 9(2): 285-294.

Dickinson, T. D. 2005. "Strengthening women's studies through applied activism: Theoretical, classroom, regional, and cross-border strategies for participating in change." *Women's Studies International Forum* 28(2-3): 114-126.

Ding, Naifei. 2005. "Subjects of Feminisms in Question." *Asian Journal of Women's Studies(AJWS)* Vol. 11 No. 2: 87-97.

Rich, E. 2005. "Young women, feminist identities and neo-liberalism." *Women's Studies International Forum* 28(6): 495-508.

Sandra, Harding. 1986. *The Science Question in Feminism.* Cornell University.

Stocker, S. S. 2005. "The ethics of mutuality and feminist relational therapy." *Women and Therapy* 28(2): 1-15.

마치는 글: 유교와 세계화

합리적이고 보편적인 질서를 지향해왔던 근대 서구의 사유방식은 탈현대론에 의해 개인의 자율이 사유의 중심에 놓여지면서 비판되고 해체되고 단절되어 왔다. 이성 중심의 세계, 보편을 지향하는 근대적 세계관이 비판되는 대신 다양성과 차이가 강조되고 다른 개체와의 관계에 대해서도 탈현대론은 자율적인 윤리와 규제를 추구한다.

세계사적으로 볼 때 탈현대론이 갖는 의미는 두 가지이다. 하나는 근대 서구의 세계관을 부정함으로써 세계의 다양한 세계관들이 편견 없이 논의될 수 있게 되었다는 점이다. 개인주의와 이성, 과학의 세계관이 미신을 몰아내고 사회적으로 부당한 압제를 제거하는 데 기여하였지만 개인과 이성이 강조되는 만큼 사회가 해체되고 인간의 다양한 품성들, 감정 및 도덕성이 사회 구성의 원리에서 제외되어 왔다.

탈현대론의 두 번째 의미는 근대 이성을 부정하면서도 여전히 근대 서구 문명의 특징, 또는 본질이라고 할 수 있는 개인 중심의 사고에서 벗어나지 못함으로써 '관계'와 '자율'에 대한 많은 논의에도 불구하고 해체를 넘어서는 사회적 대안을 제시하지 못하고 있는 점이다.

탈현대와 함께 유교를 논의하는 데에는 바로 그런 이유가 있다. 근대든 현대든 서구 중심의 세계관에서 벗어나 다양한 세계관으로서 인간 사유를 풍요롭게 하자는 것이며 근대 이성의 질곡, 탈현대의 해체의 질곡에서 벗어날 단초를 찾아보자는 것이다.

유교가 인간과 사회를 보는 눈은 단순하다. 성리학과 같은 현란한 논의도 있지만 그 근본은 오륜五倫이다. 유교의 인간관은 특정 원리나 이념을 미리 가정하지 않는다. 가족과 친지 속에서 살아가는 평범한 인간의 현실태를 그대로 인정하고 그것의 순화된 모습을 개인과 사회의 이상태로 격상시킨다. 서구 근대의 '개인' 또는 '원초적 개인'이 여전히 추상이며 현실에서 찾을 수 없지만 유교의 삶을 실천하는 사람을 주변에서 볼 수 있는 것도 그런 이유 때문이다.

인간 삶의 이상태를 유교에서는 성性 또는 천天이라고 한다. 이것은 공동체적 인간 삶의 모습이자 동시에 지향이다. 논리적으로는 순환론적이다. 다른 대부분의 문명에서 이 문제가 신神으로부터 연역되어 설명되어 왔지만 유교는 특이하게 신을 가정하지 않으면서 사회 질서와 윤리의 근원을 도출한다. 천天이란 물론 비경험적이다. 다른 종교의 신들이 경전을 통해 부동의 형태를 지니고 있는 데 비해 천天은 열려 있는 대상이다. 그것은 대상이라기보다는 사회 질서와 윤리에 대해 오래 전부터 동양인들이 갖고 있던 특정한 '지향성'이다. 천天이라는 동양의 지향성은 인간의 본성이자 인간 관계의 모델이자 사회 구성의 원리이다.

이러한 동양적 세계관이 '한국만의', 또는 '동양만의' 것은 아니다.

동양을 넘어 서양에서 그리고 세계 문명 곳곳에서 '유교적 인간', 즉 친애하고 가족적이며 인정을 베푸는 너그러운 사람을 많이 볼 수 있다. 그것은 유교가 인간의 자연스러운 삶의 형태에서 출발하고 있기 때문이다.

요즈음 세방화世邦化(Glocalization)라는 말을 자주 듣게 된다. 자기 문화를 세계와 나누고 받아들인다는 뜻이다. 지역과 세계의 상호작용, 상호결정이다. 지역의 세계화, 세계의 지역화라는 말이 흔해진 것은 20세기 후반에 이르러 교통과 통신이 폭발적으로 발달하고 세계의 정보화로 인해 정보와 물질의 교류가 안방에까지 일상화되었기 때문이다. 혹자들이 걱정한 것처럼 이런 과정으로 서구 중심의 세계화가 강화된 것으로 보이진 않고 오히려 지역과 문화가 다양하게 발전하고 있는 것 처럼 보인다.

인류가 물류를 통해 처음으로 하나가 되었던 19세기와 20세기에 세계는 민족, 국가, 내지 제국으로 나뉘어 첨예하게 대립하였다. 혹자는 지난 20세기를 제국주의 시대라고 하는데 세계가 식민지를 소유한 제국과 식민지로 전락한 식민국가 두 부류로 나뉘었기 때문이다. 20세기 전반부가 제국과 식민지 두 부류로 나뉘는 과정이었다면 후반부는 식민국가가 여기서 탈출하는 과정이었다. 제국주의는 민족주의의 한 형태였다. '제국주의 국가'란 자기 민족의 무한한 확장이라는 꿈을 실현했던 국가일 뿐이다.

레닌(Lenin)과 부하린(Bucharin)이 20세기 초에 당시 세계를 제국주의 시대라고 진단한 것은 옳았다. 영국, 미국, 프랑스, 독일, 일본 등 제국주의 국가가 경쟁적으로 세계를 자기 영역으로 편입시키고 다른 제국에 대해서는 군사적, 경제적, 정치적으로 무한대의 적대적 조치를 취하는 시기였다.

그러나 제국주의의 원인을 자본주의라고 본 점에서 그들은 틀렸다. 자본주의는 오늘날 평화 공존 내지 상호 의존을 통해서 더 큰 번영을 구가하고 있기 때문이다. 그리고 자본주의는 원론적으로 경제 제도의 한 형태를 말하는 것이기 때문에 정치적 문화적 사회변화를 모두 자본주의에 전가하는 것은 환원론(reductionism), 즉 경제결정론에 빠졌기 때문이다.

20세기를 강타하였던 민족주의와 제국주의는 지역주의적 문화가 세계를 무대로 정치적으로 표출되었던 것이라 보는 것이 타당하다. 21세기에 들어선 지금, 영토적 점거를 목표로 하는 제국주의가 더 이상 실현될 수 없다는 사실은 명약관화하다. 기술, 자본에 있어서 세계는 다원화되었으며 복합적이며 상호의존적이기 때문이며 정보가 공유되고 있고 번영이 서로에게 의존하고 있기 때문이며 전인류적으로 의식이 고양되고 문명이 발전하여 더 이상 그러한 야만적 제국주의를 용납하지 않기 때문이다.

지난 20세기에 민족주의가 민족들의 생존과 번영을 추구하는 진보적 이념이었다면 21세기에 이르러서는 스스로의 번영을 가로막는 보수적 이념이다. 우리 사회의 '과잉 국가주의' 또한 우리의 발전에 장애가 된다. 과도한 이슬람주의가 중동 국가들의 발전을 가로막고 있는 현실을 우리는 보고 있다.

21세기의 진보의 방향은 '다원적 세계주의'이다. 이것은 19세기 말 제국간의 경쟁이 격화되었을 때 지적 사유의 도피처로서 등장하였던 세계시민주의(Cosmopolitanism)와 다르다. 세계시민주의가 중심이 없는 무중심주의라면 다원적 세계주의는 현실로서 다양한 중심, 원, 문화가 공존하고 상호 결정하는 세계이다.

탈현대라는 무중심주의와 유교라는 중심을 같은 선상에서 논의하는 것은, 다원적 세계주의를 포용하고 유교를 세계 문명 선상으로 확장시켜 논의하기 위해서이다. 유교는 가족주의이기 때문에 편협하다고 보는 사람들이 있다. 대부분 사람들의 생각이기도 하다. 그러나 사회 구성 원리로서 개인을 뛰어넘었다는 점에서, 그리고 개인이 삶을 위해 다른 개인과 관계를 맺고 사회를 구성하는 것이 필수적이라는 점에서, 유교는 진보적이다. 그리고 이 책의 저자들이 말하고 있듯이 유교가 말하는 가족은 '닫힌' 가족이 아니라 '열린' 가족이다. 수신제가치국평천하가 뜻하는 것처럼, 가족에 닫힌 공간이 아니라 국가와 세계 그리고 만물로 나아가는 것이다. 개인을 넘어 가족이 중심이 되면서 동시에 만물에 열려진 공간, 닫혀있으면서도 열려 있는 공간이다.

엄밀히 말하자면 동양이 추구하던 세계는 가족이라기보다는 가家이다. 수양修養은 좁은 공간에서 점차 더 넓은 공간으로 주체를 확장해나가는 과정을 말한다. 천하일가天下一家라는 말처럼 자기로부터 천하 만물까지를 하나의 가家로 보는 것이다.

세계와 지향에 대한 이러한 인식은 유교의 경전에 화석처럼 남아있기 보다는 지금도 우리들의 세계 인식의 근저를 이루고 있다. 그 예는 당명(黨名)에도 잘 나타난다.

'한나라당'이라는 말이 뜻하는 것은 '하나처럼', '같이', '모두 다'

이고 그 범위는 나라는 개인을 넘어 가족, 지역, 국가, 세계가 모두 다 같이 함께, 그런 뜻이다. 우리나라의 대표정당인 한나라당이라는 말 속에도 이미 동양적 탈개인주의가 강하게 내포되어 있다.

유교적 세계인식을 더 잘 나타내고 있는 것은 '열린 우리당'이다. '우리'란 내가 관계를 맺고 있는 집단이 같이, 그런 뜻이고 '열린 우리'란 우리를 넘어 남에게 열려 나아간다는 말이다. 그것은 지역을 넘고 종교를 넘고 계층을 넘어 세계와 만물에까지 열려있고 나아가자는 뜻이다. 열림과 닫힘이 공존하는 현실태, 그리고 시대적 요구인 세방화에 적합한 표현이다.

한국의 대표 정당의 이름은 특이하다. 세계 국가들에서 당명에 자유, 민주, 공화, 인민, 노동 등이 없는 당이 집권당이거나 대표 야당인 경우는 없다. 한나라당과 열린 우리당이라는 이름은 특정인이 우연히 창안해내었다기 보다는 우리의 오래된 정치적 심성과 지향, 그것의 최대공약수를 추출해낸 것일 것이다. 과도하게 들릴지 모르지만, 한국인이 정치를 통해 지향하는 것은 자유 평등 같은 특정한 이념이 아니라 함께 하는 우리를 만들어 내고 그 우리를 외부로 끊임없이 확장시켜 나아가 더 넓은 세계, 더 큰 우리를 만들어내는 과정, 거기서 얻는 기쁨인지 모른다.

가부, 진위에 대해 성급할 필요는 없다. 이것이 우리의 현실이며 과거로부터 우리가 오랫동안 축적해 온 문화적 지향이며, 열려 있는 것이며, 세방화 시대에 세계를 향해 나아가는 틀이다.

저자 소개

최석만은 고려대학교 사회학과에서 학사와 석사학위를 받고 미국 펜실베이니아 주립대학교에서 박사학위(사회학)를 받았으며 현재 전남대학교 사회학과 교수로 재직 중이다. 원래는 사회학 이론과 정치사회학에 관심이 있었으나 1990년대부터 동양사상에 관심을 두고 '동양사상에 바탕을 둔 사회학'을 구성하기 위해 노력하고 있다. 이러한 변화는 서구 사회에서 생활해 보고 사회주의 국가들을 가보고, 그리고 동양에 대해 재발견을 한 개인적 경험이 밑바탕이 되었다. 논문으로 「유교적 사회를 위한 사회과학적 시론」, 「아시아적 가치는 진선미의 융합」, 「유교사상과 민주주의의 접합을 위한 이론 구성 및 방법론」, 「유교의 국가론: 현대 국가론 및 동양적 전제국가론과의 비교 고찰」, 「The Problem of Social Order in Confucianism」, 「공公과 사私: 유교와 서구 근대사상의 생활 영역 비교」, 「도가의 여가관: 여가와 여유로움」 등이 있고, 저서로 우화소설 『별유천지』와 논문모음집 『유교적 사회질서와 문화, 민주주의』(공저)가 있다.

E-mail: smchoe@chonnam.ac.kr

최영진은 성균관대학교 유학과와 대학원 동양철학과를 졸업하였다. 현재 성균관대 유학/동양학부 교수이며 동양철학연구회장이다. 주요관심분야는 유교사상의 현대적 재구축 문제와, 근세 조선조 유학사상사이다. 저서에는 『유교사상의 본질과 현재성』, 『조선조 유학사상사의 양상』이 있고, 주요논문으로는 「다산 인성물성론의 사상사적 위상」, 「젠더에 대한 유교의 담론」, 「인물성동이론의 생태학적 해석」 등이 있다.

E-mail: choijin777@hanmail.net

이영찬은 경북대학교 사회학과를 졸업하고, 프랑스 프랑쉬-콩테 대학에서 사회학 박사학위를 받았다. 현재 계명대학교 사회학과 교수로 재직 중이며, 주요 관심 분야는 유교사회학, 사회사상사, 사회계층 등이다. 근래에는 유교의 사회사상을 사회학 이론화하는 작업에 노력을 기울이고 있다. 저서로 『유교사회학』(2002) 등이 있다.

E-mail: lyc@kmu.ac.kr

홍승표는 고려대학교 사회학과를 졸업하고, 미국 아이오아 주립대학교에서 사회학 박사학위를 받았으며, 현재 계명대학교 사회학과 부교수로 재직하고 있다. 주요 관심 분야는 동양 사상을 바탕으로 새로운 사회학이론, 사회문제론, 사회발전론을 구성하는 것이다. 저서로는 『깨달음의 사회학』(2002)과 『동양 사상과 탈현대』(2005) 등이 있으며, 주요 논문으로는 「현대사회학의 인간관 비판과 유가 인간관의 사회학적 함의」, 「동아시아 사회 사상과 새로운 사회관의 모색」 등이 있다.

E-mail: sphong@kmu.ac.kr

이상린은 영남대학교 철학과를 졸업하고, 동 대학교 대학원에서 박사학위를 받았다. 현재 영남대학교에서 연구교수로 재직하고 있다. 주요 관심 분야는 한국유학사상의 논변, 한국유학의 현대적 해석 등이다. 주요 논문으로는 「조선조 무극태극 논변의 전개와 쟁점」(2003), 「성학십도를 통해 본 퇴계사상의 윤리교육적 의미」(2004) 등이 있다.

E-mail: slyi@ynu.ac.kr

신종화는 영국 워릭(Warwick) 대학에서 사회학 박사학위를 받고, 현재 고려대 한국사회연구소의 연구조교수로 있다. 관심 분야는 현대성과 시민사회 담론을 중심으로 동·서양의 사회사상, 정치철학, 비교역사사회학 등이다. 주요논문으로 「The Limits of Civil Society: Observations on the Korean Debate」(2000), 「정치적 과제들의 창조적 구상을 위한 근대성의 재인식: 근대성 담론에 대한 역사사회학적 기여에 관하여」(2003), 「Die historische Gestaltung der Moderne im Kontext Ostasiens: Jenseits modernistischer und kulturalisttischer Ansätze」(2004), 「현대성과 여가: '노동중심' 사회에서 '여가'사회로의 관심의 이동」(2005), 「현대성의 발현으로서의 유럽통합: 사회이론적 해석을 중심으로」(2006) 등이 있다.

E-mail: jonghwa_shin@korea.ac.kr

권상우는 계명대학교 철학과를 졸업하고, 중국사회과학원 철학연구소에서 「주희리일분수사상연구 – 유가문화가치이념을 중심으로」로 박사학위를 받았다. 현재 계명대학교와 신라대학교 철학과에서 동양철학을 강의하고 있다. 주요 관심분야는 동양의 응용철학에 관한 연구이다. 주요논문으로 「朱熹文化價値本體論」, 「朱熹政治哲學探索」, 「현대신유학의 현대화에 대한 비판과 주역의 정치철학」, 「從儒家的社會理念來探索朱熹理一分殊思想」, 「화엄의 탈현대적 사유」 등이 있다.

E-mail: unitykwon@hanmail.net

오세근은 전남대학교 사회학과를 졸업하고 일본 히로시마대학에서 사회학박사학위를 받았다. 현재 동신대학교 사회복지학과 교수로 재직 중이다. 주요 관심 분야는 사회사상, 현대사회문제, 복지정책 등이다. 주요 논문으로 「부정주 빈곤자(노숙자)의 사회적 존재형태와 사회복지정책의 방향모색」, 「조선유교의 기氣론에 의한 페미니즘 논의의 지평확대 가능성에 대한 연구」, 「에이즈 감염자 및 환자에 대한 예방관리체제 분석과 사회적 지원체제 수립 방향에 관한 연구」, 「공자의 인仁과 예禮 사상의 현대 평화이념으로서 독해 가능성에 대한 연구」 등이 있다.

E-mail: 3303693@hanafos.com

정재걸은 서울대학교 교육학과를 졸업하고 동 대학원에서 박사학위를 받았으며, 현재 대구교육대학교 교육학과 교수로 재직 중이다. 저서로는 『만두모형의 교육관』, 『교육사』 등이 있으며, 주요 논문으로는 「전통교육, 근대교육, 탈근대교육」, 「복기초復其初의 의미에 대한 일 고찰」, 「죽음교육에 대한 일 연구-화엄華嚴의 사사무애법계事事無碍法界를 중심으로」 등이 있다.

E-mail: jgjung@dnue.ac.kr

이현지는 계명대학교에서 사회학박사를 받고 중국 사회과학원에서 박사 후 연수를 하였다. 현재 계명대학교 교양과정부에 재직하고 있다. 주요 관심분야는 음양론의 탈현대적 남녀관계관, 한의철학 등이다. 저서로 『성, 가족, 문화: 다르게 읽기』가 있고, 공저로 『몸과 몸짓 문화의 리얼리티』, 『지식의 사회 문화의 시대』, 『문화, 미디어로 소통하기』, 『문화와 인간』 등이 있으며, 대표논문으로는 「남녀 속의 유교」, 「유교적 가족관계관, 현대 가족위기의 대안인가」, 「음양론의 여성학적 함의」 등이 있다.

E-mail: leehj@kmu.ac.kr

이태훈은 연세대학교 사회학과를 졸업하고 독일 베를린 자유대학에서 사회학 석사학위를 받았으며 전남대학교 사회학과에서 박사학위를 받았다. 현재 전남대학교와 초당대학교에서 강의하고 있다. 주요 관심 분야는 서양사회사상과 동양사회사상의 비교연구이다. 대표논문으로는 「유교적 가족관과 시민적 가족관」이 있다.

E-mail: thlee1115@hanmail.net

탈현대와 유교

인쇄___2007년 2월 20일
발행___2007년 2월 28일

저자___최석만 외 10인
발행인___강정채
발행처___전남대학교출판부

등록___1981. 5. 21. 제53호
전화___(062) 530 - 0571~3
팩스___(062) 530 - 0579
http://altair.chonnam.ac.kr/~cnup

ISBN 978-89-7598-603-1 (93300)

값 13,000원

이 도서의 국립중앙도서관 출판시도서목록(CIP)은 e-CIP홈페이지(http://www.nl.go.kr/cip.php)에서 이용하실 수 있습니다. (CIP제어번호: CIP2007000967)